韓檢

한자능력검정시험
예상문제집

3급 II

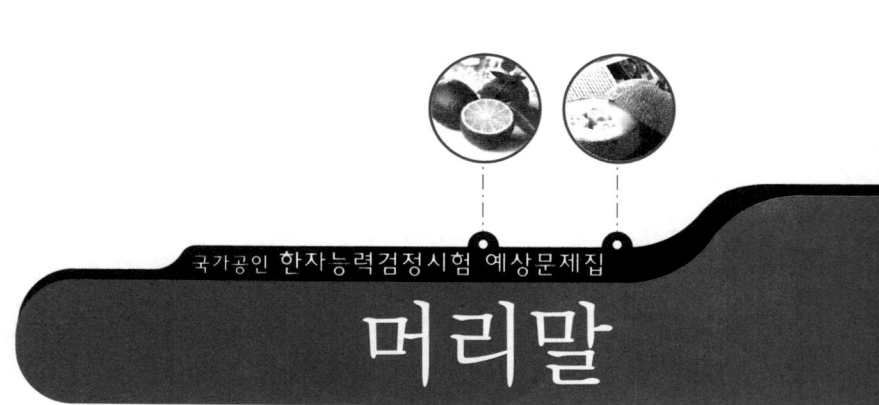

국가공인 한자능력검정시험 예상문제집

머리말

우리말은 70% 이상이 한자로 이루어져 있습니다. 특히, 전문용어는 더더욱 한자로 이루어진 단어가 많습니다. 이런 점을 고려할 때, 요즈음 한자에 대한 조기교육 열풍은 향후 우리 학생들이 공부하는 데 있어서 긍정적 역할을 하리라 믿습니다. 또한, 한자를 알면 일본어나 중국어를 공부할 때도 많은 도움이 됩니다. 물론 중국에서는 간체자라고 하여 우리와 쓰는 한자와 다소 다릅니다. 하지만 한자를 알면 이 간체자는 한 달이면 누구나 쉽게 터득할 수 있습니다.

(사)한국어문회에서 초등학생부터 일반에 이르기까지 실시하고 있는 한자능력검정시험의 응시생이 날이 갈수록 늘어나고 있습니다. 이는 그 동안 도외시하고 있던 한자교육이 얼마나 중요하고 필요한가를 보여 주는 한 예라고 볼 수 있습니다.

본 교재는 한자능력검정시험에 응시하는 모든 수험생들이 짧은 시간에 가장 효과적으로 준비할 수 있도록 핵심적인 문제만을 엄격히 선별하여 만들었습니다.

이 책으로 시험을 준비하는 독자 여러분 모두에게 좋은 결과가 있기를 기원하며, 한자교육에 앞장서는 아트미디어(주) 사장님과 편집·제작에 힘써 주신 여러분에게 감사의 마음을 전합니다.

지은이

artmedia

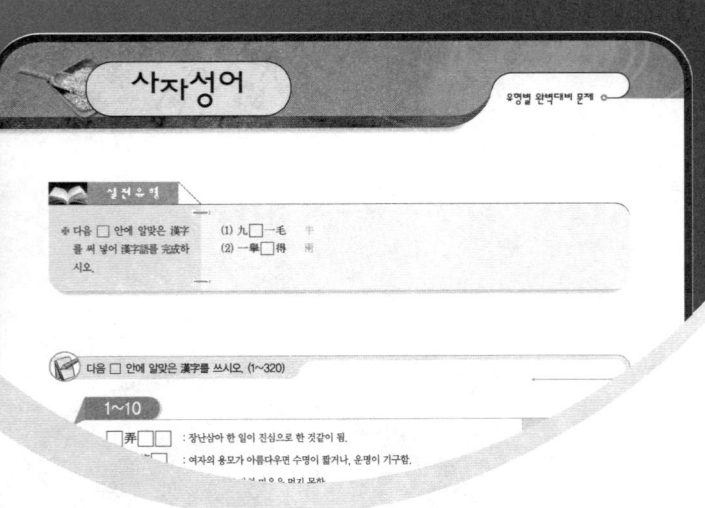

이 책의 구성과 특징

01 :: 시험출제 기준에 꼭 맞춘 문제출제

시중 교재와는 다르게 본 교재는 시험출제 기준에 꼭 맞추어 문제를 출제하였습니다. 즉, 읽기 배정한자에만 해당하는 한자는 독음을 위주로, 쓰기 배정한자는 직접 쓰면서 익힐 수 있는 문제출제를 통하여 효과적으로 시험에 준비할 수 있도록 만들었습니다.

02 :: 각 급수별 배정한자 요약정리

표를 이용하여 시각적으로 쉽고 편하게 각 급수별 배정한자를 정리 · 학습할 수 있도록 구성하였습니다.

03 :: 고유한자로 이루어진 핵심 단어 제공

각 급수의 고유한자를 실제 사용되는 단어를 통하여 집중적으로 학습할 수 있습니다.

04 :: 출제유형에 따른 완벽대비 문제

한자능력검정시험에 자주 출제되는 문제를 유형별로 정리하여 시험에 완벽대비할 수 있게 구성하였습니다. 특히 문제를 풀면서 한자 하나하나에 대한 학습도 병행할 수 있습니다.

05 :: 최근 출제 경향에 따른 예상문제

최근 출제된 한자능력검정시험을 분석하여 향후 출제될 가능성이 높은 문제만을 엄선하여 실었습니다.

06 :: 실제 시험규격과 동일한 답안지

실전예상문제에 실제 시험과 똑같은 규격의 답안지를 제공하여 실전과 최대한 같은 상황에서 모의시험을 치를 수 있도록 하였습니다.

07 :: 기출분석문제

기존에 출제된 문제를 통해 실전에 완벽대비할 수 있도록 하였습니다.

c·o·n·t·e·n·t·s

차례

3급Ⅱ 배정한자 1500자

8급 배정한자 50자

ㄱ	教	校	九	國	軍	金	ㄴ	南	女
	가르칠 교	학교 교	아홉 구	나라 국	군사 군	쇠 금/성 김		남녘 남	계집 녀
年	ㄷ	大	東	ㄹ	六	ㅁ	萬	母	木
해 년		큰 대	동녘 동		여섯 륙		일만 만	어미 모	나무 목
門	民	ㅂ	白	父	北	ㅅ	四	山	三
문 문	백성 민		흰 백	아비/아버지 부	북녘 북/달아날 배		넉 사	메 산	석 삼
生	西	先	小	水	室	十	ㅇ	五	王
날 생	서녘 서	먼저 선	작을 소	물 수	집/방 실	열 십		다섯 오	임금 왕
外	月	二	人	日	一	ㅈ	長	弟	中
바깥 외	달 월	두 이	사람 인	날 일	한 일		긴/어른 장	아우 제	가운데 중
ㅊ	青	寸	七	ㅌ	土	ㅍ	八	ㅎ	學
	푸를 청	마디 촌	일곱 칠		흙 토		여덟 팔		배울 학
韓	兄	火							
한국/나라 한	형/맏 형	불 화							

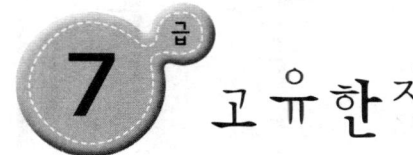

고유한자 100자

ㄱ	歌	家	間	江	車	空	工	口	旗
	노래 가	집 가	사이 간	강 강	수레 거/수레 차	빌 공	장인 공	입 구	기/깃발 기
記	氣	ㄴ	男	內	農	ㄷ	答	道	冬
기록할 기	기운 기		사내 남	안 내	농사 농		대답 답	길 도	겨울 동
洞	動	同	登	ㄹ	來	力	老	里	林
골 동/밝을 통	움직일 동	한가지 동	오를 등		올 래	힘 력	늙을 로	마을 리	수풀 림
立	ㅁ	每	面	命	名	文	問	物	ㅂ
설 립		매양 매	낯 면	목숨 명	이름 명	글월 문	물을 문	물건 물	
方	百	夫	不	ㅅ	事	算	上	色	夕
모 방	일백 백	사나이/지아비 부	아니 불		일 사	셈 산	윗 상	색 색	저녁 석
姓	世	所	少	數	手	時	市	食	植
성 성	인간/세상 세	바 소	적을 소	셈 수	손 수	때 시	저자 시	밥/먹을 식	심을 식
心	ㅇ	安	語	然	午	右	有	育	邑
마음 심		편안 안	말씀 어	그럴 연	낮 오	오른쪽 우	있을 유	기를 육	고을 읍
入	ㅈ	字	自	子	場	前	全	電	正
들 입		글자 자	스스로 자	아들 자	마당 장	앞 전	온전 전	전기 전	바를 정
祖	足	左	住	主	重	地	紙	直	ㅊ
할아버지 조	발 족	왼쪽 좌	살 주	주인 주	무거울/거듭 중	땅 지	종이 지	곧을 직	
川	千	天	草	村	秋	春	出	ㅍ	便
내 천	일천 천	하늘 천	풀 초	마을 촌	가을 추	봄 춘	나갈 출		편안할 편/똥오줌 변
平	ㅎ	下	夏	漢	海	花	話	活	孝
평평할 평		아래 하	여름 하	한수/한나라 한	바다 해	꽃 화	말씀 화	살 활	효도 효
後	休								
뒤 후	쉴 휴								

6Ⅱ·6급 고유한자 150자

ㄱ	各 각각 각	角 뿔 각	感 느낄 감	強 강할 강	開 열 개	京 서울 경	計 셀 계	界 지경 계	高 높을 고
	苦 쓸 고	古 예 고	功 공 공	公 공평할/공변될 공	共 한가지 공	科 과목 과	果 실과 과	光 빛 광	交 사귈 교	球 공/옥경 구
	區 구분할/지경 구	郡 고을 군	近 가까울 근	根 뿌리 근	今 이제 금	急 급할 급	級 등급 급	ㄷ	多 많을 다	短 짧을 단
	堂 집 당	待 기다릴 대	代 대신할 대	對 대할 대	圖 그림 도	度 법도 도/헤아릴 탁	讀 읽을 독/구절 두	童 아이 동	頭 머리 두	等 무리 등
ㄹ	樂 즐거울 락/노래 악/좋아할 요	例 법식 례	禮 예도 례	路 길 로	綠 푸를 록	理 다스릴 리	李 오얏/성 리	利 이할 리	ㅁ	
	明 밝을 명	目 눈 목	聞 들을 문	米 쌀 미	美 아름다울 미	ㅂ	朴 성 박	班 나눌 반	反 돌아올/돌이킬 반	半 반 반
	發 필 발	放 놓을 방	番 차례 번	別 다를/나눌 별	病 병 병	服 옷 복	本 근본 본	部 떼 부	分 나눌 분	ㅅ
	社 모일 사	死 죽을 사	使 하여금/부릴 사	書 글 서	石 돌 석	席 자리 석	線 줄 선	雪 눈 설	省 살필 성/덜 생	成 이룰 성
	消 사라질 소	速 빠를 속	孫 손자 손	樹 나무 수	術 재주 술	習 익힐 습	勝 이길 승	始 비로소 시	式 법 식	神 귀신 신
	身 몸 신	信 믿을 신	新 새 신	失 잃을 실	ㅇ	愛 사랑 애	野 들 야	夜 밤 야	藥 약 약	弱 약할 약
	陽 볕 양	洋 큰바다 양	言 말씀 언	業 업 업	永 길 영	英 꽃부리 영	溫 따뜻할 온	勇 날랠 용	用 쓸 용	運 옮길 운
	園 동산 원	遠 멀 원	油 기름 유	由 말미암을 유	銀 은 은	飲 마실 음	音 소리 음	意 뜻 의	衣 옷 의	醫 의원 의

ㅈ	者	昨	作	章	在	才	戰	庭	定
	놈 자	어제 작	지을 작	글월 장	있을 재	재주 재	싸울 전	뜰 정	정할 정
題	第	朝	族	晝	注	集	ㅊ	窓	淸
제목 제	차례 제	아침 조	겨레 족	낮 주	부을 주	모을 집		창문 창	맑을 청
體	親	ㅌ	太	通	特	ㅍ	表	風	ㅎ
몸 체	친할 친		클 태	통할 통	특별할 특		겉 표	바람 풍	
合	行	幸	向	現	形	號	畫	和	黃
합할 합	다닐 행/항렬 항	다행 행	향할 향	나타날 현	모양 형	이름 호	그림 화/그을 획	화할 화	누를 황
會	訓								
모일 회	가르칠 훈								

5급 고유한자 200자

ㄱ	價	加	可	改	客	去	擧	健	件
	값 가	더할 가	옳을 가	고칠 개	손 객	갈 거	들 거	굳셀 건	물건 건
建	格	見	決	結	輕	敬	競	景	告
세울 건	격식 격	볼 견/나타날 현	결단할 결	맺을 결	가벼울 경	공경할 경	다툴 경	볕/경치 경	고할 고/청할 곡
固	考	曲	課	過	關	觀	廣	橋	具
굳을 고	생각할 고	굽을 곡	과정/공부할 과	지날 과	관계할 관	볼 관	넓을 광	다리 교	갖출 구
救	舊	局	貴	規	給	期	己	汽	技
구원할 구	예 구	판 국	귀할 귀	법 규	줄 급	기약할 기	몸 기	물끓는김 기	재주 기

基 터 기	吉 길할 길	**ㄴ**	念 생각 념	能 능할 능	**ㄷ**	壇 단 단	團 둥글 단	談 말씀 담	當 마땅 당
德 큰/덕 덕	都 도읍 도	島 섬 도	到 이를 도	獨 홀로 독	**ㄹ**	落 떨어질 락	朗 밝을 랑	冷 찰 랭	良 어질 량
量 헤아릴 량	旅 나그네 려	歷 지날 력	練 익힐 련	領 거느릴 령	令 하여금 령	勞 일할 로	料 헤아릴 료	類 무리 류	流 흐를 류
陸 뭍 륙	**ㅁ**	馬 말 마	末 끝 말	亡 망할 망	望 바랄 망	買 살 매	賣 팔 매	無 없을 무	**ㅂ**
倍 곱 배	法 법 법	變 변할 변	兵 군사 병	福 복 복	奉 받들 봉	比 견줄 비	費 쓸 비	鼻 코 비	氷 얼음 빙
ㅅ	寫 베낄 사	史 사기 사	思 생각 사	士 선비 사	仕 섬길 사	査 조사할 사	産 낳을 산	賞 상줄 상	相 서로 상
商 장사 상	序 차례 서	選 가릴 선	鮮 고울 선	船 배 선	仙 신선 선	善 착할 선	說 말씀 설/달랠 세/기쁠 열	性 성품 성	洗 씻을 세
歲 해 세	束 묶을 속	首 머리 수	宿 잘 숙/별자리 수	順 순할 순	示 보일 시	識 알 식/기록할 지	臣 신하 신	實 열매 실	**ㅇ**
兒 아이 아	惡 악할 악/미워할 오	案 책상 안	約 맺을 약	養 기를 양	漁 고기잡을 어	魚 물고기 어	億 억 억	熱 더울 열	葉 잎 엽
屋 집 옥	完 완전할 완	曜 빛날 요	要 요긴할 요	浴 목욕할 욕	友 벗 우	雨 비 우	牛 소 우	雲 구름 운	雄 수컷 웅
原 언덕 원	願 원할 원	元 으뜸 원	院 집 원	位 자리 위	偉 클 위	耳 귀 이	以 써 이	因 인할 인	任 맡길 임
ㅈ	再 두 재	材 재목 재	財 재물 재	災 재앙 재	爭 다툴 쟁	貯 쌓을 저	的 과녁 적	赤 붉을 적	典 법 전

傳	展	切	節	店	情	停	調	操	卒
전할 전	펼 전	끊을 절/온통 체	마디 절	가게 점	뜻 정	머무를 정	고를 조	잡을 조	마칠/군사 졸
終	種	罪	州	週	止	知	質	ㅊ	着
마칠 종	씨 종	허물 죄	고을 주	주일 주	그칠 지	알 지	바탕 질		붙을/닿을 착
參	唱	責	鐵	初	最	祝	充	致	則
참여할 참/석 삼	부를 창	꾸짖을 책	쇠 철	처음 초	가장 최	빌 축	채울 충	이를 치	법칙 칙/곧 즉
ㅌ	他	打	卓	炭	宅	ㅍ	板	敗	品
	다를 타	칠 타	높을 탁	숯 탄	집 택/집 댁		널 판	패할 패	물건 품
必	筆	ㅎ	河	寒	害	許	湖	化	患
반드시 필	붓 필		물 하	찰 한	해할 해	허락할 허	호수 호	될 화	근심 환
效	凶	黑							
본받을 효	흉할 흉	검을 흑							

4Ⅱ급 고유한자 250자

ㄱ	街	假	減	監	講	康	個	檢	潔
	거리 가	거짓 가	덜 감	볼 감	욀/강론할 강	편안할 강	낱 개	검사할 검	깨끗할 결
缺	慶	經	警	境	係	故	官	求	句
이지러질 결	경사 경	글/지날 경	깨우칠 경	지경 경	맬 계	연고 고	벼슬 관	구할 구	글귀 구
究	宮	權	極	禁	器	起	ㄴ	暖	難
연구할/궁구할 구	집 궁	권세 권	극진할/다할 극	금할 금	그릇 기	일어날 기		따뜻할 난	어려울 난

怒 성낼 노	努 힘쓸 노	**ㄷ**	斷 끊을 단	端 끝/바를 단	檀 박달나무 단	單 홑 단/흉노임금 선	達 통달할 달	擔 멜 담	黨 무리 당
帶 띠 대	隊 무리 대	導 인도할 도	督 감독할 독	毒 독 독	銅 구리 동	斗 말 두	豆 콩/제기 두	得 얻을 득	燈 등(불) 등
ㄹ	羅 벌릴/벌 라	兩 두 량	麗 고울 려	連 이을 련	列 벌일/벌 렬	錄 기록 록	論 논할 론	留 머무를 류	律 법칙 률
ㅁ	滿 찰 만	脈 줄기 맥	毛 털 모	牧 칠/기를 목	武 호반/군사 무	務 힘쓸 무	味 맛 미	未 아닐 미	密 빽빽할/몰래 밀
ㅂ	博 넓을 박	防 막을 방	房 방 방	訪 찾을 방	背 등 배	拜 절 배	配 짝/나눌 배	罰 벌할 벌	伐 칠 벌
壁 벽 벽	邊 가 변	步 걸음 보	寶 보배 보	報 알릴/갚을 보	保 지킬 보	復 회복할 복/다시 부	府 마을/관청 부	婦 며느리/지어미 부	副 버금 부
富 부자 부	佛 부처 불	備 갖출 비	飛 날 비	悲 슬플 비	非 아닐 비	貧 가난할 빈	**ㅅ**	謝 사례할 사	師 스승 사
寺 절 사	舍 집 사	殺 죽일 살/감할 쇄	常 떳떳할 상	床 상 상	想 생각 상	狀 형상 상/문서 장	設 베풀/가령 설	星 별 성	聖 성인 성
盛 성할 성	聲 소리 성	城 재/성 성	誠 정성 성	細 가늘 세	稅 세금 세	勢 형세 세	素 본디/흴 소	掃 쓸 소	笑 웃음 소
續 이을 속	俗 풍속 속	送 보낼 송	收 거둘 수	修 닦을/고칠 수	受 받을 수	授 줄 수	守 지킬 수	純 순수할 순	承 이을 승
施 베풀 시	視 볼 시	詩 시/글 시	試 시험 시	是 옳을/이 시	息 쉴 식	申 펼/납(원숭이) 신	深 깊을 심	**ㅇ**	眼 눈 안
暗 어두울 암	壓 누를/억누를 압	液 액체 액	羊 양 양	如 같을 여	餘 남을 여	逆 거스를 역	研 갈 연	煙 연기 연	演 펼 연

榮	藝	誤	玉	往	謠	容	圓	員	衛
영화 영	재주 예	그르칠 오	구슬 옥	갈 왕	노래 요	얼굴 용	둥글 원	인원 원	지킬 위
爲	肉	恩	陰	應	義	議	移	益	引
할 위	고기 육	은혜 은	그늘 음	응할 응	옳을 의	의논 의	옮길 이	더할 익	끌 인
印	認	ㅈ	障	將	低	敵	田	絶	接
도장 인	알 인		막힐 장	장수 장	낮을 저	대적할 적	밭 전	끊을 절	이을/접할 접
程	政	精	濟	提	除	制	祭	際	製
길 정	정사 정	정할/세밀할 정	건널/건질 제	끌 제	덜 제	마를/절제할 제	제사 제	즈음/가 제	지을 제
助	鳥	早	造	尊	宗	走	竹	準	衆
도울 조	새 조	이를/아침 조	지을 조	높을 존	마루/종교 종	달릴 주	대 죽	준할/법 준	무리 중
增	指	志	至	支	職	進	眞	ㅊ	次
더할 증	가리킬 지	뜻 지	이를 지	지탱할 지	직분/벼슬 직	나아갈 진	참 진		버금 차
察	創	處	請	總	銃	蓄	築	蟲	忠
살필 찰	비롯할 창	곳 처	청할 청	다 총	총 총	모을 축	쌓을 축	벌레 충	충성 충
取	測	治	置	齒	侵	ㅋ	快	ㅌ	態
가질 취	헤아릴 측	다스릴 치	둘 치	이 치	침노할 침		쾌할 쾌		모습/태도 태
統	退	ㅍ	破	波	砲	布	包	暴	票
거느릴 통	물러갈 퇴		깨뜨릴 파	물결 파	대포 포	베 포/보시 보	쌀 포	사나울 폭/모질 포	불똥튈/표 표
豊	ㅎ	限	航	港	解	鄕	香	虛	驗
풍년 풍		한할/막을 한	배 항	항구 항	풀 해	시골 향	향기 향	빌 허	시험 험
賢	血	協	惠	護	戶	呼	好	貨	確
어질 현	피 혈	화할 협	은혜 혜	도울 호	문/집 호	부를 호	좋을 호	재물 화	굳을 확
回	吸	興	希						
돌아올 회	마실 흡	일/일어날 흥	바랄 희						

4급 고유한자 250자

ㄱ	暇 겨를/틈 가	覺 깨달을 각	刻 새길/모질 각	簡 간략할/대쪽 간	干 방패 간	看 볼 간	敢 구태여/감히 감	甘 달 감	甲 갑옷/첫째천간 갑
降 내릴 강/항복할 항	據 근거/의거할 거	拒 막을 거	居 살 거	巨 클 거	傑 뛰어날/호걸 걸	儉 검소할 검	激 격할 격	擊 칠 격	犬 개 견
堅 굳을 견	更 고칠 경/다시 갱	鏡 거울 경	傾 기울 경	驚 놀랄 경	戒 경계할 계	季 계절 계	鷄 닭 계	階 섬돌 계	系 이어맬/이을 계
繼 이을 계	庫 곳집 고	孤 외로울 고	穀 곡식 곡	困 곤할 곤	骨 뼈 골	孔 구멍 공	攻 칠 공	管 대롱/주관할 관	鑛 쇳돌 광
構 얽을 구	群 무리 군	君 임금 군	屈 굽힐 굴	窮 다할/궁할 궁	勸 권할 권	券 문서 권	卷 책 권	歸 돌아갈 귀	均 고를 균
劇 심할/연극 극	勤 부지런할 근	筋 힘줄 근	紀 벼리/법 기	寄 부칠 기	奇 어찌/기특할 기	機 틀/때 기	ㄴ	納 들일 납	ㄷ
段 층계 단	盜 도둑 도	逃 도망할 도	徒 무리/헛될 도	ㄹ	卵 알 란	亂 어지러울 란	覽 볼 람	略 간략할 략	糧 양식 량
慮 생각할 려	烈 매울 렬	龍 용 룡	柳 버들 류	輪 바퀴/돌 륜	離 떠날 리	ㅁ	妹 누이 매	勉 힘쓸 면	鳴 울 명
模 본뜰/모범 모	妙 묘할 묘	墓 무덤 묘	舞 춤출 무	ㅂ	拍 칠 박	髮 터럭 발	妨 방해할 방	犯 범할 범	範 법 범
辯 말씀 변	普 넓을 보	複 겹칠 복	伏 엎드릴 복	否 아닐 부	負 질/패할 부	粉 가루 분	憤 분할 분	碑 비석 비	批 비평할 비
祕 숨길 비	ㅅ	辭 말씀 사	私 사사로울 사	絲 실 사	射 쏠 사	散 흩을 산	傷 다칠/상할 상	象 코끼리 상	宣 베풀 선
舌 혀 설	屬 붙일 속	損 덜 손	頌 기릴/칭송할 송	松 소나무 송	秀 빼어날 수	叔 아재비 숙	肅 엄숙할 숙	崇 높을 숭	氏 성/각시 씨

○	額	樣	嚴	與	易	域	鉛	延	緣
	이마/수량 액	모양 양	엄할 엄	더불/줄 여	바꿀 역/쉬울 이	지경 역	납 연	늘일 연	인연 연
燃	營	迎	映	豫	優	遇	郵	源	援
탈/불사를 연	경영 영	맞을 영	비칠 영	미리 예	뛰어날 우	만날/대접할 우	우편 우	근원 원	도울 원
怨	委	圍	慰	威	危	遺	遊	儒	乳
원망할 원	맡길 위	에워쌀 위	위로할 위	위엄 위	위태할 위	남길/잃을 유	놀 유	선비 유	젖 유
隱	儀	疑	依	異	仁	ㅈ	姿	姉	資
숨을 은	거동/법 의	의심 의	의지할 의	다를 이	어질 인		모양 자	손윗누이 자	재물 자
殘	雜	裝	張	獎	帳	壯	腸	底	績
남을 잔	섞일 잡	꾸밀 장	베풀 장	장려할 장	장막 장	장할 장	창자 장	밑 저	길쌈/공 적
賊	適	籍	積	轉	錢	專	折	點	占
도적 적	맞을/마침 적	문서 적	쌓을 적	구를 전	돈 전	오로지 전	꺾을 절	점 점	점칠/점령할 점
整	靜	丁	帝	條	潮	組	存	鍾	從
가지런할 정	고요할 정	장정 정	임금 제	가지 조	조수/밀물 조	짤 조	있을 존	쇠북/모을 종	좇을 종
座	周	朱	酒	證	持	誌	智	織	盡
자리 좌	두루 주	붉을 주	술 주	증거 증	가질 지	기록할 지	지혜/슬기 지	짤 직	다할 진
珍	陣	ㅊ	差	讚	採	冊	泉	廳	聽
보배 진	진칠 진		어긋날/다를 차	기릴 찬	캘 채	책 책	샘 천	관청 청	들을 청
招	推	縮	就	趣	層	針	寢	稱	ㅌ
부를 초	밀 추	줄일 축	나아갈 취	뜻 취	층 층	바늘 침	잘 침	일컬을 칭	
歎	彈	脫	探	擇	討	痛	投	鬪	ㅍ
탄식할 탄	탄알 탄	벗을 탈	찾을 탐	가릴 택	칠/찾을 토	아플 통	던질 투	싸움 투	
派	判	篇	評	閉	胞	爆	標	疲	避
갈래 파	판단할 판	책 편	평할 평	닫을 폐	세포/태 포	불터질 폭	표할 표	피곤할 피	피할 피

ㅎ								
恨	閑	抗	核	憲	險	革	顯	刑
한/원망 한	한가할 한	겨룰/항거할 항	씨 핵	법 헌	험할 험	가죽/고칠 혁	나타낼 현	형벌 형
或	混	婚	紅	華	環	歡	況	灰	候
혹 혹	섞일 혼	혼인할 혼	붉을 홍	빛날 화	고리 환	기쁠 환	상황/하물며 황	재 회	기후/기다릴 후
厚	揮	喜
두터울 후	휘두를 휘	기쁠 희

3급 II 고유한자 500자

ㄱ								
佳	架	脚	閣	肝	懇	刊	幹	鑑
아름다울 가	시렁 가	다리 각	집/누각 각	간 간	간절할 간	새길/간행할 간	줄기/맡을 간	거울/볼 감
剛	綱	鋼	介	槪	蓋	距	乾	劍	隔
굳셀 강	벼리 강	강철 강	낄 개	대개 개	덮을 개	상거할/떨어질 거	하늘 건/마를 간(건)	칼 검	사이뜰 격
訣	謙	兼	耕	頃	徑	硬	械	契	溪
이별할 결	겸손할 겸	겸할 겸	밭갈 경	이랑/잠깐 경	지름길/길 경	굳을 경	기계 계	맺을/계약 계	시내 계
啓	桂	鼓	姑	稿	谷	哭	恭	恐	貢
열 계	계수나무 계	북 고	시어머니 고	원고/볏짚 고	골 곡	울 곡	공손할 공	두려울 공	바칠 공
供	誇	寡	冠	貫	寬	慣	館	狂	怪
이바지할 공	자랑할 과	적을/홀어미 과	갓 관	꿸 관	너그러울 관	익숙할 관	집 관	미칠 광	괴이할 괴
壞	較	巧	久	拘	丘	菊	弓	拳	鬼
무너질 괴	견줄/비교 교	공교할/교묘할 교	오랠 구	잡을 구	언덕 구	국화 국	활 궁	주먹 권	귀신 귀

菌	克	琴	禽	錦	及	畿	其	企	祈
버섯 균	이길 극	거문고 금	날짐승/새 금	비단 금	미칠 급	경기 기	그 기	꾀할/바랄 기	빌 기
騎	緊	ㄴ	諾	娘	耐	寧	奴	腦	泥
말탈 기	긴할 긴		허락할 낙	계집/아가씨 낭	견딜 내	편안 녕	종 노	뇌수/골 뇌	진흙 니
ㄷ	茶	但	丹	旦	淡	踏	唐	糖	臺
	차 다/차 차	다만 단	붉을 단	아침 단	맑을 담	밟을 답	당나라/당황할 당	엿 당/사탕 탕	대/집 대
貸	途	陶	刀	渡	倒	桃	突	凍	ㄹ
빌릴 대	길 도	질그릇 도	칼 도	건널 도	넘어질 도	복숭아 도	갑자기 돌	얼 동	
絡	欄	蘭	浪	郎	廊	涼	梁	勵	曆
이을/얽을 락	난간 란	난초 란	물결 랑	사내 랑	행랑/사랑채 랑	서늘할 량	들보/돌다리 량	힘쓸 려	책력 력
戀	鍊	聯	蓮	裂	嶺	靈	露	爐	祿
그리워할/사모할 련	단련할/쇠불릴 련	연이을 련	연꽃 련	찢어질 렬	고개 령	신령 령	이슬/드러날 로	화로 로	녹 록
弄	賴	雷	樓	累	漏	倫	栗	率	隆
희롱할 롱	의뢰할 뢰	우레 뢰	다락 루	여러/자주 루	샐 루	인륜 륜	밤 률	비율 률/거느릴 솔	높을/성할 륭
陵	吏	履	裏	臨	ㅁ	磨	麻	漠	莫
언덕 릉	관리/벼슬아치 리	밟을 리	속 리	임할 림		갈 마	삼 마	넓을/아득할 막	없을/말 막
幕	晩	妄	梅	媒	麥	盲	孟	盟	猛
장막 막	늦을 만	망녕될 망	매화 매	중매 매	보리 맥	눈멀/소경 맹	맏 맹	맹세 맹	사나울 맹
綿	眠	免	滅	銘	慕	謀	貌	睦	沒
솜 면	잠잘 면	면할 면	멸할/꺼질 멸	새길 명	그릴/사모할 모	꾀 모	모양 모	화목할 목	빠질 몰
夢	蒙	茂	貿	默	墨	紋	勿	微	尾
꿈 몽	어릴/몽고 몽	무성할 무	무역할 무	잠잠할 묵	먹 묵	무늬 문	말 물	작을 미	꼬리 미
ㅂ	薄	迫	飯	般	盤	拔	芳	輩	排
	엷을 박	핍박할/닥칠 박	밥 반	일반/가지 반	소반/쟁반 반	뽑을/뺄 발	꽃다울 방	무리 배	밀칠/물리칠 배

培	伯	繁	凡	碧	丙	補	譜	腹	覆
북돋울 배	맏 백	번성할 번	무릇 범	푸를 벽	남녘 병	기울 보	족보/적을 보	배 복	다시 복/덮을 부
逢	峯	封	鳳	扶	浮	簿	符	附	付
만날 봉	봉우리 봉	봉할 봉	새 봉	도울 부	뜰 부	문서 부	부호 부	붙을 부	줄 부
賦	腐	奔	奮	紛	拂	卑	肥	婢	妃
부세/과할 부	썩을/낡을 부	달릴 분	떨칠 분	어지러울 분	떨칠 불	낮을 비	살찔 비	여자종 비	왕비 비
人	邪	詞	司	沙	祀	斜	蛇	削	森
	간사할 사	말/글 사	맡을 사	모래 사	제사 사	비낄 사	긴뱀 사	깎을 삭	빽빽할 삼
像	霜	尙	喪	詳	裳	償	桑	塞	索
모양 상	서리 상	오히려/숭상 상	잃을 상	자세할 상	치마 상	갚을 상	뽕나무 상	막힐 색/변방 새	찾을 색/노(끈) 삭
署	緖	恕	徐	惜	釋	旋	禪	蘇	疏
관청/마을 서	실마리 서	용서할 서	천천히 서	아낄 석	풀 석	돌 선	선 선	되살아날 소	트일/소통할 소
訴	燒	訟	刷	鎖	衰	需	愁	殊	隨
호소할 소	사를 소	송사할 송	인쇄할/쓸 쇄	쇠사슬/자물쇠 쇄	쇠할 쇠	구할/쓰일/쓸 수	근심 수	다를 수	따를 수
壽	輸	帥	獸	垂	淑	熟	瞬	巡	旬
목숨 수	보낼 수	장수 수	짐승 수	드리울 수	맑을 숙	익을 숙	눈깜짝할/순간 순	돌/순행할 순	열흘 순
述	襲	拾	濕	昇	僧	乘	侍	飾	愼
펼/지을 술	엄습할 습	주울 습/열 십	젖을 습	오를 승	중 승	탈 승	모실 시	꾸밀 식	삼갈 신
甚	審	雙	○	我	雅	亞	阿	牙	芽
심할 심	살필 심	쌍/두 쌍		나/우리 아	맑을 아	버금 아	언덕 아	어금니 아	싹 아
顔	岸	巖	央	仰	哀	若	揚	讓	壤
낯/얼굴 안	언덕 안	바위 암	가운데 앙	우러를 앙	슬플 애	같을 약/반야 야	날릴 양	사양할 양	흙덩이 양
御	抑	憶	亦	譯	役	驛	疫	沿	軟
어거할/거느릴 어	누를 억	생각할 억	또 역	번역할 역	부릴 역	역 역	전염병 역	물따라갈/따를 연	연할 연

宴 잔치 연	燕 제비 연	悅 기쁠 열	染 물들 염	鹽 소금 염	炎 불꽃 염	影 그림자 영	譽 기릴/명예 예	烏 까마귀 오	悟 깨달을 오
獄 옥 옥	瓦 기와 와	緩 느릴 완	辱 욕될 욕	慾 욕심 욕	欲 하고자할 욕	憂 근심 우	愚 어리석을 우	宇 집 우	偶 짝/허수아비 우
羽 깃 우	韻 운 운	越 넘을 월	謂 이를 위	胃 밥통 위	僞 거짓 위	幽 그윽할 유	誘 꾈/달랠 유	裕 넉넉할 유	悠 멀 유
維 벼리 유	柔 부드러울 유	幼 어릴 유	猶 오히려 유	潤 불을/윤택할 윤	乙 새 을	淫 음란할 음	已 이미 이	翼 날개 익	忍 참을 인
逸 편안할 일	壬 천간/북방 임	賃 품삯 임	ㅈ	慈 사랑/어머니 자	刺 찌를 자/찌를 척	紫 자줏빛 자	潛 잠길 잠	暫 잠깐 잠	藏 감출 장
粧 단장할 장	掌 손바닥 장	莊 씩씩할 장	丈 어른 장	臟 오장 장	葬 장사지낼 장	載 실을 재	栽 심을 재	裁 옷마를 재	著 나타날 저
抵 막을 저	寂 고요할 적	摘 딸 적	跡 발자취 적	蹟 자취 적	笛 피리 적	殿 전각/큰집 전	漸 점점 점	貞 곧을 정	淨 깨끗할 정
井 우물 정	頂 정수리 정	亭 정자 정	廷 조정 정	征 칠 정	齊 가지런할 제	諸 모두 제	照 비칠 조	兆 조짐/억조 조	租 조세 조
縱 세로 종	坐 앉을 좌	柱 기둥 주	洲 물가 주	宙 집 주	鑄 쇠불릴 주	奏 아뢸/연주할 주	珠 구슬 주	株 그루 주	仲 버금 중
卽 곧 즉	憎 미울 증	曾 일찍 증	症 증세 증	蒸 찔 증	之 갈/어조사 지	池 못 지	枝 가지 지	振 떨칠 진	陳 베풀/묵을 진
辰 별 진/때 신	鎭 진압할 진	震 우레 진	疾 병 질	秩 차례 질	執 잡을 집	徵 부를 징/음률이름 치	ㅊ	此 이 차	借 빌릴/빌 차
錯 어긋날/섞일 착	贊 도울 찬	倉 창고/곳집 창	昌 창성할 창	蒼 푸를 창	菜 나물 채	彩 채색 채	債 빚 채	策 꾀 책	妻 아내 처

拓	尺	戚	踐	淺	賤	遷	哲	徹	滯
넓힐 척/박을 탁	자 척	친척/겨레 척	밟을 천	얕을 천	천할 천	옮길 천	밝을 철	통할 철	막힐 체
肖	超	礎	觸	促	催	追	畜	衝	吹
닮을/같을 초	뛰어넘을 초	주춧돌 초	닿을 촉	재촉할 촉	재촉할 최	따를/쫓을 추	짐승/기를 축	찌를 충	불 취
醉	側	値	恥	稚	漆	沈	浸	ㅌㅍ	奪
취할 취	곁 측	값 치	부끄러울 치	어릴 치	옻/검을 칠	잠길 침/성 심	잠길/젖을 침		빼앗을 탈
塔	湯	殆	泰	澤	兔	吐	透		版
탑 탑	끓을 탕	거의/위태할 태	클/편안할 태	못 택	토끼 토	토할 토	사무칠 투		판목/조각 판
片	編	偏	弊	肺	廢	浦	捕	楓	皮
조각 편	엮을 편	치우칠 편	해질/폐단 폐	허파 폐	폐할/버릴 폐	개/물가 포	잡을 포	단풍(나무) 풍	가죽 피
被	彼	畢	ㅎ	何	賀	荷	鶴	汗	割
입을/당할 피	저 피	마칠 필		어찌 하	하례할 하	멜/연 하	학/두루미 학	땀 한	벨 할
含	陷	項	恒	響	獻	玄	懸	穴	脅
머금을 함	빠질 함	항목 항	항상 항	울릴 향	드릴 헌	검을 현	매달 현	구멍/굴 혈	위협할/옆구리 협
衡	慧	浩	胡	虎	豪	惑	魂	忽	洪
저울대 형	슬기로울 혜	넓을 호	되/오랑캐 호	범 호	호걸 호	미혹할 혹	넋 혼	갑자기/문득 홀	넓을 홍
禍	還	換	荒	皇	悔	懷	劃	獲	橫
재앙 화	돌아올 환	바꿀 환	거칠 황	임금 황	뉘우칠 회	품을 회	그을 획	얻을 획	가로 횡
胸	戲	稀							
가슴 흉	놀이/희롱할 희	드물 희							

	배정한자	쓰기 배정한자
3급Ⅱ	1500자	750자(4급Ⅱ 배정한자)

3급 Ⅱ 고유한자 – 단어로 익히기

1~25

* 색자(色字)는 3급 Ⅱ 고유한자입니다.

1. 佳約(가약)
2. 聖架(성가)
3. 脚本(각본)
4. 改閣(개각)
5. 忠肝(충간)
6. 懇談(간담)
7. 創刊(창간)
8. 幹線(간선)
9. 鑑賞(감상)
10. 剛直(강직)
11. 要綱(요강)
12. 鋼管(강관)
13. 介在(개재)
14. 槪要(개요)
15. 蓋草(개초)
16. 相距(상거)
17. 乾魚(건어)
18. 慧劍(혜검)
19. 隔絶(격절)
20. 要訣(요결)
21. 謙虛(겸허)
22. 兼備(겸비)
23. 農耕(농경)
24. 頃日(경일)
25. 徑行(경행)

26~50

26. 硬質(경질)
27. 機械(기계)
28. 契機(계기)
29. 淸溪(청계)
30. 啓導(계도)
31. 桂冠(계관)
32. 鼓笛(고적)
33. 姑從(고종)
34. 原稿(원고)
35. 幽谷(유곡)
36. 哭聲(곡성)
37. 恭敬(공경)
38. 恐妻(공처)
39. 貢稅(공세)
40. 供養(공양)
41. 誇稱(과칭)
42. 寡宅(과댁)
43. 冠婚(관혼)
44. 貫徹(관철)
45. 寬容(관용)
46. 慣用(관용)
47. 公館(공관)
48. 狂奔(광분)
49. 怪狀(괴상)
50. 壞滅(괴멸)

51~75

51. 較量(교량)
52. 精巧(정교)
53. 耐久(내구)
54. 拘留(구류)
55. 丘山(구산)
56. 菊版(국판)
57. 洋弓(양궁)
58. 鐵拳(철권)
59. 鬼才(귀재)
60. 滅菌(멸균)
61. 克服(극복)
62. 心琴(심금)
63. 珍禽(진금)
64. 錦地(금지)
65. 普及(보급)
66. 畿湖(기호)
67. 各其(각기)
68. 企圖(기도)
69. 祈祝(기축)
70. 騎手(기수)
71. 緊迫(긴박)
72. 承諾(승낙)
73. 娘家(낭가)
74. 耐性(내성)
75. 丁寧(정녕)

76~100

76. 官奴(관노)
77. 腦波(뇌파)
78. 雲泥(운니)
79. 茶道(다도)
80. 但書(단서)
81. 丹靑(단청)
82. 旦夕(단석)
83. 淡味(담미)
84. 踏步(답보)
85. 唐突(당돌)
86. 糖分(당분)
87. 臺本(대본)
88. 貸與(대여)
89. 別途(별도)
90. 陶醉(도취)
91. 短刀(단도)
92. 讓渡(양도)
93. 倒置(도치)
94. 桃源(도원)
95. 突破(돌파)
96. 冷凍(냉동)
97. 脈絡(맥락)
98. 懸欄(현란)
99. 和蘭(화란)
100. 激浪(격랑)

101~125

101. 花郎(화랑)
102. 舍廊(사랑)
103. 納凉(납량)
104. 上梁(상량)
105. 督勵(독려)
106. 陰曆(음력)
107. 戀慕(연모)
108. 試鍊(시련)
109. 聯合(연합)
110. 蓮葉(연엽)
111. 破裂(파열)
112. 嶺南(영남)
113. 靈魂(영혼)
114. 露宿(노숙)
115. 爐邊(노변)
116. 復祿(복록)
117. 弄調(농조)
118. 信賴(신뢰)
119. 雷管(뇌관)
120. 樓閣(누각)
121. 累卵(누란)
122. 脫漏(탈루)
123. 倫理(윤리)
124. 栗木(율목)
125. 比率(비율)

126~150

126. 隆起(융기)	131. 臨戰(임전)	136. 幕間(막간)	141. 麥飯(맥반)	146. 綿延(면연)
127. 陵谷(능곡)	132. 磨製(마제)	137. 晩種(만종)	142. 盲腸(맹장)	147. 冬眠(동면)
128. 稅吏(세리)	133. 麻布(마포)	138. 妄動(망동)	143. 孟浪(맹랑)	148. 免罪(면죄)
129. 履霜(이상)	134. 沙漠(사막)	139. 紅梅(홍매)	144. 盟約(맹약)	149. 滅種(멸종)
130. 心裏(심리)	135. 索莫(삭막)	140. 冷媒(냉매)	145. 勇猛(용맹)	150. 感銘(감명)

151~175

151. 愛慕(애모)	156. 夢遊(몽유)	161. 唐墨(당묵)	166. 薄福(박복)	171. 拔群(발군)
152. 謀議(모의)	157. 啓蒙(계몽)	162. 紋樣(문양)	167. 迫進(박진)	172. 芳香(방향)
153. 外貌(외모)	158. 榮茂(영무)	163. 勿侵(물침)	168. 飯店(반점)	173. 後輩(후배)
154. 親睦(친목)	159. 貿易(무역)	164. 微笑(미소)	169. 般樂(반락)	174. 排卵(배란)
155. 沒收(몰수)	160. 默認(묵인)	165. 交尾(교미)	170. 骨盤(골반)	175. 培植(배식)

176~200

176. 畫伯(화백)	181. 補修(보수)	186. 雲峯(운봉)	191. 名簿(명부)	196. 陳腐(진부)
177. 繁華(번화)	182. 系譜(계보)	187. 開封(개봉)	192. 符信(부신)	197. 奔馬(분마)
178. 凡常(범상)	183. 腹案(복안)	188. 鳳德(봉덕)	193. 附錄(부록)	198. 奮鬪(분투)
179. 碧空(벽공)	184. 覆面(복면)	189. 扶起(부기)	194. 配付(배부)	199. 紛亂(분란)
180. 丙方(병방)	185. 逢着(봉착)	190. 浮沈(부침)	195. 割賦(할부)	200. 後拂(후불)

201~225

201. 野卑(야비)	206. 品詞(품사)	211. 蛇酒(사주)	216. 崇尙(숭상)	221. 桑田(상전)
202. 肥料(비료)	207. 司會(사회)	212. 削奪(삭탈)	217. 喪失(상실)	222. 語塞(어색)
203. 侍婢(시비)	208. 沙浴(사욕)	213. 森列(삼렬)	218. 詳述(상술)	223. 索引(색인)
204. 宮妃(궁비)	209. 祀典(사전)	214. 肖像(초상)	219. 紅裳(홍상)	224. 支署(지서)
205. 邪慾(사욕)	210. 傾斜(경사)	215. 霜信(상신)	220. 償還(상환)	225. 端緖(단서)

226~250

226. 忠恕(충서)	231. 禪讓(선양)	236. 訟事(송사)	241. 哀愁(애수)	246. 總帥(총수)
227. 徐步(서보)	232. 蘇息(소식)	237. 縮刷(축쇄)	242. 殊功(수공)	247. 鳥獸(조수)
228. 惜敗(석패)	233. 疏外(소외)	238. 連鎖(연쇄)	243. 隨筆(수필)	248. 垂頭(수두)
229. 保釋(보석)	234. 訴追(소추)	239. 盛衰(성쇠)	244. 壽福(수복)	249. 貞淑(정숙)
230. 旋風(선풍)	235. 全燒(전소)	240. 婚需(혼수)	245. 運輸(운수)	250. 熟眠(숙면)

251~275

251. 瞬息(순식)	256. 拾集(습집)	261. 內侍(내시)	266. 雙龍(쌍룡)	271. 牙城(아성)
252. 巡航(순항)	257. 濕潤(습윤)	262. 修飾(수식)	267. 我軍(아군)	272. 草芽(초아)
253. 下旬(하순)	258. 昇進(승진)	263. 愼辭(신사)	268. 優雅(우아)	273. 厚顔(후안)
254. 著述(저술)	259. 僧房(승방)	264. 激甚(격심)	269. 亞流(아류)	274. 彼岸(피안)
255. 襲擊(습격)	260. 乘船(승선)	265. 審判(심판)	270. 阿黨(아당)	275. 奇巖(기암)

276~300

276. 央告(앙고)	281. 分讓(분양)	286. 亦然(역연)	291. 沿岸(연안)	296. 染織(염직)
277. 仰望(앙망)	282. 壤土(양토)	287. 通譯(통역)	292. 軟骨(연골)	297. 鹽分(염분)
278. 哀願(애원)	283. 制御(제어)	288. 役割(역할)	293. 壽宴(수연)	298. 炎症(염증)
279. 若或(약혹)	284. 抑留(억류)	289. 驛務(역무)	294. 燕息(연식)	299. 投影(투영)
280. 宣揚(선양)	285. 憶念(억념)	290. 紅疫(홍역)	295. 悅慕(열모)	300. 名譽(명예)

301~325

301. 烏竹(오죽)	306. 屈辱(굴욕)	311. 基宇(기우)	316. 稱謂(칭위)	321. 富裕(부유)
302. 悟悅(오열)	307. 慾望(욕망)	312. 偶像(우상)	317. 胃腸(위장)	322. 悠長(유장)
303. 脫獄(탈옥)	308. 欲界(욕계)	313. 羽客(우객)	318. 僞證(위증)	323. 維持(유지)
304. 瓦解(와해)	309. 憂愁(우수)	314. 韻致(운치)	319. 幽閉(유폐)	324. 柔軟(유연)
305. 緩曲(완곡)	310. 愚問(우문)	315. 越冬(월동)	320. 勸誘(권유)	325. 幼弱(유약)

326~350

326. 猶父(유부)	331. 鳥翼(조익)	336. 慈堂(자당)	341. 祕藏(비장)	346. 臟器(장기)
327. 潤筆(윤필)	332. 忍從(인종)	337. 刺客(자객)	342. 美粧(미장)	347. 葬禮(장례)
328. 乙覽(을람)	333. 獨逸(독일)	338. 紫李(자리)	343. 合掌(합장)	348. 滿載(만재)
329. 淫談(음담)	334. 壬人(임인)	339. 潛伏(잠복)	344. 別莊(별장)	349. 植栽(식재)
330. 已知(이지)	335. 船賃(선임)	340. 暫定(잠정)	345. 丈尺(장척)	350. 裁判(재판)

351~375

351. 著書(저서)	356. 奇蹟(기적)	361. 洗淨(세정)	366. 征討(정토)	371. 租界(조계)
352. 抵當(저당)	357. 號笛(호적)	362. 管井(관정)	367. 齊家(제가)	372. 放縱(방종)
353. 孤寂(고적)	358. 寢殿(침전)	363. 登頂(등정)	368. 諸般(제반)	373. 坐藥(좌약)
354. 指摘(지적)	359. 漸進(점진)	364. 料亭(요정)	369. 探照(탐조)	374. 柱石(주석)
355. 潛跡(잠적)	360. 貞節(정절)	365. 出廷(출정)	370. 凶兆(흉조)	375. 亞洲(아주)

376~400

376. 宙表(주표)	381. 仲介(중개)	386. 蒸散(증산)	391. 陳列(진열)	396. 品秩(품질)
377. 鑄貨(주화)	382. 卽決(즉결)	387. 之子(지자)	392. 日辰(일진)	397. 執着(집착)
378. 獨奏(독주)	383. 憎怨(증원)	388. 電池(전지)	393. 鎭火(진화)	398. 徵兵(징병)
379. 珠算(주산)	384. 曾往(증왕)	389. 折枝(절지)	394. 雷震(뇌진)	399. 如此(여차)
380. 株券(주권)	385. 痛症(통증)	390. 振興(진흥)	395. 疾患(질환)	400. 借用(차용)

401~425

401. 錯誤(착오)	406. 野菜(야채)	411. 開拓(개척)	416. 賤待(천대)	421. 不肖(불초)
402. 協贊(협찬)	407. 光彩(광채)	412. 寸尺(촌척)	417. 左遷(좌천)	422. 超過(초과)
403. 營倉(영창)	408. 負債(부채)	413. 外戚(외척)	418. 賢哲(현철)	423. 階礎(계초)
404. 繁昌(번창)	409. 對策(대책)	414. 踐行(천행)	419. 徹底(철저)	424. 接觸(접촉)
405. 蒼生(창생)	410. 賢妻(현처)	415. 淺見(천견)	420. 延滯(연체)	425. 促求(촉구)

426~450

426. 主催(주최)	431. 醉興(취흥)	436. 漆毒(칠독)	441. 湯器(탕기)	446. 吐露(토로)
427. 追求(추구)	432. 左側(좌측)	437. 沈痛(침통)	442. 殆無(태무)	447. 透映(투영)
428. 畜舍(축사)	433. 數値(수치)	438. 浸潤(침윤)	443. 泰然(태연)	448. 原版(원판)
429. 衝動(충동)	434. 恥辱(치욕)	439. 奪還(탈환)	444. 潤澤(윤택)	449. 斷片(단편)
430. 吹笛(취적)	435. 稚魚(치어)	440. 鐵塔(철탑)	445. 養兔(양토)	450. 編織(편직)

451~475

451. 偏黨(편당)	456. 生捕(생포)	461. 畢納(필납)	466. 汗簡(한간)	471. 恒星(항성)
452. 弊習(폐습)	457. 楓葉(풍엽)	462. 何故(하고)	467. 割增(할증)	472. 響應(향응)
453. 心肺(심폐)	458. 皮相(피상)	463. 慶賀(경하)	468. 含憤(함분)	473. 奉獻(봉헌)
454. 廢業(폐업)	459. 被殺(피살)	464. 荷物(하물)	469. 謀陷(모함)	474. 玄關(현관)
455. 浦港(포항)	460. 彼我(피아)	465. 鶴舞(학무)	470. 條項(조항)	475. 懸板(현판)

476~500

476. 墓穴(묘혈)	481. 胡亂(호란)	486. 忽微(홀미)	491. 荒廢(황폐)	496. 獲利(획리)
477. 脅制(협제)	482. 虎患(호환)	487. 洪量(홍량)	492. 皇妃(황비)	497. 橫列(횡렬)
478. 權衡(권형)	483. 豪華(호화)	488. 災禍(재화)	493. 悔改(회개)	498. 胸腹(흉복)
479. 慧眼(혜안)	484. 疑惑(의혹)	489. 歸還(귀환)	494. 懷古(회고)	499. 遊戲(유희)
480. 浩然(호연)	485. 魂神(혼신)	490. 換穀(환곡)	495. 劃策(획책)	500. 稀微(희미)

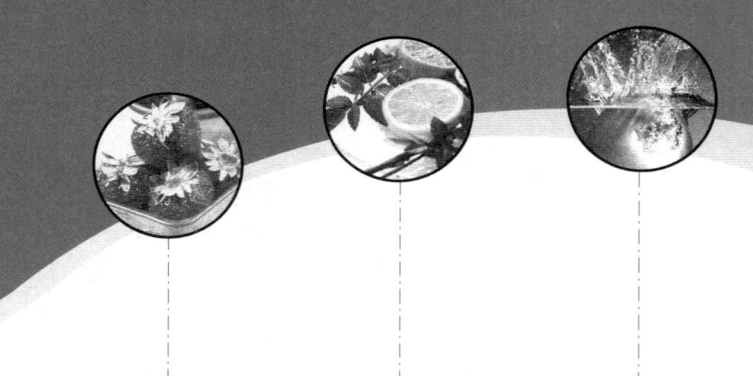

국가공인 한자능력검정시험 예상문제집 3급 Ⅱ

유형별 완벽대비 문제

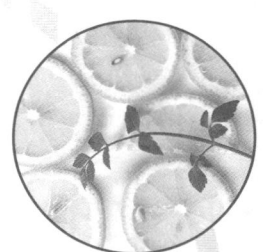

사자성어

 실전유형

❋ 다음 ☐ 안에 알맞은 漢字를 써 넣어 漢字語를 完成하시오.

(1) 九☐一毛　牛
(2) 一擧☐得　兩

다음 ☐ 안에 알맞은 漢字를 쓰시오. (1~320)

1~10

(1) ☐弄☐☐ : 장난삼아 한 일이 진심으로 한 것같이 됨.

(2) 佳☐薄☐ : 여자의 용모가 아름다우면 수명이 짧거나, 운명이 기구함.

(3) 敢☐☐☐ : 힘이 부족해 감히 마음을 먹지 못함.

(4) 甘☐☐☐ : 달콤한 말과 이로운 말로 상대를 꼬임.

(5) ☐之☐之 : 분에 넘치는 듯싶어 매우 고맙게 여김.

(6) ☐☐遷☐ : 지나간 잘못을 고치고 착하게 됨.

(7) 居☐☐危 : 편안하게 거할 때 미리 위태로움을 생각함.

(8) ☐載☐☐ : 수레에 싣고 말로 된다는 뜻으로, 물건이나 인재가 많아 귀하지 않음.

(9) 隔☐之☐ : 오래지 않은 동안에 몰라보게 변하여 아주 다른 세상이 된 것 같은 느낌.

(10) 犬☐之☐ : 개나 말의 수고라는 뜻으로, 윗사람에게 바치는 자신의 노력을 낮추어 하는 말.

정답
(1) 假弄成眞(가롱성진)
(2) 佳人薄命(가인박명)
(3) 敢不生心(감불생심)
(4) 甘言利說(감언이설)
(5) 感之德之(감지덕지)
(6) 改過遷善(개과천선)
(7) 居安思危(거안사위)
(8) 車載斗量(거재두량)
(9) 隔世之感(격세지감)
(10) 犬馬之勞(견마지로)

11~20

(11) ☐危☐☐ : 나라가 위태로울 때 내 몸을 나라에 바침.

(12) ☐☐☐之 : 맺은 사람이 풀어야 한다는 뜻으로, 원인을 제공한 사람이 해결해야 한다는 말.

(13) ☐☐妄☐ : 경솔하게 함부로 행동함. 생각 없이 가볍고 망령되게 행동함.

(14) 傾☐之☐ : 나라를 위태하게 할 만한 대단한 미인.

(15) 驚☐☐☐ : 하늘이 놀라고 땅이 흔들린다는 뜻으로, 세상을 놀라게 한다는 말.

(16) 鷄卵☐骨 : 달걀에도 뼈가 있다는 뜻으로, 모처럼의 좋은 기회도 역시 잘 안됨을 이르는 말.

(17) 孤☐☐援 : 고립되어 구원 받을 데가 없음.

(18) 姑☐之☐ : 당장에 편한 것만 취하는 계책. 임시변통(臨時變通).

(19) ☐☐之☐ : 궁한 처지에 몰려 상대편을 속이려 자기 몸을 괴롭혀 가면서 꾸미는 계책.

(20) 孤掌☐鳴 : 외손뼉으로는 소리가 나지 않음. 혼자 힘만으로 어떤 일을 이루기 어려움.

정답
(11) 見危致命(견위치명)
(12) 結者解之(결자해지)
(13) 輕擧妄動(경거망동)
(14) 傾國之色(경국지색)
(15) 驚天動地(경천동지)
(16) 鷄卵有骨(계란유골)
(17) 孤立無援(고립무원)
(18) 姑息之計(고식지계)
(19) 苦肉之計(고육지계)
(20) 孤掌難鳴(고장난명)

21~30

(21) □盡甘□ : 쓴 것이 다하면 단 것이 온다는 뜻으로, 고생 끝에 즐거움이 온다는 말.

(22) □□阿□ : 학문을 왜곡하여 세상에 아부함. 진실하지 못한 학자를 비유할 때 쓰이는 말.

(23) 骨□□殘 : 같은 혈족끼리 서로 다투고 해(害)함. 골육상쟁(骨肉相爭).

(24) □□樓閣 : 공중에 떠 있는 누각이란 뜻으로, 아무런 근거나 토대가 없는 사물이나 생각.

(25) □恭□□ : 지나치게 공손한 것은 예가 아님.

(26) 誇□妄□ : 현재의 분수보다 지나치게 크게 생각하거나 믿는 일.

(27) □猶□及 : 지나친 것은 오히려 미치지 못함과 같다는 뜻.

(28) 冠婚喪□ : 관례, 혼례, 상례, 제례를 통틀어 이르는 말.

(29) 巧□□□ : 교묘한 말과 부드러운 얼굴빛으로, 아첨하는 말과 알랑거리는 태도.

(30) □折□腸 : 아홉 번 꼬부라지는 양의 창자라는 뜻으로, 꼬불꼬불하며 험한 산길을 말함.

정답

(21) 苦盡甘來 (고진감래)
(22) 曲學阿世 (곡학아세)
(23) 骨肉相殘 (골육상잔)
(24) 空中樓閣 (공중누각)
(25) 過恭非禮 (과공비례)
(26) 誇大妄想 (과대망상)
(27) 過猶不及 (과유불급)
(28) 冠婚喪祭 (관혼상제)
(29) 巧言令色 (교언영색)
(30) 九折羊腸 (구절양장)

31~40

(31) 群鷄□鶴 : 닭 무리 속의 한 마리 학이란 뜻으로, 많은 사람 중 뛰어난 사람을 일컫는 말.

(32) 君□□□ : 군자의 세 가지 즐거움.

(33) □謀□□ : 목적 달성을 위해 수단과 방법을 가리지 않는 온갖 모략이나 술책.

(34) 克□□□ : 자신의 욕망을 누르고 예의범절을 따름.

(35) □墨□□ : 먹을 가까이 하면 검어진다는 뜻으로, 나쁜 사람과 사귀면 그에 물들기 쉬움.

(36) □□□條 : 금이나 옥처럼 귀중히 여겨 꼭 지켜야 할 법칙이나 규정.

(37) □蘭之□ : 쇠처럼 단단하고 난처럼 향기로운 사귐.

(38) 錦□□□ : 비단옷을 입고 밤에 다닌다는 뜻으로, 아무 보람이 없는 일을 말함.

(39) 錦□還□ : 비단옷을 입고 고향에 돌아온다는 뜻으로, 출세하여 고향으로 돌아옴을 말함.

(40) □枝□□ : 금으로 된 가지와 옥으로 된 잎이란 뜻으로, 임금의 자손이나 귀한 집안을 말함.

정답

(31) 群鷄一鶴 (군계일학)
(32) 君子三樂 (군자삼락)
(33) 權謀術數 (권모술수)
(34) 克己復禮 (극기복례)
(35) 近墨者黑 (근묵자흑)
(36) 金科玉條 (금과옥조)
(37) 金蘭之交 (금란지교)
(38) 錦衣夜行 (금의야행)
(39) 錦衣還鄕 (금의환향)
(40) 金枝玉葉 (금지옥엽)

41~50

(41) □□□丈 : 기운이 만장이나 뻗었다는 뜻. 기세가 대단한 모양.

(42) □盡□盡 : 기운도 다하고 맥도 다하여 죽을 정도로 힘이 없음.

(43) 騎虎之□ : 호랑이를 타고 달리는 형세. 이미 시작한 일을 중도에서 그만둘 수 없는 경우.

(44) □攻□□ : 공격하기 어려워 쉽사리 함락되지 아니함. 일을 이루기 어려움.

(45) 亂□賊□ : 나라를 어지럽게 하는 신하와 어버이를 해치는 자식.

(46) □憂□□ : 나라 안팎의 여러 가지 어려움.

(47) □甲□乙 : 갑에게 당한 노여움을 을에게 옮김. 다른 사람에게 화풀이함.

(48) □□芳□ : 푸르게 우거진 나무 그늘과 향기로운 풀이란 뜻으로, 여름철 자연 경관을 이름.

(49) □□紅裳 : 연두저고리에 다홍치마란 뜻으로, 젊은 여자의 고운 옷차림을 이르는 말.

(50) 弄瓦之□ : 실패 모양의 질그릇을 가지고 노는 경사란 뜻으로, 딸을 낳은 기쁨을 말함.

정답

(41) 氣高萬丈 (기고만장)
(42) 氣盡脈盡 (기진맥진)
(43) 騎虎之勢 (기호지세)
(44) 難攻不落 (난공불락)
(45) 亂臣賊子 (난신적자)
(46) 內憂外患 (내우외환)
(47) 怒甲移乙 (노갑이을)
(48) 綠陰芳草 (녹음방초)
(49) 綠衣紅裳 (녹의홍상)
(50) 弄瓦之慶 (농와지경)

51~60

(51) □機之戒	: 학문을 중도에서 그만두면 짜던 베의 날을 끊는 것처럼 아무 쓸모가 없음.	(51) 斷機之戒 (단기지계)
(52) □刀□□	: 홀로 칼을 들고 적진으로 곧장 쳐들어 감. 요점을 바로 풀이해 감.	(52) 單刀直入 (단도직입)
(53) □驚□□	: 크게 놀라 얼굴빛이 하얗게 변함.	(53) 大驚失色 (대경실색)
(54) □□晚□	: 큰 그릇은 오래 걸려 만들어지듯이, 크게 될 사람은 늦게 이루어짐.	(54) 大器晚成 (대기만성)
(55) □□□異	: 큰 차이 없이 거의 같음. 비슷비슷함.	(55) 大同小異 (대동소이)
(56) □聽塗□	: 길에서 듣고 길에서 말한다는 뜻으로, 경솔한 언행이나 근거 없는 소문을 말함.	(56) 道聽塗說 (도청도설)
(57) 塗□之□	: 진흙 구덩이나 숯불에 빠진 고통. 생활이 곤궁하거나 비참한 경지.	(57) 塗炭之苦 (도탄지고)
(58) □□尙□	: 독서를 통해 옛사람과 벗이 되어 함께 할 수 있음.	(58) 讀書尙友 (독서상우)
(59) □□紅裳	: 같은 값이면 다홍치마란 뜻으로, 기왕이면 좋은 것을 택한다는 말.	(59) 同價紅裳 (동가홍상)
(60) □奔□□	: 동쪽으로 뛰고 서쪽으로 달린다는 뜻으로, 여기저기 바쁘게 뛰어다님.	(60) 東奔西走 (동분서주)

61~70

(61) □□異夢	: 같은 잠자리에서 다른 꿈을 꿈. 겉으로는 같이 행동하나 속으로는 각각 딴생각을 함.	(61) 同床異夢 (동상이몽)
(62) □酒□辭	: 말술도 사양하지 않는다는 뜻으로, 술을 매우 잘 마심을 이르는 말.	(62) 斗酒不辭 (두주불사)
(63) □□□卑	: 높은 곳에 오르려면 낮은 곳에서부터 오른다는 뜻으로, 일을 순서대로 해야 함.	(63) 登高自卑 (등고자비)
(64) □龍□	: 어려운 관문을 통과하여 크게 출세하게 됨. 또는 그 관문.	(64) 登龍門 (등용문)
(65) 莫□莫□	: 실력이 서로 비슷하여 누가 더 낫고 더 못함의 차이가 거의 없음.	(65) 莫上莫下 (막상막하)
(66) 莫□之□	: 뜻이 맞아 서로 거역할 수 없이 매우 친한 벗.	(66) 莫逆之友 (막역지우)
(67) □頃蒼□	: 만 이랑이 될 만큼이나 넓고 큰 푸른 바다. 한없이 넓고 푸른 바다.	(67) 萬頃蒼波 (만경창파)
(68) □□□霜	: 사는 동안에 겪은 온갖 고생이나 어려움.	(68) 萬古風霜 (만고풍상)
(69) □□之□	: 구름을 바라보는 심정으로, 자식이 타향에서 고향의 부모를 그리는 정을 말함.	(69) 望雲之情 (망운지정)
(70) 孟□□遷	: 맹자의 어머니가 아들을 가르치기 위하여 세 번이나 이사를 하였음을 이르는 말.	(70) 孟母三遷 (맹모삼천)

71~80

(71) □從腹□	: 앞에서는 순종하는 체하고 속으로는 딴마음을 먹음.	(71) 面從腹背 (면종복배)
(72) □□□符	: 이름과 실제가 서로 부합함.	(72) 名實相符 (명실상부)
(73) □若□□	: 불을 보듯이 분명하게 알 수 있음. 불 보듯이 명백함.	(73) 明若觀火 (명약관화)
(74) □□頃刻	: 거의 죽게 되어 곧 숨이 끊어질 지경에 이름.	(74) 命在頃刻 (명재경각)
(75) □□□丁	: '丁' 자를 보고도 '고무래' 임을 알지 못한다는 뜻으로, 까막눈을 비유함.	(75) 目不識丁 (목불식정)
(76) □□忍□	: 차마 눈 뜨고 볼 수 없는 참상이나 꼴불견.	(76) 目不忍見 (목불인견)
(77) □骨□□	: 줏대가 없이 두루뭉술하고 순하여 남의 비위를 다 맞추는 사람.	(77) 無骨好人 (무골호인)
(78) □□徒□	: 하는 일 없이 먹고 놀기만 함.	(78) 無爲徒食 (무위도식)
(79) □我□□	: 자연물과 내가 하나 된 상태. 대상물에 완전히 몰입된 경지.	(79) 物我一體 (물아일체)
(80) 尾□之□	: 우직하여 융통성이 없이 약속만을 굳게 지킴을 비유적으로 이르는 말.	(80) 尾生之信 (미생지신)

81~90

(81) 薄□□□	: 이익을 적게 보고 많이 팔아 이문을 남김.
(82) 拍掌□□	: 손뼉을 치며 크게 웃음.
(83) □□□疑	: 얼마쯤 믿으면서도 한편으로는 의심함.
(84) 拔□塞源	: 폐단의 근원을 아주 없애 버림.
(85) □□之陣	: 물을 등지고 치는 진. 어떤 일을 성취하기 위하여 더 이상 물러설 수 없는 상황.
(86) □折□屈	: 백 번 꺾어도 굴하지 않음. 어떠한 어려움에도 결코 굽히지 않음.
(87) 伯仲之□	: 장남과 차남의 차이처럼 큰 차이가 없는 형세. 우열의 차이가 없음.
(88) 伏□□	: 땅에 엎드려 움직이지 않는다는 뜻으로, 주어진 일을 처리하는데 몸을 사림.
(89) □□□隨	: 남편이 주장하고 아내가 이에 잘 따름. 또는 부부 사이의 그런 도리.
(90) 附□雷□	: 줏대 없이 남의 의견에 따라 움직임.

91~100

(91) □恥□□	: 아래 사람에게 배우는 것을 부끄러이 여기지 않음.
(92) □偏□□	: 어느 한쪽으로 기울어짐 없이 공평함.
(93) □□之□	: 얼음과 숯의 사이라는 뜻으로, 서로 화합할 수 없는 사이.
(94) □□衝□	: 사기가 하늘을 찌름.
(95) □□□裂	: 여러 갈래로 갈기갈기 찢어짐. 질서 없이 어지럽게 흩어지거나 헤어짐.
(96) 沙□樓閣	: 모래 위에 지은 집. 기초가 약하여 오래 가지 못할 일이나 물건을 비유함.
(97) □□歸□	: 모든 일은 반드시 바른길로 돌아감.
(98) □紫□□	: 산은 자줏빛으로 선명하고 물은 맑다는 뜻으로, 경치가 아름다움을 이르는 말.
(99) □□珍□	: 산과 바다의 산물(産物)을 다 갖추어 잘 차린 귀한 음식.
(100) □綱□倫	: 유교의 도덕에서 기본이 되는 세 가지의 강령과 지켜야 할 다섯 가지의 도리.

101~110

(101) 森□□象	: 우주에 속하는 온갖 사물과 모든 현상.
(102) □旬□	: 삼십일 동안 아홉 끼니밖에 먹지 못한다는 뜻으로, 가난함을 이르는 말.
(103) □□□虎	: 근거 없는 말도 여러 사람이 말하면, 거짓이라도 참말로 듣는다는 뜻.
(104) □從之□	: 여자가 어려서는 아버지, 결혼하면 남편, 남편이 죽으면 자식을 따라야 했던 도덕관.
(105) □尺□	: 아직 세 척밖에 자라지 않은 철없는 아이.
(106) 傷弓之□	: 한 번 화살을 맞아 다친 새는 무슨 일이든 항상 두려워하고 경계함.
(107) 桑□碧□	: 뽕나무 밭이 변하여 푸른 바다가 된다는 뜻으로, 세상일의 변천이 심함.
(108) □□之□	: 어떤 일이 일어나기 전 앞을 내다보고 아는 지혜.
(109) □□□私	: 공익을 먼저 하고 사사로운 일을 뒤에 함을 말함.
(110) □□□霜	: 눈 위에 서리가 덮인다는 뜻으로, 불행이 계속해서 생김을 말함.

111~120

(111) ☐☐☐戒 : 신라 때에, 원광법사가 지은 화랑의 다섯 가지 계율.

(112) ☐☐☐策 : 손이 묶인 듯 어찌할 수 없음.

(113) ☐☐迎☐ : 묵은 해를 보내고 새해를 맞이함.

(114) ☐丘☐☐ : 여우가 죽을 때 머리를 제 살던 쪽으로 둔다는 뜻으로, 고향을 그리워함을 이름.

(115) ☐☐釋卷 : 손에서 책을 놓지 않음. 학문에 부지런함.

(116) ☐☐之☐ : 물과 물고기의 관계처럼 교분이 매우 깊은 것을 말함.

(117) ☐株☐兔 : 한 가지 일에만 얽매여 발전을 모르는 어리석은 사람을 비유적으로 이르는 말.

(118) ☐☐之☐ : 옳고 그름을 가릴 줄 아는 마음.

(119) ☐☐憂☐ : 학식이 있는 것이 오히려 근심을 사게 됨.

(120) ☐☐☐判 : 사람을 판단하는 네 가지 기준으로, 몸가짐, 말씨, 문필, 판단력을 뜻함.

정답

(111) 世俗五戒 (세속오계)

(112) 束手無策 (속수무책)

(113) 送舊迎新 (송구영신)

(114) 首丘初心 (수구초심)

(115) 手不釋卷 (수불석권)

(116) 水魚之交 (수어지교)

(117) 守株待兔 (수주대토)

(118) 是非之心 (시비지심)

(119) 識字憂患 (식자우환)

(120) 身言書判 (신언서판)

121~130

(121) ☐☐熟☐ : 깊이 생각하고 잘 생각함.

(122) 我☐☐☐ : 자기 논에 물을 댄다는 뜻으로, 자기에게만 이롭게 되도록 생각한다는 말.

(123) 梁☐君☐ : 들보 위의 군자라는 뜻으로, 도둑을 완곡하게 이르는 말.

(124) ☐虎遺☐ : 범을 길러서 화근을 남긴다는 뜻으로, 화근이 될 것을 길러서 후환을 당하게 됨.

(125) ☐☐☐尾 : 물고기는 머리, 짐승은 꼬리 쪽이 맛있다는 말.

(126) ☐☐☐骨 : 말 속에 뼈가 있다는 뜻으로, 말 속에 깊은 뜻이 있는 것을 말함.

(127) ☐履薄☐ : 엷은 얼음을 밟는 것과 같다는 뜻으로, 아슬아슬 불안한 상태.

(128) 易☐☐之 : 처지를 바꾸어서 생각함. 상대방의 처지에서 생각함.

(129) 緣☐☐☐ : 나무에 올라가 고기를 구한다는 뜻으로, 불가능한 일을 굳이 하려 함을 말함.

(130) 炎涼☐☐ : 세력이 있을 때는 아첨하여 따르고 세력이 없어지면 푸대접하는 세상인심.

정답

(121) 深思熟考 (심사숙고)

(122) 我田引水 (아전인수)

(123) 梁上君子 (양상군자)

(124) 養虎遺患 (양호유환)

(125) 魚頭肉尾 (어두육미)

(126) 言中有骨 (언중유골)

(127) 如履薄氷 (여리박빙)

(128) 易地思之 (역지사지)

(129) 緣木求魚 (연목구어)

(130) 炎涼世態 (염량세태)

131~140

(131) ☐☐之☐ : 다섯 수레에 실을 만한 책이란 뜻으로, 많은 장서를 이르는 말.

(132) 烏☐之☐ : 까마귀 떼와 같이 조직도 훈련도 없이 모인 무리.

(133) ☐☐架☐ : 지붕 위에 집을 더하는 일. 할 일 없이 같은 일을 되풀이함.

(134) ☐柔☐剛 : 겉으로는 부드럽고 순하나 속은 곧고 굳셈.

(135) 欲☐☐☐ : 서둘러 하고자 하면 목표에 도달하지 못함.

(136) ☐☐蛇尾 : 용의 머리와 뱀의 꼬리. 처음에는 그럴 듯하다가 끝은 보잘것없음.

(137) 愚☐☐☐ : 무슨 일이든 끊임없는 노력이 있으면 반드시 이루어짐.

(138) 優柔☐☐ : 어물거리기만 하고 결단을 내리지 못함.

(139) 危機☐髮 : 여유가 조금도 없이 몹시 절박한 순간.

(140) 柔☐☐剛 : 부드러운 것이 오히려 능히 굳센 것을 이김.

정답

(131) 五車之書 (오거지서)

(132) 烏合之卒 (오합지졸)

(133) 屋上架屋 (옥상가옥)

(134) 外柔內剛 (외유내강)

(135) 欲速不達 (욕속부달)

(136) 龍頭蛇尾 (용두사미)

(137) 愚公移山 (우공이산)

(138) 優柔不斷 (우유부단)

(139) 危機一髮 (위기일발)

(140) 柔能制剛 (유능제강)

141~150

(141) □□□從	같은 무리끼리 서로 왕래하며 사귐.
(142) 悠悠□□	속세에 얽매이지 않고 자기 하고 싶은 대로 마음 편히 사는 것.
(143) 隱忍□□	마음속으로 참고 스스로 신중히 함.
(144) 異□□□	여러 사람의 말이 한결같음. 여러 사람이 똑같이 말을 함.
(145) □卵投□	달걀로 돌을 침. 아주 약한 것으로 강한 것에 대항하려는 어리석음.
(146) □□獸□	사람의 얼굴을 하고 있으나 마음은 짐승 같다는 뜻으로, 마음이나 행동이 흉악함.
(147) 仁□□智	유교의 네 가지 덕목. 어짊, 의로움, 예의, 지혜.
(148) 仁□□□	어진 자에게는 적이 없다는 말.
(149) □刀□□	한 칼로 두 동강이를 낸다는 뜻으로, 일이나 행동을 선뜻 결정함을 이르는 말.
(150) □□□戒	한 사람을 엄히 처벌하여 여러 사람에게 경계심을 갖도록 함.

정답

- (141) 類類相從(유유상종)
- (142) 悠悠自適(유유자적)
- (143) 隱忍自重(은인자중)
- (144) 異口同聲(이구동성)
- (145) 以卵投石(이란투석)
- (146) 人面獸心(인면수심)
- (147) 仁義禮智(인의예지)
- (148) 仁者無敵(인자무적)
- (149) 一刀兩斷(일도양단)
- (150) 一罰百戒(일벌백계)

151~160

(151) □絲□亂	하나의 실처럼 질서나 체계가 정연하여 어지러운 데가 없음.
(152) □□貫之	하나의 이치로 모든 일을 꿰뚫음.
(153) □□□夢	한바탕의 봄꿈이라는 뜻으로, 부귀영화의 덧없음을 이르는 말.
(154) □觸卽□	조금 건드리기만 하여도 곧 폭발할 것 같은 몹시 위험한 상태.
(155) □就□□	나날이 발전하고 다달이 진보함.
(156) □片丹□	한 조각 변치 않는 충성스러운 마음.
(157) □□揮之	글씨나 그림을 단숨에 죽 내리 쓰거나 그리는 것을 형용하는 말.
(158) 臨機□□	그때의 변화나 상황에 따라 일을 알맞게 처리하는 것.
(159) □□揚□	세상에 나아가 출세하고 이름을 날리는 것.
(160) □□□讚	자기가 그린 그림을 스스로 칭찬한다는 뜻으로, 자기가 한 일을 자랑함.

정답

- (151) 一絲不亂(일사불란)
- (152) 一以貫之(일이관지)
- (153) 一場春夢(일장춘몽)
- (154) 一觸卽發(일촉즉발)
- (155) 日就月將(일취월장)
- (156) 一片丹心(일편단심)
- (157) 一筆揮之(일필휘지)
- (158) 臨機應變(임기응변)
- (159) 立身揚名(입신양명)
- (160) 自畵自讚(자화자찬)

161~170

(161) 張□□□	장씨의 셋째 아들과 이씨의 넷째 아들이라는 뜻으로, 평범한 사람을 일컫는 말.
(162) □□□薄	재주는 남보다 낫지만 덕이 부족함.
(163) □□□拳	맨손 맨주먹이란 뜻으로, 아무것도 가진 것이 없다는 말.
(164) 適□□存	환경에 적응하는 것만이 살고 적응하지 못하면 도태되어 사라짐.
(165) 適□適□	알맞은 인재를 알맞은 자리에 씀.
(166) 轉禍□□	재앙과 화난이 바뀌어 오히려 복이 됨.
(167) □□補□	긴 것을 잘라 짧은 것을 보충하듯, 장점으로 단점을 채움.
(168) □□腐□	몹시 분하여 이를 갈며 속을 썩임.
(169) 漸□佳□	들어갈수록 점점 재미가 있음.
(170) □□之□	새 발의 피라는 뜻으로, 극히 적은 분량을 비유적으로 이르는 말.

정답

- (161) 張三李四(장삼이사)
- (162) 才勝德薄(재승덕박)
- (163) 赤手空拳(적수공권)
- (164) 適者生存(적자생존)
- (165) 適材適所(적재적소)
- (166) 轉禍爲福(전화위복)
- (167) 絶長補短(절장보단)
- (168) 切齒腐心(절치부심)
- (169) 漸入佳境(점입가경)
- (170) 鳥足之血(조족지혈)

171~180

(171) 坐 □□□	: 불안하여 한자리에 오래 앉아 있지 못함.
(172) 坐井 □□	: 우물에 앉아서 하늘을 봄. 견문이 좁음.
(173) □之□之	: 어떤 일을 제 맘대로 이리저리 휘두르거나 다룸.
(174) □耕□□	: 낮에 일하고 밤에 글을 읽는다는 뜻으로, 어려운 여건 속에서 꿋꿋이 공부함.
(175) □□看□	: 달리는 말에서 산을 본다는 뜻으로, 자세히 보지 않고 건성으로 지나침.
(176) □寡□□	: 적은 수로는 많은 수를 대적하지 못함.
(177) □離滅裂	: 갈가리 흩어지고 찢기어 갈피를 잡을 수 없음.
(178) □彼□□	: 적의 사정과 나의 사정을 자세히 앎.
(179) □□之□	: 손짓하여 부를 만한 가까운 거리.
(180) 此□彼□	: 이 날이다 저 날이다 하고 약속 따위를 미루는 모양.

181~190

(181) □慮□□	: 천 번 생각에도 한 번 실수가 있음. 지혜로운 사람도 실수가 있게 마련이라는 말.
(182) □□緣□	: 하늘이 내어준 연분이라는 뜻으로, 결혼하여 잘 살아가는 부부를 말함.
(183) □壤之差	: 하늘과 땅의 차이. 엄청난 차이.
(184) □載□遇	: 천 년에 한 번 만날 수 있는 기회. 좀처럼 얻기 어려운 기회.
(185) □差□□	: 여러 가지 차이와 여러 가지 구별이 많은 것.
(186) □篇□□	: 여럿이 개별적 특성이 없이 모두 엇비슷한 현상을 비유적으로 이르는 말.
(187) □□□貫	: 처음 품은 뜻을 끝까지 밀고 나감.
(188) 醉□夢□	: 취한 듯 살다 꿈같이 죽는다는 뜻으로, 한평생을 흐리멍덩하게 살아감.
(189) □□之□	: 다른 사람의 하찮은 언행일지라도 자기의 지덕을 연마하는 데 도움이 될 수 있음.
(190) 泰□□□	: 세상 사람으로부터 존경받는 사람을 비유적으로 이르는 말.

191~200

(191) □邪顯□	: 사악한 것을 깨뜨리고 바른 도리를 드러냄.
(192) □顔□□	: 얼굴빛을 밝게 하여 크게 웃음.
(193) □□之□	: 대를 쪼개는 기세. 적을 거침없이 물리치고 쳐들어가는 기세를 이르는 말.
(194) □裏□□	: 마음이 음흉하여 겉과 속이 다름.
(195) □□之歎	: 효도를 다하지 못한 채 어버이를 여읜 자식의 슬픔을 이르는 말.
(196) 何□□□	: 어떻게 내년을 기다리냐는 말로, 기다리기가 몹시 지루함을 이르는 말.
(197) □□□臺	: 아랫돌을 빼서 윗돌을 괸다는 뜻으로, 임시변통으로 이리저리 둘러맞춤.
(198) 鶴□□□	: 학의 머리처럼 목을 길게 빼고 기다린다는 뜻으로, 간절히 기다림.
(199) □□投□	: 한강에 돌을 던진다는 뜻으로, 아무리 해도 전혀 효과가 없음.
(200) 含憤□怨	: 분함을 품고 원한을 쌓는다는 뜻.

201~210

번호	문제	뜻풀이
(201)	□ 張 □ □	실속은 없으면서 큰소리치거나 허세를 부림.
(202)	□ □ □ 妻	어진 어머니이면서 착한 아내.
(203)	懸 □ □ 辯	물이 세차게 흐르듯 거침없이 쏟아 놓는 것처럼 말을 잘함.
(204)	虎 □ □ 皮	호랑이는 죽어서 가죽을 남김.
(205)	浩 □ 之 □	사물에서 해방된 자유로운 마음. 하늘과 땅 사이에 가득한 넓고 큰 원기.
(206)	昏 □ 晨 □	밤에는 잠자리를 봐 드리고 아침에는 안부를 묻는다는 뜻으로, 부모를 잘 섬김.
(207)	紅爐點 □	벌겋게 달아오른 화로에 한 점의 눈이라는 뜻으로, 큰일에 작은 힘은 도움이 안됨.
(208)	□ □ □ 離	만난 사람은 반드시 헤어진다는 뜻으로, 인생의 무상함을 말함.
(209)	厚顔 □ 恥	얼굴이 두꺼워 부끄러움을 모름. 뻔뻔스러움.
(210)	□ □ □ 衰	흥하고 망하고 성하고 쇠퇴함.

정답

(201) 虛張聲勢 (허장성세)
(202) 賢母良妻 (현모양처)
(203) 懸河口辯 (현하구변)
(204) 虎死留皮 (호사유피)
(205) 浩然之氣 (호연지기)
(206) 昏定晨省 (혼정신성)
(207) 紅爐點雪 (홍로점설)
(208) 會者定離 (회자정리)
(209) 厚顔無恥 (후안무치)
(210) 興亡盛衰 (흥망성쇠)

211~220

(211)	뿔이 있는 것은 이가 없다는 뜻으로, 한 사람이 모든 재주나 복을 겸할 수는 없음.
(212)	강이나 호수 위에 안개처럼 보얗게 이는 잔물결. 자연 풍경.
(213)	사물을 연구하여 그 이치를 잘 알게 됨.
(214)	눈앞의 이익을 보면 의리를 먼저 생각함.
(215)	물건을 보면 가지고 싶은 욕심이 생김.
(216)	풀을 엮어 은혜를 갚는다는 뜻으로, 죽어서도 은혜를 잊지 않고 갚는다는 말.
(217)	나라를 잘 다스려 세상을 구제함. 경제(經濟)의 본말.
(218)	하늘을 공경하고 사람을 사랑함.
(219)	가르쳐 주거나 배우면서 서로 성장함.
(220)	아홉 마리 소 가운데 하나의 털이란 뜻으로, 매우 많은 가운데 극히 적은 것.

정답

(211) 角者無齒 (각자무치)
(212) 江湖煙波 (강호연파)
(213) 格物致知 (격물치지)
(214) 見利思義 (견리사의)
(215) 見物生心 (견물생심)
(216) 結草報恩 (결초보은)
(217) 經國濟世 (경국제세)
(218) 敬天愛人 (경천애인)
(219) 敎學相長 (교학상장)
(220) 九牛一毛 (구우일모)

221~230

(221)	아무리 높은 권세도 10년을 지속하기 어려움.
(222)	죽음에 처했다가 겨우 살아남. 중병으로 죽을 뻔하다가 다시 살아남.
(223)	떨어지는 꽃과 흐르는 물로, 가는 봄의 경치를 이름.
(224)	누가 형인지 누가 아우인지 구분하기 어려움. 사물의 우열이 없음.
(225)	공을 논하여 상을 줌.
(226)	많으면 많을수록 더욱 좋음.
(227)	큰 의리를 밝히고 분수를 지키어 정도에 어긋나지 않게 하는 것.
(228)	무슨 일이든 자기 생각대로 혼자서 처리하는 사람.
(229)	동쪽을 묻는데 서쪽을 말한다는 뜻으로, 엉뚱한 대답을 말함.
(230)	등잔 밑이 어둡다는 말로, 가까이 있는 것을 오히려 알아내기 어려움을 이르는 말.

정답

(221) 權不十年 (권불십년)
(222) 起死回生 (기사회생)
(223) 落花流水 (낙화유수)
(224) 難兄難弟 (난형난제)
(225) 論功行賞 (논공행상)
(226) 多多益善 (다다익선)
(227) 大義名分 (대의명분)
(228) 獨不將軍 (독불장군)
(229) 東問西答 (동문서답)
(230) 燈下不明 (등하불명)

231~240

(231) ☐☐☐☐ : 서늘한 가을 밤은 등불을 가까이 하여 글 읽기에 좋음을 이르는 말.

(232) ☐☐☐☐ : 말 귀에 스치는 동쪽 바람. 남의 말이나 충고를 귀담아듣지 않고 흘려버림.

(233) ☐☐☐☐ : 하지 못하는 것이 없음.

(234) ☐☐☐☐ : 인위를 보탬이 없는 자연 그대로의 상태.

(235) ☐☐☐☐ : 서재에 꼭 있어야 할 네 벗으로, 종이, 붓, 벼루, 먹을 말함.

(236) ☐☐☐☐ : 어떤 일에 전문적인 지식이 없거나 관계가 없는 사람.

(237) ☐☐☐☐ : 하나를 들으면 열을 앎. 매우 총명함.

(238) ☐☐☐☐ : 찾아오는 사람이 많아 집 문 앞이 시장을 이루다시피 함.

(239) ☐☐☐☐ : 마음과 형체가 구분됨이 없이 하나로 일치한 상태.

(240) ☐☐☐☐ : 학문이 넓고 아는 것이 많음.

정답

(231) 燈火可親 (등화가친)

(232) 馬耳東風 (마이동풍)

(233) 無所不爲 (무소불위)

(234) 無爲自然 (무위자연)

(235) 文房四友 (문방사우)

(236) 門外漢 (문외한)

(237) 聞一知十 (문일지십)

(238) 門前成市 (문전성시)

(239) 物心一如 (물심일여)

(240) 博學多識 (박학다식)

241~250

(241) ☐☐☐☐ : 먼 장래를 내다보고 세운 크고 중요한 계획.

(242) ☐☐☐☐ : 중국의 황하가 맑을 때가 없음. 오랜 시일이 지나도 어떤 일이 실현되기 어려움.

(243) ☐☐☐☐ : 한갓 글만 읽고 세상일에는 전혀 경험이 없는 사람.

(244) ☐☐☐☐ : 백 번 쏘아 백 번 모두 맞춤. 생각한 일들이 모두 꼭 들어맞음.

(245) ☐☐☐☐ : 해롭기만 하고 이로울 것이 없음.

(246) ☐☐☐☐ : 대대로 아버지가 자식에게 물려줌. 아버지와 자식이 비슷함.

(247) ☐☐☐☐ : 사람의 생각으로 알 수 없는 일. 상식으로 알 수 없는 일.

(248) ☐☐☐☐ : 묻지 아니하여도 앎.

(249) ☐☐☐☐ : 옳고 그름을 따지지 않고 함부로 일을 처리함.

(250) ☐☐☐☐ : 필요하지도 급하지도 않음.

정답

(241) 百年大計 (백년대계)

(242) 百年河淸 (백년하청)

(243) 白面書生 (백면서생)

(244) 百發百中 (백발백중)

(245) 百害無益 (백해무익)

(246) 父傳子傳 (부전자전)

(247) 不可思議 (불가사의)

(248) 不問可知 (불문가지)

(249) 不問曲直 (불문곡직)

(250) 不要不急 (불요불급)

251~260

(251) ☐☐☐☐ : 같은 현상이나 일이 한두 번이 아님.

(252) ☐☐☐☐ : 선비, 농부(農夫), 장인(匠人), 상인(商人)의 네 계급.

(253) ☐☐☐☐ : 사방의 봄바람이란 뜻으로, 모나지 않게 다 좋도록 처신하는 것.

(254) ☐☐☐☐ : 사서와 삼경.

(255) ☐☐☐☐ : 산천과 초목. 자연을 가리킴.

(256) ☐☐☐☐ : 산에서 싸우고 물에서도 싸운다는 뜻으로, 세상 온갖 고난을 다 겪어 경험이 많음.

(257) ☐☐☐☐ : 몸을 죽여 인을 이룬다는 뜻으로, 옳은 일을 위해 자신의 몸을 희생함.

(258) ☐☐☐☐ : 세 가지의 것이 하나의 목적을 위하여 통합되는 일.

(259) ☐☐☐☐ : 어떤 일의 시비를 따지느라 말로 옥신각신함.

(260) ☐☐☐☐ : 상과 벌을 규정대로 공정하게 함.

정답

(251) 非一非再 (비일비재)

(252) 士農工商 (사농공상)

(253) 四面春風 (사면춘풍)

(254) 四書三經 (사서삼경)

(255) 山川草木 (산천초목)

(256) 山戰水戰 (산전수전)

(257) 殺身成仁 (살신성인)

(258) 三位一體 (삼위일체)

(259) 說往說來 (설왕설래)

(260) 信賞必罰 (신상필벌)

261~270

(261) ☐☐☐☐ : 몸과 땅은 둘이 아니라는 뜻으로, 자기가 태어난 땅의 농산물이 몸에 좋다는 뜻.

(262) ☐☐☐☐ : 실제로 있는 일에서 진리를 구함.

(263) ☐☐☐☐ : 조선 시대 유교에 대한 반대 운동으로 실생활에 유익됨을 목표로 연구하던 학문.

(264) ☐☐☐☐ : 편안한 마음으로 제 분수를 지키며 만족할 줄 앎.

(265) ☐☐☐☐ : 가난하면서도 평안하게 도를 즐기며 살아감.

(266) ☐☐☐☐ : 눈앞에 사람이 없는 듯이 말하고 행동함. 남을 업신여김.

(267) ☐☐☐☐ : 약한 것이 강한 것에 먹힌다는 뜻으로, 생존경쟁(生存競爭)의 이치를 말함.

(268) ☐☐☐☐ : 하는 말이 이치에 맞지 않음. 말이 되지 않음.

(269) ☐☐☐☐ : 말할 길이 막힘. 어이가 없어 말이 나오지 않음.

(270) ☐☐☐☐ : 말과 행동이 서로 같음. 말한 대로 실행함.

정답

(261) 身土不二 (신토불이)

(262) 實事求是 (실사구시)

(263) 實學思想 (실학사상)

(264) 安分知足 (안분지족)

(265) 安貧樂道 (안빈낙도)

(266) 眼下無人 (안하무인)

(267) 弱肉強食 (약육강식)

(268) 語不成說 (어불성설)

(269) 言語道斷 (언어도단)

(270) 言行一致 (언행일치)

271~280

(271) ☐☐☐☐ : 옛것을 익히어 새것을 앎.

(272) ☐☐☐☐ : 산수(山水)의 자연을 즐기고 좋아함.

(273) ☐☐☐☐ : 쇠귀에 경 읽기라는 뜻으로, 어리석어 남의 말을 이해하지 못함을 이름.

(274) ☐☐☐☐ : 월하노인과 빙상인의 약어로 중매쟁이를 이르는 말.

(275) ☐☐☐☐ : 입은 있으나 할 말이 없음. 변명할 말이 없음.

(276) ☐☐☐☐ : 미리 준비가 되어 있으면 걱정할 것이 없음.

(277) ☐☐☐☐ : 남모르게 덕을 쌓은 사람은 그 보답을 저절로 받게 된다는 뜻.

(278) ☐☐☐☐ : 눈, 코, 귀, 입을 통틀어 말함. 얼굴의 생김새.

(279) ☐☐☐☐ : 마음으로 마음을 전함. 말이 없어도 서로 마음이 통하여 아는 것.

(280) ☐☐☐☐ : 열은 열로써 다스린다는 뜻으로, 힘에는 힘으로 상대함을 말함.

정답

(271) 溫故知新 (온고지신)

(272) 樂山樂水 (요산요수)

(273) 牛耳讀經 (우이독경)

(274) 月下氷人 (월하빙인)

(275) 有口無言 (유구무언)

(276) 有備無患 (유비무환)

(277) 陰德陽報 (음덕양보)

(278) 耳目口鼻 (이목구비)

(279) 以心傳心 (이심전심)

(280) 以熱治熱 (이열치열)

281~290

(281) ☐☐☐☐ : 과거에 지은 선악에 따라 현재의 행과 불행이 있는 일.

(282) ☐☐☐☐ : 사람은 죽어서 이름을 남김.

(283) ☐☐☐☐ : 하나의 행동으로 두 가지의 성과를 거둠.

(284) ☐☐☐☐ : 한 입으로 두 가지 말을 함.

(285) ☐☐☐☐ : 하나의 돌로 두 마리 새를 잡듯, 한 가지 일로 두 가지 이익을 얻음.

(286) ☐☐☐☐ : 한 번 웃으면 한 번 젊어짐.

(287) ☐☐☐☐ : 여러 사람이 한 사람처럼 뜻을 합하여 굳게 결합하는 일.

(288) ☐☐☐☐ : 하루가 가을 세 번, 즉 삼 년 같게 느껴짐. 몹시 애태우며 기다림을 비유함.

(289) ☐☐☐☐ : 장점이 있으면 단점도 있음.

(290) ☐☐☐☐ : 한 마디 정도의 시간. 아주 짧은 시간.

정답

(281) 因果應報 (인과응보)

(282) 人死留名 (인사유명)

(283) 一擧兩得 (일거양득)

(284) 一口二言 (일구이언)

(285) 一石二鳥 (일석이조)

(286) 一笑一少 (일소일소)

(287) 一心同體 (일심동체)

(288) 一日三秋 (일일삼추)

(289) 一長一短 (일장일단)

(290) 一寸光陰 (일촌광음)

291~300

(291) ⬜⬜⬜⬜ : 하나의 파도가 여러 파장을 만들듯, 작은 사건이 큰 파장을 불러일으킴.

(292) ⬜⬜⬜⬜ : 스스로 힘쓰고 가다듬어 쉬지 않음.

(293) ⬜⬜⬜⬜ : 자기의 필요한 물자를 스스로 생산하여 충당함.

(294) ⬜⬜⬜⬜ : 스스로 묻고 스스로 답함.

(295) ⬜⬜⬜⬜ : 스스로의 힘으로 한 살림을 이룩함.

(296) ⬜⬜⬜⬜ : 자기가 저지른 일의 과보를 자기가 받음.

(297) ⬜⬜⬜⬜ : 마음 먹은 일이 사흘을 못 감. 결심이 굳지 못함을 비유함.

(298) ⬜⬜⬜⬜ : 번갯불과 부싯돌이란 뜻으로, 극히 짧은 시간이나 재빠른 행동을 말함.

(299) ⬜⬜⬜⬜ : 이제까지 들어 보지 못한 매우 놀라운 일이나 새로운 것.

(300) ⬜⬜⬜⬜ : 콩 심은 데 콩 난다는 말로, 원인에 따라 결과가 생긴다는 말.

🐰 정답

(291) 一波萬波 (일파만파)

(292) 自強不息 (자강불식)

(293) 自給自足 (자급자족)

(294) 自問自答 (자문자답)

(295) 自手成家 (자수성가)

(296) 自業自得 (자업자득)

(297) 作心三日 (작심삼일)

(298) 電光石火 (전광석화)

(299) 前代未聞 (전대미문)

(300) 種豆得豆 (종두득두)

301~310

(301) ⬜⬜⬜⬜ : 대나무로 만든 말을 타고 함께 놀던 친구.

(302) ⬜⬜⬜⬜ : 뭇사람의 말을 막기가 어렵다는 뜻으로, 여럿이 마구 지껄임을 이르는 말.

(303) ⬜⬜⬜⬜ : 정성이 지극하면 하늘도 감동한다는 말.

(304) ⬜⬜⬜⬜ : 지식과 실천은 둘이 아니고 하나임. 앎과 실천을 함께 힘써야 함.

(305) ⬜⬜⬜⬜ : 나아갈 수도 물러서기도 어려움.

(306) ⬜⬜⬜⬜ : 푸른 하늘의 밝은 태양이란 뜻으로, 누구나 다 볼 수 있는 공개된 상황.

(307) ⬜⬜⬜⬜ : 맑은 바람과 밝은 달이란 뜻으로, 결백하고 온건한 사람의 성격을 평하는 말.

(308) ⬜⬜⬜⬜ : 풀색과 녹색은 같음. 서로 같은 처지나 비슷한 사람끼리 행동함.

(309) ⬜⬜⬜⬜ : 작은 쇳덩이로 사람을 죽일 수 있음. 말 한 마디도로 사람을 감동시킬 수 있음.

(310) ⬜⬜⬜⬜ : 가을에 떨어지는 낙엽과 같이 덧없음을 이르는 말.

🐰 정답

(301) 竹馬故友 (죽마고우)

(302) 衆口難防 (중구난방)

(303) 至誠感天 (지성감천)

(304) 知行合一 (지행합일)

(305) 進退兩難 (진퇴양난)

(306) 靑天白日 (청천백일)

(307) 淸風明月 (청풍명월)

(308) 草綠同色 (초록동색)

(309) 寸鐵殺人 (촌철살인)

(310) 秋風落葉 (추풍낙엽)

311~320

(311) ⬜⬜⬜⬜ : 충직한 말은 귀에 거슬림.

(312) ⬜⬜⬜⬜ : 탁자 위에서만 펼치는 헛된 논설. 실현성이 없는 이론.

(313) ⬜⬜⬜⬜ : 어진 임금이 다스리던 평화롭고 안락한 세상이나 시대.

(314) ⬜⬜⬜⬜ : 여러 방면에 능통한 사람. 어느 모로 보나 아름다운 사람.

(315) ⬜⬜⬜⬜ : 집안을 무너뜨리고 자신의 신세도 망침.

(316) ⬜⬜⬜⬜ : 바람 앞의 등불로 매우 위급한 경우에 놓여 있음을 가리키는 말.

(317) ⬜⬜⬜⬜ : 허를 찌르고 실을 꾀하는 계책.

(318) ⬜⬜⬜⬜ : 아버지라 부르고 형이라 부른다는 뜻으로, 부형을 부형답게 모심을 말함.

(319) ⬜⬜⬜⬜ : 좋은 옷과 좋은 음식으로, 잘 먹고 잘 삶.

(320) ⬜⬜⬜⬜ : 확실하게 굳어 움직이지 않음.

🐰 정답

(311) 忠言逆耳 (충언역이)

(312) 卓上空論 (탁상공론)

(313) 太平聖代 (태평성대)

(314) 八方美人 (팔방미인)

(315) 敗家亡身 (패가망신)

(316) 風前燈火 (풍전등화)

(317) 虛虛實實 (허허실실)

(318) 呼父呼兄 (호부호형)

(319) 好衣好食 (호의호식)

(320) 確固不動 (확고부동)

동의어·유의어

실전유형

※ 다음 □ 안에 訓이 같은 漢字를 써 넣어 單語를 完成하시오.

(1) 歌 － □ 謠
(2) 停 － □ 止
(3) 扶 － □ 助
(4) 慈 － □ 愛
(5) 茂 － □ 盛

다음 □ 안에 알맞은 漢字를 쓰시오. (1~219)

1~10   4급 배정한자로 이루어진 동의어·유의어

(1) □ － 能 : 할 수 있음.
(2) □ － 屋 : 사람이 사는 집.
(3) □ － 謠 : 민요, 동요, 속요, 유행가 등을 통틀어 이르는 말.
(4) □ － 宅 : 사람이 사는 집.
(5) 簡 － □ : 간략하고 소박함.
(6) 簡 － □ : 간단하고 쉬움.
(7) □ － 覺 : 온몸을 통하여 바깥의 어떤 자극을 알아차림.
(8) 監 － □ : 감독하고 검사함.
(9) □ － 健 : 기력이 좋고 몸이 건강함.
(10) □ － 烈 : 강하고 세참.

정답

(1) 可能(가히 가/능할 능)
(2) 家屋(집 가/집 옥)
(3) 歌謠(노래 가/노래 요)
(4) 家宅(집 가/집 택)
(5) 簡素(단출할 간/흴 소)
(6) 簡易(단출할 간/쉬울 이)
(7) 感覺(느낄 감/깨달을 각)
(8) 監査(살필 감/조사할 사)
(9) 康健(편안할 강/튼튼할 건)
(10) 強烈(강할 강/세찰 렬)

11~20   4급 배정한자로 이루어진 동의어·유의어

(11) 巨 － □ : 엄청나게 큼.
(12) 居 － □ : 머물러 삶.
(13) 建 － □ : 건물이나 배를 만드는 일.
(14) □ － 烈 : 몹시 세참.
(15) 堅 － □ : 굳고 튼튼함.
(16) 境 － □ : 지역이 갈라지는 한계.
(17) 競 － □ : 서로 이기려고 다툼.
(18) 階 － □ : 층계. 일을 이루기 위해서 거쳐야 할 차례나 순서.
(19) 計 － □ : 수량을 헤아림.
(20) 計 － □ : 수를 헤아림.

정답

(11) 巨大(클 거/클 대)
(12) 居住(살 거/살 주)
(13) 建造(세울 건/만들 조)
(14) 激烈(격할 격/세찰 렬)
(15) 堅固(굳을 견/굳을 고)
(16) 境界(지경 경/지경 계)
(17) 競爭(겨룰 경/다툴 쟁)
(18) 階段(섬돌 계/구분 단)
(19) 計量(셀 계/헤아릴 량)
(20) 計算(셀 계/셀 산)

21~30 4급 배정한자로 이루어진 동의어 · 유의어

(21) ☐ － 續 : 끊이지 않고 이어짐.

(22) ☐ － 獨 : 외로움.

(23) ☐ － 慮 : 생각하여 헤아림.

(24) ☐ － 窮 : 가난하고 구차함.

(25) ☐ － 擊 : 나아가 적을 침.

(26) ☐ － 共 : 국가나 사회의 구성원에게 두루 관계되는 것.

(27) 共 － ☐ : 둘 이상이 같이 함.

(28) ☐ － 虛 : 텅 빔.

(29) 過 － ☐ : 지난 일. 지나간 때.

(30) 過 － ☐ : 잘못이나 허물.

정답

(21) 繼續(이을 계/이을 속)

(22) 孤獨(외로울 고/홀로 독)

(23) 考慮(상고할 고/생각 려)

(24) 困窮(곤할 곤/가난할 궁)

(25) 攻擊(칠 공/부딪칠 격)

(26) 公共(공변될 공/함께 공)

(27) 共同(함께 공/한가지 동)

(28) 空虛(빌 공/빌 허)

(29) 過去(지날 과/갈 거)

(30) 過失(실수할 과/잘못 실)

31~40 4급 배정한자로 이루어진 동의어 · 유의어

(31) ☐ － 實 : 열매.

(32) ☐ － 誤 : 잘못. 허물.

(33) 教 － ☐ : 행동이나 생활에 지침이 될 만한 가르침.

(34) ☐ － 備 : 두루 갖춤.

(35) 救 － ☐ : 어려운 사람을 도와줌.

(36) 救 － ☐ : 위험한 상황의 사람을 도와서 구원함.

(37) ☐ － 折 : 휘어서 꺾임.

(38) ☐ － 則 : 약정한 질서나 표준.

(39) ☐ － 端 : 맨 끝. 길이나 일의 진행이 더 나아갈 데가 없는 지경.

(40) 根 － ☐ : 사물의 바탕. 기초.

정답

(31) 果實(실과 과/열매 실)

(32) 過誤(실수할 과/그르칠 오)

(33) 教訓(가르칠 교/가르칠 훈)

(34) 具備(갖출 구/갖출 비)

(35) 救濟(건질 구/건질 제)

(36) 救助(건질 구/도울 조)

(37) 屈折(굽을 굴/꺾을 절)

(38) 規則(법 규/법칙 칙)

(39) 極端(다할 극/끝 단)

(40) 根本(뿌리 근/근본 본)

41~50 4급 배정한자로 이루어진 동의어 · 유의어

(41) 技 － ☐ : 일을 해내는 솜씨.

(42) 技 － ☐ : 예술로 승화될 정도로 갈고닦은 기술이나 재주.

(43) ☐ － 階 : 일의 차례.

(44) ☐ － 獨 : 혼자. 단 하나.

(45) 斷 － ☐ : 교류나 관계를 끊음.

(46) 談 － ☐ : 허물없이 이야기를 나눔.

(47) ☐ － 達 : 목적한 곳이나 수준에 다다름.

(48) ☐ － 黨 : 떼 지은 무리.

(49) ☐ － 路 : 비교적 큰길.

(50) ☐ － 亡 : 피하거나 쫓기어 달아남.

정답

(41) 技術(재주 기/꾀 술)

(42) 技藝(재주 기/재주 예)

(43) 段階(구분 단/섬돌 계)

(44) 單獨(홀 단/홀로 독)

(45) 斷絕(끊을 단/끊을 절)

(46) 談話(말씀 담/말할 화)

(47) 到達(이를 도/다다를 달)

(48) 徒黨(무리 도/무리 당)

(49) 道路(길 도/길 로)

(50) 逃亡(달아날 도/달아날 망)

51~60 4급 배정한자로 이루어진 동의어 · 유의어

(51) 盜 – ☐ : 도둑.

(52) ☐ – 着 : 목적지에 다다름.

(53) 逃 – ☐ : 도망하여 피함.

(54) 圖 – ☐ : 도면과 그림. 그림 그리기.

(55) ☐ – 端 : 맨 끄트머리.

(56) ☐ – 失 : 잃어버림.

(57) ☐ – 髮 : 사람 몸에 난 터럭.

(58) 模 – ☐ : 배울 만한 본보기.

(59) ☐ – 章 : 생각을 글로 쓴 것.

(60) 法 – ☐ : 법도와 양식.

정답

(51) 盜賊(훔칠 도/도둑 적)

(52) 到着(이를 도/붙을 착)

(53) 逃避(달아날 도/피할 피)

(54) 圖畫(그림 도/그림 화)

(55) 末端(끝 말/끝 단)

(56) 亡失(망할 망/잃을 실)

(57) 毛髮(털 모/터럭 발)

(58) 模範(본뜰 모/법 범)

(59) 文章(글월 문/글 장)

(60) 法式(법 법/법 식)

61~70 4급 배정한자로 이루어진 동의어 · 유의어

(61) 法 – ☐ : 법률을 엮은 책.

(62) 變 – ☐ : 사물의 형상이나 성질이 달라짐.

(63) ☐ – 士 : 군사.

(64) ☐ – 卒 : 군사.

(65) 報 – ☐ : 일의 결과를 알림.

(66) 保 – ☐ : 제도·방법·습관 등을 그대로 지킴.

(67) 副 – ☐ : 그 다음. 부수적인 관계.

(68) 批 – ☐ : 옳고 그름을 평가함.

(69) ☐ – 窮 : 가난하여 생활이 어려움.

(70) 思 – ☐ : 생각하고 궁리함.

정답

(61) 法典(법 법/법 전)

(62) 變化(변할 변/될 화)

(63) 兵士(군사 병/병사 사)

(64) 兵卒(군사 병/군사 졸)

(65) 報告(알릴 보/알릴 고)

(66) 保守(지킬 보/지킬 수)

(67) 副次(버금 부/버금 차)

(68) 批評(비평할 비/평할 평)

(69) 貧窮(가난할 빈/다할 궁)

(70) 思考(생각 사/상고할 고)

71~80 4급 배정한자로 이루어진 동의어 · 유의어

(71) 思 – ☐ : 마음속으로 생각함.

(72) 思 – ☐ : 여러 가지로 신중하게 생각함.

(73) 思 – ☐ : 생각. 견해.

(74) 辭 – ☐ : 잔소리로 늘어놓는 말.

(75) ☐ – 宅 : 관사. 사원용 주택.

(76) 想 – ☐ : 마음에 떠오르는 생각.

(77) ☐ – 産 : 인간에게 필요한 물품을 만듦.

(78) 選 – ☐ : 가려서 골라냄.

(79) 選 – ☐ : 골라서 뽑음.

(80) 素 – ☐ : 꾸밈없이 그대로임.

정답

(71) 思念(생각 사/생각 념)

(72) 思慮(생각 사/생각 려)

(73) 思想(생각 사/생각 상)

(74) 辭說(말씀 사/말씀 설)

(75) 舍宅(집 사/집 택)

(76) 想念(생각 상/생각 념)

(77) 生産(날 생/낳을 산)

(78) 選別(가릴 선/나눌 별)

(79) 選擇(가릴 선/가릴 택)

(80) 素朴(흴 소/순박할 박)

81~90　4급 배정한자로 이루어진 동의어 · 유의어

(81) 樹 － ☐ : 나무.

(82) ☐ － 潔 : 순수하고 아주 깨끗함.

(83) 崇 － ☐ : 존엄하고 거룩함.

(84) ☐ － 繼 : 뒤를 이음.

(85) 施 － ☐ : 차린 설비.

(86) ☐ － 初 : 맨 처음.

(87) ☐ － 驗 : 어느 것의 수준이나 능력을 알아봄.

(88) ☐ － 告 : 사실을 보고하는 일.

(89) ☐ － 體 : 사람의 몸.

(90) ☐ － 情 : 마음속의 생각.

정답

(81) 樹木(나무 수/나무 목)

(82) 純潔(순수할 순/깨끗할 결)

(83) 崇高(높을 숭/높을 고)

(84) 承繼(이을 승/이을 계)

(85) 施設(베풀 시/베풀 설)

(86) 始初(처음 시/처음 초)

(87) 試驗(시험할 시/시험할 험)

(88) 申告(펼 신/알릴 고)

(89) 身體(몸 신/몸 체)

(90) 心情(마음 심/뜻 정)

91~100　4급 배정한자로 이루어진 동의어 · 유의어

(91) 眼 － ☐ : 사물을 보는 능력.

(92) ☐ － 語 : 생각을 소리로 전하는 체계.

(93) 研 － ☐ : 사물의 이치를 밝힘.

(94) ☐ － 歲 : 나이의 높임말.

(95) ☐ － 續 : 끊이지 않고 계속 이어짐.

(96) ☐ － 慮 : 걱정하는 마음.

(97) ☐ － 遠 : 끝없는 세월.

(98) ☐ － 特 : 특별히 뛰어남.

(99) 溫 － ☐ : 따뜻함.

(100) 完 － ☐ : 부족하거나 흠이 없음.

정답

(91) 眼目(눈 안/눈 목)

(92) 言語(말씀 언/말씀 어)

(93) 研究(궁구할 연/궁구할 구)

(94) 年歲(해 년/해 세)

(95) 連續(이을 련/이을 속)

(96) 念慮(생각 념/생각 려)

(97) 永遠(길 영/멀 원)

(98) 英特(뛰어날 영/특별할 특)

(99) 溫暖(따뜻할 온/따뜻할 난)

(100) 完全(완전할 완/온전할 전)

101~110　4급 배정한자로 이루어진 동의어 · 유의어

(101) 要 － ☐ : 달라고 함.

(102) 優 － ☐ : 여럿 가운데 뛰어남.

(103) 怨 － ☐ : 원통하고 한스러운 생각.

(104) 偉 － ☐ : 뛰어나고 훌륭함.

(105) 肉 － ☐ : 사람의 몸.

(106) ☐ － 惠 : 고마운 혜택.

(107) ☐ － 聲 : 말소리.

(108) 議 － ☐ : 각자 의견을 주장하거나 논의함.

(109) ☐ － 服 : 옷.

(110) 意 － ☐ : 생각이나 마음.

정답

(101) 要求(구할 요/구할 구)

(102) 優秀(뛰어날 우/빼어날 수)

(103) 怨恨(원망할 원/한할 한)

(104) 偉大(클 위/큰 대)

(105) 肉身(고기 육/몸 신)

(106) 恩惠(은혜 은/은혜 혜)

(107) 音聲(소리 음/소리 성)

(108) 議論(의논할 의/논할 론)

(109) 衣服(옷 의/옷 복)

(110) 意思(뜻 의/생각 사)

111~120 4급 배정한자로 이루어진 동의어 · 유의어

(111) 意 - ☐ : 어떤 일을 이루고자 하는 마음.

(112) ☐ - 態 : 몸가짐과 맵시.

(113) ☐ - 貨 : 재물.

(114) ☐ - 蓄 : 절약하여 모아 둠.

(115) 展 - ☐ : 점차 크게 펼쳐짐.

(116) ☐ - 爭 : 무력에 의한 싸움.

(117) ☐ - 鬪 : 온갖 병기로 직접 싸움.

(118) ☐ - 留 : 멈추어 머무름.

(119) 精 - ☐ : 참되고 성실한 마음.

(120) 停 - ☐ : 멈추거나 그침.

정답
(111) 意志(뜻 의/뜻 지)

(112) 姿態(맵시 자/모양 태)

(113) 財貨(재물 재/재화 화)

(114) 貯蓄(쌓을 저/쌓을 축)

(115) 展開(펼 전/열 개)

(116) 戰爭(싸울 전/다툴 쟁)

(117) 戰鬪(싸울 전/싸움 투)

(118) 停留(머무를 정/머무를 류)

(119) 精誠(정성 정/정성 성)

(120) 停止(머무를 정/그칠 지)

121~130 4급 배정한자로 이루어진 동의어 · 유의어

(121) 政 - ☐ : 나라를 다스리는 일.

(122) 帝 - ☐ : 황제와 국왕의 총칭.

(123) 製 - ☐ : 물건을 만듦.

(124) 製 - ☐ : 원료를 가공하여 제품을 만듦.

(125) 造 - ☐ : 무슨 일을 꾸며 냄.

(126) 調 - ☐ : 서로 잘 어울림.

(127) ☐ - 在 : 현실에 실제로 있음.

(128) 尊 - ☐ : 높이어 귀중하게 대함.

(129) 終 - ☐ : 끝을 냄.

(130) 終 - ☐ : 일의 맨 끝.

정답
(121) 政治(정사 정/다스릴 치)

(122) 帝王(임금 제/임금 왕)

(123) 製作(지을 제/지을 작)

(124) 製造(지을 제/지을 조)

(125) 造作(지을 조/지을 작)

(126) 調和(어울릴 조/화할 화)

(127) 存在(있을 존/있을 재)

(128) 尊重(존귀할 존/중할 중)

(129) 終結(끝날 종/맺을 결)

(130) 終末(끝날 종/끝 말)

131~140 4급 배정한자로 이루어진 동의어 · 유의어

(131) 終 - ☐ : 끝마쳐 그치는 것.

(132) ☐ - 居 : 자리 잡고 삶.

(133) ☐ - 紅 : 빨강과 노랑의 중간 빛.

(134) 增 - ☐ : 수나 양이 더 많아짐.

(135) ☐ - 極 : 더없이 극진함.

(136) ☐ - 識 : 알고 있는 내용.

(137) ☐ - 寶 : 진귀한 보배.

(138) ☐ - 就 : 차차 진보하여 감.

(139) 質 - ☐ : 궁금한 것을 물음.

(140) 集 - ☐ : 한군데로 모임.

정답
(131) 終止(끝날 종/그칠 지)

(132) 住居(살 주/살 거)

(133) 朱紅(붉을 주/붉을 홍)

(134) 增加(더할 증/더할 가)

(135) 至極(이를 지/다할 극)

(136) 知識(알 지/알 식)

(137) 珍寶(보배 진/보배 보)

(138) 進就(나아갈 진/나아갈 취)

(139) 質問(물을 질/물을 문)

(140) 集合(모일 집/모일 합)

141~150 4급 배정한자로 이루어진 동의어 · 유의어

(141) 參 － ☐ : 참가하여 관계함.

(142) 處 － ☐ : 사람이 거처하는 곳.

(143) ☐ － 潔 : 맑고 깨끗함.

(144) 聽 － ☐ : 널리 퍼져 있는 소문.

(145) ☐ － 請 : 청하여 부름.

(146) ☐ － 落 : 시골의 취락. 마을.

(147) ☐ － 積 : 지식, 경험, 자금 등을 모아서 쌓아 둠.

(148) ☐ － 發 : 일의 시작.

(149) 充 － ☐ : 가득하게 참.

(150) 充 － ☐ : 넉넉하게 채움.

정답

(141) 參與(참여할 참/참여할 여)

(142) 處所(곳 처/곳 소)

(143) 淸潔(맑을 청/깨끗할 결)

(144) 聽聞(들을 청/들을 문)

(145) 招請(부를 초/청할 청)

(146) 村落(마을 촌/마을 락)

(147) 蓄積(쌓을 축/쌓을 적)

(148) 出發(날 출/쏠 발)

(149) 充滿(찰 충/찰 만)

(150) 充足(찰 충/족할 족)

151~160 4급 배정한자로 이루어진 동의어 · 유의어

(151) ☐ － 量 : 생각하여 헤아림.

(152) 層 － ☐ : 계단. 층층대.

(153) 稱 － ☐ : 공덕을 칭찬하여 기림.

(154) 稱 － ☐ : 잘 한다고 추켜 줌.

(155) ☐ － 擊 : 때려 침. 손해 또는 손실.

(156) 脫 － ☐ : 떨어져 나감.

(157) 脫 － ☐ : 관계를 끊고 물러나옴.

(158) 討 － ☐ : 적의 무리를 무력으로 처 없앰.

(159) ☐ － 地 : 땅. 흙.

(160) 統 － ☐ : 합쳐 하나로 만듦.

정답

(151) 測量(잴 측/헤아릴 량)

(152) 層階(층 층/섬돌 계)

(153) 稱頌(칭찬할 칭/기릴 송)

(154) 稱讚(칭찬할 칭/기릴 찬)

(155) 打擊(칠 타/부딪칠 격)

(156) 脫落(빠질 탈/떨어질 락)

(157) 脫退(벗을 탈/물러날 퇴)

(158) 討伐(칠 토/칠 벌)

(159) 土地(흙 토/땅 지)

(160) 統合(합칠 통/합할 합)

161~170 4급 배정한자로 이루어진 동의어 · 유의어

(161) 退 － ☐ : 물러 감. 거주를 옮김.

(162) 鬪 － ☐ : 상대를 이기려고 싸움.

(163) ☐ － 和 : 평온하고 화목함.

(164) 包 － ☐ : 감싸 받아들임.

(165) 河 － ☐ : 시내. 강.

(166) 河 － ☐ : 큰 강과 바다.

(167) 限 － ☐ : 땅의 경계. 범위.

(168) 寒 － ☐ : 매우 추움.

(169) ☐ － 福 : 만족한 상태.

(170) 許 － ☐ : 청원 따위를 들어줌.

정답

(161) 退去(물러날 퇴/갈 거)

(162) 鬪爭(싸움 투/다툴 쟁)

(163) 平和(평안할 평/화할 화)

(164) 包容(쌀 포/담을 용)

(165) 河川(강이름 하/내 천)

(166) 河海(강이름 하/바다 해)

(167) 限界(한계 한/지경 계)

(168) 寒冷(찰 한/찰 랭)

(169) 幸福(행복 행/복 복)

(170) 許可(허락할 허/옳을 가)

171~174 4급 배정한자로 이루어진 동의어 · 유의어

(171) 協 - ☐ : 협력하여 화합함.

(172) 歡 - ☐ : 즐겁고 기쁨.

(173) 會 - ☐ : 영리 목적으로 설립된 법인.

(174) ☐ - 望 : 앞일에 대하여 기대를 가지고 바람.

정답

(171) 協和(화할 협/화할 화)

(172) 歡喜(기뻐할 환/기쁠 희)

(173) 會社(모일 회/모일 사)

(174) 希望(바랄 희/바랄 망)

175~184 4급 배정한자/3급Ⅱ 고유한자로 이루어진 동의어 · 유의어

(175) ☐ - 悟 : 도리를 깨달음. 닥칠 일에 대비함.

(176) ☐ - 隔 : 공간적인 사이. 떨어진 거리.

(177) ☐ - 拓 : 거친 땅을 일구어 논밭을 만듦.

(178) ☐ - 尙 : 인품이나 학문의 정도가 높고 품위 있음.

(179) ☐ - 聯 : 서로 어떠한 관계에 있음.

(180) ☐ - 塞 : 아주 가난함.

(181) ☐ - 械 : 동력으로 일하는 장치.

(182) ☐ - 付 : 수업료, 공과금 등을 냄.

(183) ☐ - 涼 : 쌀쌀하고 차가움.

(184) ☐ - 蒙 : 아직 장가들지 않은 아이.

정답

(175) 覺悟(깨달을 각/깨달을 오)

(176) 間隔(사이 간/사이뜰 격)

(177) 開拓(열 개/넓힐 척)

(178) 高尙(높을 고/높을 상)

(179) 關聯(관계할 관/잇달 련)

(180) 窮塞(궁할 궁/막힐 색)

(181) 機械(틀 기/형틀 계)

(182) 納付(바칠 납/줄 부)

(183) 冷涼(찰 랭/찰 량)

(184) 童蒙(아이 동/어릴 몽)

185~196 4급 배정한자/3급Ⅱ 고유한자로 이루어진 동의어 · 유의어

(185) ☐ - 尾 : 끝 부분.

(186) ☐ - 勵 : 힘써 함.

(187) ☐ - 絡 : 정보 등을 전함.

(188) ☐ - 慈 : 마음이 어질고 자애로움.

(189) ☐ - 禍 : 재앙과 환난.

(190) ☐ - 央 : 한가운데.

(191) ☐ - 淨 : 맑고 깨끗함.

(192) ☐ - 索 : 더듬어 찾음.

(193) ☐ - 殊 : 보통과 다름.

(194) ☐ - 壞 : 부수거나 무너뜨림.

(195) ☐ - 睦 : 서로 뜻이 맞고 정다움.

(196) ☐ - 悅 : 기쁨과 즐거움.

정답

(185) 末尾(끝 말/꼬리 미)

(186) 勉勵(힘쓸 면/힘쓸 려)

(187) 連絡(이을 련/이을 락)

(188) 仁慈(어질 인/사랑할 자)

(189) 災禍(재앙 재/재앙 화)

(190) 中央(가운데 중/가운데 앙)

(191) 淸淨(맑을 청/깨끗할 정)

(192) 探索(찾을 탐/찾을 색)

(193) 特殊(특별할 특/뛰어날 수)

(194) 破壞(깨뜨릴 파/무너질 괴)

(195) 和睦(화할 화/화목할 목)

(196) 喜悅(기쁠 희/기쁠 열)

197~206   3급Ⅱ 고유한자 / 4급 배정한자로 이루어진 동의어 · 유의어

(197) 貫 – ☐ : 끝까지 꿰뚫음.

(198) 拘 – ☐ : 마음대로 못하게 얽어맴.

(199) 緊 – ☐ : 아주 중대하고 급함.

(200) 露 – ☐ : 겉으로 드러남.

(201) 突 – ☐ : 거침없이 곧장 나아감.

(202) 滅 – ☐ : 망하여 없어짐.

(203) 茂 – ☐ : 초목이 우거짐.

(204) 附 – ☐ : 주된 것에 달려 있음.

(205) 扶 – ☐ : 남을 도와줌.

(206) 釋 – ☐ : 구금되었던 사람을 풀어 줌.

정답

(197) 貫通 (꿸 관 / 통할 통)

(198) 拘束 (잡을 구 / 묶을 속)

(199) 緊急 (긴할 긴 / 급할 급)

(200) 露出 (드러날 로 / 날 출)

(201) 突進 (갑자기 돌 / 나아갈 진)

(202) 滅亡 (멸망할 멸 / 망할 망)

(203) 茂盛 (우거질 무 / 성할 성)

(204) 附屬 (붙을 부 / 붙을 속)

(205) 扶助 (도울 부 / 도울 조)

(206) 釋放 (내놓을 석 / 놓을 방)

207~212   3급Ⅱ 고유한자 / 4급 배정한자로 이루어진 동의어 · 유의어

(207) 淨 – ☐ : 맑고 깨끗함.

(208) 貞 – ☐ : 마음이 바르고 곧음.

(209) 倉 – ☐ : 물건을 보관하는 건물.

(210) 尺 – ☐ : 자로 재는 길이의 표준.

(211) 恒 – ☐ : 늘. 언제나.

(212) 皇 – ☐ : 제국의 군주.

정답

(207) 淨潔 (깨끗할 정 / 깨끗할 결)

(208) 貞直 (곧을 정 / 곧을 직)

(209) 倉庫 (곳집 창 / 곳집 고)

(210) 尺度 (자 척 / 법도 도)

(211) 恒常 (항상 항 / 항상 상)

(212) 皇帝 (임금 황 / 임금 제)

213~219   3급Ⅱ 고유한자로 이루어진 동의어 · 유의어

(213) ☐ – 獻 : 이바지함. 기여.

(214) ☐ – 徹 : 자기의 뜻을 끝까지 밀고 나감.

(215) ☐ – 愁 : 근심과 걱정.

(216) ☐ – 稚 : 나이가 어림.

(217) ☐ – 獲 : 사로잡음. 짐승을 잡음.

(218) 脅 – ☐ : 을러서 괴롭게 굶.

(219) ☐ – 薄 : 묽거나 엷음.

정답

(213) 貢獻 (바칠 공 / 바칠 헌)

(214) 貫徹 (꿸 관 / 통할 철)

(215) 憂愁 (근심할 우 / 시름 수)

(216) 幼稚 (어릴 유 / 어릴 치)

(217) 捕獲 (사로잡을 포 / 얻을 획)

(218) 脅迫 (으를 협 / 핍박할 박)

(219) 稀薄 (묽을 희 / 엷을 박)

반의어·상대어 I

실전유형

❖ 다음 漢字와 뜻이 反對(또는 相對)되는 漢字를 □ 안에 쓰시오.

(1) □ ↔ 近　遠
(2) □ ↔ 晩　早
(3) 虛 ↔ □　實

다음 □ 안에 알맞은 漢字를 쓰시오. (1~163)

1~10　4급 배정한자로 이루어진 반의어·상대어

(1) 加 ↔ □ : 더하거나 더는 일. 또는 그렇게 하여 알맞게 맞추는 일.
(2) □ ↔ 否 : 옳고 그름. 찬성과 반대.
(3) 干 ↔ □ : 간조(干潮)와 만조(滿潮).
(4) 甘 ↔ □ : 단맛과 쓴맛.
(5) □ ↔ 山 : 강과 산이라는 뜻으로, 자연의 경치를 이르는 말.
(6) 強 ↔ □ : 강하고 약함. 또는 그런 정도.
(7) □ ↔ 閉 : 열고 닫음.
(8) 去 ↔ □ : 주고받음. 또는 사고팖.
(9) □ ↔ 重 : 가벼움과 무거움. 또는 가볍고 무거운 정도.
(10) □ ↔ 鄕 : 서울과 시골.

정답

(1) 加減 (더할 가/덜 감)
(2) 可否 (옳을 가/아닐 부)
(3) 干滿 (마를 간/찰 만)
(4) 甘苦 (달 감/쓸 고)
(5) 江山 (강 강/메 산)
(6) 強弱 (강할 강/약할 약)
(7) 開閉 (열 개/닫을 폐)
(8) 去來 (갈 거/올 래)
(9) 輕重 (가벼울 경/무거울 중)
(10) 京鄕 (서울 경/시골 향)

11~20　4급 배정한자로 이루어진 반의어·상대어

(11) 古 ↔ □ : 예전과 지금.
(12) 苦 ↔ □ : 괴로움과 즐거움.
(13) 高 ↔ □ : 높낮이.
(14) □ ↔ 直 : 굽음과 곧음이라는 뜻으로, 사리의 옳고 그름을 이르는 말.
(15) 功 ↔ □ : 공로와 과실.
(16) 攻 ↔ □ : 서로 공격하고 방어함.
(17) □ ↔ 私 : 공공의 일과 사사로운 일.
(18) 攻 ↔ □ : 공격과 수비.
(19) 官 ↔ □ : 공무원과 민간인.
(20) 敎 ↔ □ : 가르치는 일과 배우는 일.

정답

(11) 古今 (예 고/이제 금)
(12) 苦樂 (쓸 고/즐거울 락)
(13) 高低 (높을 고/낮을 저)
(14) 曲直 (굽을 곡/곧을 직)
(15) 功過 (공 공/허물 과)
(16) 攻防 (칠 공/막을 방)
(17) 公私 (공변될 공/사사로울 사)
(18) 攻守 (칠 공/지킬 수)
(19) 官民 (벼슬 관/백성 민)
(20) 敎學 (가르칠 교/배울 학)

21~30　4급 배정한자로 이루어진 반의어 · 상대어

(21) 君 ↔ ☐ ： 임금과 신하.

(22) 遠 ↔ ☐ ： 멀고 가까움.

(23) ☐ ↔ 伏 ： 지세(地勢)가 높아졌다 낮아졌다 함.

(24) ☐ ↔ 寢 ： 잠자리에서 일어남.

(25) 吉 ↔ ☐ ： 운이 좋고 나쁨.

(26) ☐ ↔ 易 ： 어려움과 쉬움.

(27) 男 ↔ ☐ ： 남자와 여자.

(28) 南 ↔ ☐ ： 남쪽과 북쪽.

(29) 內 ↔ ☐ ： 안과 밖.

(30) ☐ ↔ 溫 ： 찬 기운과 따뜻한 기운.

정답

(21) 君臣(임금 군 / 신하 신)

(22) 遠近(멀 원 / 가까울 근)

(23) 起伏(일어날 기 / 엎드릴 복)

(24) 起寢(일어날 기 / 잘 침)

(25) 吉凶(길할 길 / 흉할 흉)

(26) 難易(어려울 난 / 쉬울 이)

(27) 男女(사내 남 / 계집 녀)

(28) 南北(남녘 남 / 북녘 북)

(29) 內外(안 내 / 바깥 외)

(30) 冷溫(찰 랭 / 따뜻할 온)

31~40　4급 배정한자로 이루어진 반의어 · 상대어

(31) 勞 ↔ ☐ ： 노동자와 사용자.

(32) ☐ ↔ 少 ： 늙은이와 젊은이.

(33) ☐ ↔ 少 ： 분량이나 정도의 많음과 적음.

(34) ☐ ↔ 複 ： 단수와 복수.

(35) 斷 ↔ ☐ ： 끊었다 이었다 함. 또는 그렇게 되게 함.

(36) 當 ↔ ☐ ： 당선과 낙선.

(37) 東 ↔ ☐ ： 동쪽과 서쪽.

(38) ☐ ↔ 靜 ： 물질의 운동과 정지. 일이나 현상이 벌어지고 있는 낌새.

(39) ☐ ↔ 失 ： 얻음과 잃음.

(40) 賣 ↔ ☐ ： 물건을 팔고 사는 일.

정답

(31) 勞使(일할 로 / 부릴 사)

(32) 老少(늙을 로 / 젊을 소)

(33) 多少(많을 다 / 적을 소)

(34) 單複(홑 단 / 겹칠 복)

(35) 斷續(끊을 단 / 이을 속)

(36) 當落(맡을 당 / 떨어질 락)

(37) 東西(동녘 동 / 서녘 서)

(38) 動靜(움직일 동 / 고요할 정)

(39) 得失(얻을 득 / 잃을 실)

(40) 賣買(팔 매 / 살 매)

41~50　4급 배정한자로 이루어진 반의어 · 상대어

(41) 明 ↔ ☐ ： 밝음과 어두움.

(42) 問 ↔ ☐ ： 물음과 대답. 또는 서로 묻고 대답함.

(43) 文 ↔ ☐ ： 문관과 무관.

(44) ☐ ↔ 心 ： 물질적인 것과 정신적인 것.

(45) ☐ ↔ 常 ： 양반과 상사람.

(46) 發 ↔ ☐ ： 출발과 도착.

(47) 方 ↔ ☐ ： 모진 것과 둥근 것.

(48) 本 ↔ ☐ ： 사물이나 일의 처음과 끝.

(49) ☐ ↔ 婦 ： 남편과 아내.

(50) 貧 ↔ ☐ ： 가난함과 부유함.

정답

(41) 明暗(밝을 명 / 어두울 암)

(42) 問答(물을 문 / 대답 답)

(43) 文武(글월 문 / 군사 무)

(44) 物心(물건 물 / 마음 심)

(45) 班常(양반 반 / 상민 상)

(46) 發着(떠날 발 / 다다를 착)

(47) 方圓(모 방 / 둥글 원)

(48) 本末(근본 본 / 끝 말)

(49) 夫婦(남편 부 / 아내 부)

(50) 貧富(가난할 빈 / 부할 부)

51~60 **4**급 배정한자로 이루어진 반의어 · 상대어

(51) 氷 ↔ ☐ : 얼음과 숯이라는 뜻으로, 서로 정반대가 되어 용납하지 못하는 관계.

(52) ☐ ↔ 弟 : 스승과 제자.

(53) ☐ ↔ 活 : 죽기와 살기라는 뜻으로, 어떤 중대한 문제를 비유함.

(54) ☐ ↔ 川 : 산과 내.

(55) ☐ ↔ 海 : 산과 바다.

(56) 賞 ↔ ☐ : 상과 벌.

(57) 上 ↔ ☐ : 위와 아래.

(58) ☐ ↔ 死 : 삶과 죽음.

(59) ☐ ↔ 惡 : 착한 것과 악한 것.

(60) 先 ↔ ☐ : 먼저와 나중.

🐰 정답

(51) 氷炭(얼음 빙/숯 탄)

(52) 師弟(스승 사/제자 제)

(53) 死活(죽을 사/살 활)

(54) 山川(메 산/내 천)

(55) 山海(메 산/바다 해)

(56) 賞罰(상줄 상/벌할 벌)

(57) 上下(윗 상/아래 하)

(58) 生死(날 생/죽을 사)

(59) 善惡(착할 선/악할 악)

(60) 先後(먼저 선/뒤 후)

61~70 **4**급 배정한자로 이루어진 반의어 · 상대어

(61) ☐ ↔ 敗 : 성공과 실패.

(62) 損 ↔ ☐ : 손해와 이익.

(63) ☐ ↔ 迎 : 가는 사람을 보내고 오는 사람을 맞음.

(64) 授 ↔ ☐ : 물품을 주고받음.

(65) 手 ↔ ☐ : 손과 발.

(66) 水 ↔ ☐ : 물과 불. 또는 어려움이나 위험을 비유함.

(67) 順 ↔ ☐ : 순종과 거역.

(68) ☐ ↔ 負 : 이김과 짐.

(69) ☐ ↔ 敗 : 승리와 패배.

(70) 是 ↔ ☐ : 옳음과 그름.

🐰 정답

(61) 成敗(이룰 성/패할 패)

(62) 損益(덜 손/더할 익)

(63) 送迎(보낼 송/맞이할 영)

(64) 授受(줄 수/받을 수)

(65) 手足(손 수/발 족)

(66) 水火(물 수/불 화)

(67) 順逆(순할 순/거스를 역)

(68) 勝負(이길 승/질 부)

(69) 勝敗(이길 승/패할 패)

(70) 是非(옳을 시/아닐 비)

71~80 **4**급 배정한자로 이루어진 반의어 · 상대어

(71) 始 ↔ ☐ : 처음과 끝.

(72) ☐ ↔ 舊 : 새것과 헌것.

(73) ☐ ↔ 身 : 마음과 몸.

(74) ☐ ↔ 危 : 편안함과 위태함.

(75) ☐ ↔ 行 : 말과 행동.

(76) 與 ↔ ☐ : 여당과 야당.

(77) 逆 ↔ ☐ : 거꾸로 된 순서.

(78) 玉 ↔ ☐ : 옥과 돌이라는 뜻으로, 좋은 것과 나쁜 것을 구분함을 이르는 말.

(79) ☐ ↔ 冷 : 따뜻한 기운과 찬 기운.

(80) ☐ ↔ 來 : 가고 오고 함.

🐰 정답

(71) 始終(처음 시/끝 종)

(72) 新舊(새로울 신/예 구)

(73) 心身(마음 심/몸 신)

(74) 安危(편안할 안/위태할 위)

(75) 言行(말씀 언/행할 행)

(76) 與野(같을 여/성밖 야)

(77) 逆順(거역할 역/순할 순)

(78) 玉石(구슬 옥/돌 석)

(79) 溫冷(따뜻할 온/찰 랭)

(80) 往來(갈 왕/올 래)

81~90 ┃ 4급 배정한자로 이루어진 반의어 · 상대어

(81) ☐ ↔ 復 : 갔다가 돌아옴.

(82) 有 ↔ ☐ : 있음과 없음.

(83) 陸 ↔ ☐ : 육지와 바다.

(84) ☐ ↔ 怨 : 은혜와 원한.

(85) 陰 ↔ ☐ : 남녀의 성(性)에 관한 이치. 여러 방면.

(86) 異 ↔ ☐ : 다른 것과 같은 것.

(87) 離 ↔ ☐ : 헤어짐과 모임.

(88) ☐ ↔ 害 : 이익과 손해.

(89) ☐ ↔ 果 : 원인과 결과.

(90) ☐ ↔ 月 : 해와 달.

정답

(81) 往復(갈 왕/돌아올 복)

(82) 有無(있을 유/없을 무)

(83) 陸海(뭍 륙/바다 해)

(84) 恩怨(은혜 은/원망할 원)

(85) 陰陽(그늘 음/볕 양)

(86) 異同(다를 이/같을 동)

(87) 離合(떠날 리/만날 합)

(88) 利害(이로울 리/해로울 해)

(89) 因果(원인 인/결과 과)

(90) 日月(날 일/달 월)

91~100 ┃ 4급 배정한자로 이루어진 반의어 · 상대어

(91) 姉 ↔ ☐ : 여자끼리의 동기(同氣). 언니와 아우 사이.

(92) 自 ↔ ☐ : 자기와 남.

(93) 長 ↔ ☐ : 길고 짧음.

(94) ☐ ↔ 兵 : 장교와 하사관, 사병.

(95) ☐ ↔ 卒 : 예전에, 장수와 병졸을 이르던 말.

(96) 前 ↔ ☐ : 앞과 뒤.

(97) 正 ↔ ☐ : 잘못된 글자나 문구를 바로잡음.

(98) ☐ ↔ 夕 : 아침과 저녁.

(99) ☐ ↔ 孫 : 할아버지와 손자.

(100) 存 ↔ ☐ : 존속과 멸망. 또는 생존과 사망.

정답

(91) 姉妹(손윗누이 자/손아랫누이 매)

(92) 自他(스스로 자/남 타)

(93) 長短(긴 장/짧을 단)

(94) 將兵(장수 장/병사 병)

(95) 將卒(장수 장/군사 졸)

(96) 前後(앞 전/뒤 후)

(97) 正誤(바를 정/그르칠 오)

(98) 朝夕(아침 조/저녁 석)

(99) 祖孫(할아버지 조/손자 손)

(100) 存亡(있을 존/망할 망)

101~110 ┃ 4급 배정한자로 이루어진 반의어 · 상대어

(101) ☐ ↔ 右 : 왼쪽과 오른쪽.

(102) 主 ↔ ☐ : 주인과 손. 주된 것과 부차적인 것.

(103) ☐ ↔ 從 : 주인과 부하.

(104) ☐ ↔ 夜 : 밤과 낮. 쉬지 아니하고 계속함.

(105) 增 ↔ ☐ : 많아지거나 적어짐. 또는 늘리거나 줄임.

(106) 眞 ↔ ☐ : 진짜와 가짜.

(107) 進 ↔ ☐ : 앞으로 나아가고 뒤로 물러남.

(108) ☐ ↔ 配 : 한군데로 모아서 배달함.

(109) ☐ ↔ 散 : 모여들었다 흩어졌다 함.

(110) 着 ↔ ☐ : 도착과 출발.

정답

(101) 左右(왼 좌/오른 우)

(102) 主客(주인 주/손님 객)

(103) 主從(주인 주/따를 종)

(104) 晝夜(낮 주/밤 야)

(105) 增減(더할 증/덜 감)

(106) 眞假(참 진/거짓 가)

(107) 進退(나아갈 진/물러날 퇴)

(108) 集配(모을 집/나눌 배)

(109) 集散(모을 집/흩어질 산)

(110) 着發(다다를 착/떠날 발)

111~120 4급 배정한자로 이루어진 반의어 · 상대어

(111) 天 ↔ ☐ : 하늘과 땅.

(112) 初 ↔ ☐ : 초상이 난 뒤부터 졸곡(卒哭)까지 치러지는 온갖 일이나 예식.

(113) ☐ ↔ 秋 : 봄과 가을. 또는 어른의 나이를 높여 이르는 말.

(114) ☐ ↔ 缺 : 출근과 결근.

(115) ☐ ↔ 納 : 돈이나 물품을 내어 주거나 받아들임.

(116) ☐ ↔ 入 : 어느 곳을 드나듦.

(117) 豊 ↔ ☐ : 풍년과 흉년.

(118) 寒 ↔ ☐ : 추움과 따뜻함.

(119) 虛 ↔ ☐ : 허함과 실함.

(120) ☐ ↔ 弟 : 형과 아우.

정답

(111) 天地(하늘 천/땅 지)

(112) 初終(처음 초/끝 종)

(113) 春秋(봄 춘/가을 추)

(114) 出缺(날 출/나오지않을 결)

(115) 出納(날 출/들일 납)

(116) 出入(날 출/들 입)

(117) 豊凶(풍년 풍/흉년 흉)

(118) 寒暖(찰 한/따뜻할 난)

(119) 虛實(빌 허/열매 실)

(120) 兄弟(형 형/아우 제)

121~125 4급 배정한자로 이루어진 반의어 · 상대어

(121) ☐ ↔ 惡 : 좋음과 싫음.

(122) ☐ ↔ 白 : 검은색과 흰색.

(123) 興 ↔ ☐ : 잘되어 일어남과 못되어 없어짐.

(124) 喜 ↔ ☐ : 기쁨과 노여움.

(125) 喜 ↔ ☐ : 기쁨과 슬픔.

정답

(121) 好惡(좋을 호/미워할 오)

(122) 黑白(검을 흑/흰 백)

(123) 興亡(흥할 흥/망할 망)

(124) 喜怒(기쁠 희/성낼 노)

(125) 喜悲(기쁠 희/슬플 비)

126~135 4급 배정한자/3급Ⅱ 고유한자로 이루어진 반의어 · 상대어

(126) ☐ ↔ 賤 : 부귀(富貴)와 빈천(貧賤).

(127) ☐ ↔ 衰 : 성하고 쇠퇴함.

(128) ☐ ↔ 尾 : 사물의 머리와 꼬리.

(129) ☐ ↔ 淺 : 깊음과 얕음.

(130) ☐ ↔ 憎 : 사랑과 미움.

(131) ☐ ↔ 辱 : 영예와 치욕.

(132) ☐ ↔ 免 : 임명과 해임.

(133) ☐ ↔ 幼 : 어른과 어린이.

(134) ☐ ↔ 晚 : 이름과 늦음.

(135) ☐ ↔ 卑 : 사회적 지위나 신분의 존귀함과 비천함.

정답

(126) 貴賤(귀할 귀/천할 천)

(127) 盛衰(성할 성/쇠할 쇠)

(128) 首尾(머리 수/꼬리 미)

(129) 深淺(깊을 심/얕을 천)

(130) 愛憎(사랑 애/미울 증)

(131) 榮辱(영화 영/욕될 욕)

(132) 任免(맡길 임/면할 면)

(133) 長幼(어른 장/어릴 유)

(134) 早晚(이를 조/늦을 만)

(135) 尊卑(높을 존/낮을 비)

136~144   4급 배정한자/3급II 고유한자로 이루어진 반의어 · 상대어

(136) ☐ ↔ 廢 : 존속과 폐지.

(137) ☐ ↔ 寡 : 수효의 많고 적음.

(138) ☐ ↔ 僞 : 참과 거짓. 또는 진짜와 가짜.

(139) ☐ ↔ 沒 : 어떤 현상이나 대상이 나타났다 사라졌다 함.

(140) ☐ ↔ 疏 : 친함과 친하지 아니함.

(141) ☐ ↔ 裏 : 물체의 겉과 속. 또는 안과 밖.

(142) ☐ ↔ 暑 : 추위와 더위.

(143) ☐ ↔ 愚 : 현명함과 어리석음.

(144) ☐ ↔ 薄 : 두꺼움과 얇음.

정답

(136) 存廢(있을 존/폐할 폐)

(137) 衆寡(무리 중/적을 과)

(138) 眞僞(참 진/거짓 위)

(139) 出沒(날 출/빠질 몰)

(140) 親疏(친할 친/멀 소)

(141) 表裏(겉 표/속 리)

(142) 寒暑(찰 한/더울 서)

(143) 賢愚(어질 현/어리석을 우)

(144) 厚薄(두터울 후/엷을 박)

145~155   3급II 고유한자/4급 배정한자로 이루어진 반의어 · 상대어

(145) 姑 ↔ ☐ : 시어머니와 며느리.

(146) 及 ↔ ☐ : 급제와 낙제.

(147) 旦 ↔ ☐ : 아침과 저녁.

(148) 逢 ↔ ☐ : 만남과 헤어짐.

(149) 需 ↔ ☐ : 수요와 공급.

(150) 昇 ↔ ☐ : 오르고 내림.

(151) 哀 ↔ ☐ : 슬픔과 기쁨.

(152) 緩 ↔ ☐ : 느림과 빠름.

(153) 坐 ↔ ☐ : 앉음과 섬.

(154) 贊 ↔ ☐ : 찬성과 반대.

(155) 禍 ↔ ☐ : 재화(災禍)와 복록(福祿).

정답

(145) 姑婦(시어머니 고/며느리 부)

(146) 及落(미칠 급/떨어질 락)

(147) 旦夕(아침 단/저녁 석)

(148) 逢別(만날 봉/헤어질 별)

(149) 需給(쓰일 수/줄 급)

(150) 昇降(오를 승/내릴 강)

(151) 哀歡(슬플 애/기쁠 환)

(152) 緩急(느릴 완/급할 급)

(153) 坐立(앉을 좌/설 립)

(154) 贊反(찬성할 찬/거스를 반)

(155) 禍福(재앙 화/복 복)

156~163   3급II 고유한자로 이루어진 반의어 · 상대어

(156) ☐ ↔ 濕 : 마름과 젖음.

(157) 禽 ↔ ☐ : 날짐승과 길짐승이라는 뜻으로, 모든 짐승을 이르는 말.

(158) 貸 ↔ ☐ : 꾸어 주거나 꾸어 옴.

(159) ☐ ↔ 沈 : 물 위에 떠올랐다 물속에 잠겼다 함.

(160) ☐ ↔ 揚 : 누르기도 하고 치기도 함. 또는 음(音)의 상대적인 높이를 변하게 함.

(161) 縱 ↔ ☐ : 세로와 가로.

(162) ☐ ↔ 我 : 그와 나. 또는 저편과 이편.

(163) 彼 ↔ ☐ : 저것과 이것.

정답

(156) 乾濕(마를 건/젖을 습)

(157) 禽獸(새 금/짐승 수)

(158) 貸借(빌릴 대/빌려줄 차)

(159) 浮沈(뜰 부/잠길 침)

(160) 抑揚(누를 억/오를 양)

(161) 縱橫(세로 종/가로 횡)

(162) 彼我(그 피/나 아)

(163) 彼此(저 피/이 차)

실전유형

✽ 다음 漢字語의 反義語(또는 相對語)를 漢字로 쓰시오.

(1) 暗黑　　光明
(2) 權利　　義務
(3) 積極　　消極

다음 □ 안에 알맞은 漢字를 쓰시오. (1~139)

1~5　　4급 배정한자 ↔ 4급 배정한자

(1) 加入 : 조직이나 단체 등에 들어가거나 참석함.
　　↔ □□ : 관계하고 있던 조직이나 단체 등에서 관계를 끊고 물러남.

(2) 減少 : 양이나 수치가 줆. 또는 양이나 수치를 줄임.
　　↔ □□ : 양이나 수치가 늚. 또는 양이나 수치를 늘림.

(3) 感情 : 어떤 현상이나 일에 대하여 일어나는 마음이나 느끼는 기분.
　　↔ □□ : 개념적으로 사유하는 능력을 감각 능력에 상대하여 이르는 말.

(4) 個別 : 여럿 중에서 하나씩 따로 나뉘어 있는 상태.
　　↔ □□ : 개개 또는 부분의 집합으로 구성된 것을 하나로 몰아 놓은 대상.

(5) 巨富 : 대단히 많은 재산. 큰 부자.
　　↔ □□ : 몹시 가난함.

정답
(1) 脫退(탈퇴)
(2) 增加(증가)
(3) 理性(이성)
(4) 全體(전체)
(5) 極貧(극빈)

6~10　　4급 배정한자 ↔ 4급 배정한자

(6) 輕減 : 부담이나 고통 등을 덜어서 가볍게 함.
　　↔ □□ : 책임이나 부담 등을 더 무겁게 함.

(7) 高潔 : 성품이 고상하고 순결함.
　　↔ □□ : 품위가 낮고 속됨.

(8) 故意 : 일부러 하는 생각이나 태도.
　　↔ □□ : 부주의나 태만에서 비롯된 잘못이나 허물.

(9) 固定 : 한번 정한 대로 변경하지 아니함.
　　↔ □□ : 이리저리 자주 옮겨 다님.

(10) 苦痛 : 몸이나 마음의 괴로움과 아픔.
　　↔ □□ : 걱정이나 탈이 없음. 또는 무사히 잘 있음.

정답
(6) 加重(가중)
(7) 低俗(저속)
(8) 過失(과실)
(9) 流動(유동)
(10) 平安(평안)

11~15 4급 배정한자 ↔ 4급 배정한자

(11) 空想 : 현실적이지 못하거나 실현될 가망이 없는 것을 막연히 그려 봄. 또는 그런 생각.

↔ ☐☐ : 현재 실제로 존재하는 사실이나 상태.

(12) 共用 : 함께 씀. 또는 그런 물건.

↔ ☐☐ : 남과 공동으로 쓰지 아니하고 혼자서만 씀.

(13) 空虛 : 텅 빔. 허전함.

↔ ☐☐ : 내용이 알차고 단단함.

(14) 過去 : 이미 지나간 때.

↔ ☐☐ : 앞으로 올 때.

(15) 光明 : 밝고 환함. 또는 밝은 미래나 희망을 상징하는 밝고 환한 빛.

↔ ☐☐ : 어둡고 캄캄함.

정답

(11) 現實(현실)

(12) 專用(전용)

(13) 充實(충실)

(14) 未來(미래)

(15) 暗黑(암흑)

16~20 4급 배정한자 ↔ 4급 배정한자

(16) 求心 : 중심으로 가까워져 옴.

↔ ☐☐ : 중심에서 멀어져 감.

(17) 口傳 : 말로 전함. 또는 말로 전하여 내려옴.

↔ ☐☐ : 주로 후일에 남길 목적으로 어떤 사실을 적음. 또는 그런 글.

(18) 國內 : 나라의 안.

↔ ☐☐ : 한 나라의 영토 밖.

(19) 君子 : 행실이 점잖고 어질며 덕과 학식이 높은 사람.

↔ ☐☐ : 도량이 좁고 간사한 사람.

(20) 權利 : 어떤 일을 행할 때 타인에 대하여 당연히 요구할 수 있는 힘이나 자격.

↔ ☐☐ : 사람으로서 마땅히 하여야 할 일. 맡은 직분.

정답

(16) 遠心(원심)

(17) 記錄(기록)

(18) 國外(국외)

(19) 小人(소인)

(20) 義務(의무)

21~25 4급 배정한자 ↔ 4급 배정한자

(21) 樂觀 : 인생이나 사물을 밝고 희망적인 것으로 봄.

↔ ☐☐ : 인생을 어둡게만 보아 슬퍼하거나 절망스럽게 여김.

(22) 來生 : 죽은 뒤의 생애.

↔ ☐☐ : 이 세상에 태어나기 이전의 생애.

(23) 內容 : 사물의 속내를 이루는 것.

↔ ☐☐ : 사물이 외부로 나타나 보이는 모양.

(24) 內包 : 개념이 적용되는 범위에 속하는 사물들이 공통으로 지니는 필연적 성질의 전체.

↔ ☐☐ : 일정한 개념이 적용되는 사물의 전 범위.

(25) 多元 : 근원이 많음. 또는 그 근원.

↔ ☐☐ : 단일한 근원이나 실체.

정답

(21) 悲觀(비관)

(22) 前生(전생)

(23) 形式(형식)

(24) 外延(외연)

(25) 一元(일원)

26~30 <small>4급 배정한자 ↔ 4급 배정한자</small>

정답

(26) 單純 : 복잡하지 않고 간단함.
    ↔ ☐☐ : 겹치고 뒤섞여 어수선함.

(27) 單一 : 단 하나로 되어 있음.
    ↔ ☐☐ : 두 가지 이상이 하나로 합쳐짐. 또는 그렇게 합침.

(28) 短縮 : 시간이나 거리 등이 짧게 줄어듦. 또는 그렇게 줄임.
    ↔ ☐☐ : 시간이나 거리 등을 본래보다 길게 늘임.

(29) 對話 : 마주 대하여 이야기를 주고받음. 또는 그 이야기.
    ↔ ☐☐ : 혼자서 중얼거림.

(30) 動機 : 어떤 일이나 행동을 일으키게 하는 계기.
    ↔ ☐☐ : 어떤 원인으로 결말이 생김. 또는 그런 결말의 상태.

(26) 複雜(복잡)
(27) 複合(복합)
(28) 延長(연장)
(29) 獨白(독백)
(30) 結果(결과)

31~35 <small>4급 배정한자 ↔ 4급 배정한자</small>

정답

(31) 登場 : 무대나 연단에 나옴.
    ↔ ☐☐ : 어떤 장소에서 물러남.

(32) 母音 : 홀소리. 목, 입, 코를 거쳐 나오면서 장애를 받지 않고 나는 소리.
    ↔ ☐☐ : 닿소리. 발음 기관에 의하여 장애를 받으면서 나는 소리.

(33) 文語 : 일상적인 대화에서 쓰는 말이 아닌, 문장에서만 쓰는 말.
    ↔ ☐☐ : 문장에서만 쓰는 특별한 말이 아닌, 일상적인 대화에서 쓰는 말.

(34) 文化 : 끝없이 진보하려는 인간의 정신적 활동. 또는 그에 따른 정신적 · 물질적인 성과.
    ↔ ☐☐ : 사람의 힘이 더해지지 않고 스스로 존재하거나 저절로 이루어지는 모든 것.

(35) 物質 : 의식으로부터 독립된 객관적 실재.
    ↔ ☐☐ : 육체나 물질에 대립되는 영혼이나 마음.

(31) 退場(퇴장)
(32) 子音(자음)
(33) 口語(구어)
(34) 自然(자연)
(35) 精神(정신)

36~40 <small>4급 배정한자 ↔ 4급 배정한자</small>

정답

(36) 未備 : 아직 다 갖추지 못한 상태에 있음.
    ↔ ☐☐ : 빠짐없이 완전히 갖춤.

(37) 密集 : 빈틈없이 빽빽하게 모임.
    ↔ ☐☐ : 여기저기 흩어져 있음.

(38) 發達 : 학문, 기술, 문명, 사회 등의 현상이 보다 높은 수준에 이름.
    ↔ ☐☐ : 정도나 수준이 이제까지의 상태보다 뒤떨어지거나 못하게 됨.

(39) 放心 : 마음을 다잡지 아니하고 풀어 놓아 버림.
    ↔ ☐☐ : 잘못이나 실수가 없도록 말이나 행동에 마음을 씀.

(40) 背恩 : 은혜를 저버림.
    ↔ ☐☐ : 은혜를 갚음.

(36) 完備(완비)
(37) 散在(산재)
(38) 退步(퇴보)
(39) 操心(조심)
(40) 報恩(보은)

41~45 　4급 배정한자 ↔ 4급 배정한자

(41) **別居** : 부부나 한집안 식구가 따로 떨어져 삶.

　↔ ☐☐ : 한집이나 한방에서 같이 삶.

(42) **保守** : 새로운 것이나 변화를 반대하고 전통적인 것을 옹호하며 유지하려 함.

　↔ ☐☐ : 역사 발전의 합법칙성에 따라 사회의 변화나 발전을 추구함.

(43) **保守** : 새로운 것이나 변화를 반대하고 전통적인 것을 옹호하며 유지하려 함.

　↔ ☐☐ : 묵은 풍속, 관습, 조직, 방법 등을 완전히 바꾸어서 새롭게 함.

(44) **本業** : 주가 되는 직업.

　↔ ☐☐ : 본업 외에 여가를 이용하여 갖는 직업.

(45) **分擔** : 나누어서 맡음.

　↔ ☐☐ : 어떤 일이나 비용의 전부를 도맡아 하거나 부담함.

정답

(41) 同居 (동거)

(42) 進步 (진보)

(43) 革新 (혁신)

(44) 副業 (부업)

(45) 全擔 (전담)

46~50 　4급 배정한자 ↔ 4급 배정한자

(46) **分離** : 서로 나뉘어 떨어짐. 또는 그렇게 되게 함.

　↔ ☐☐ : 둘 이상의 조직이나 기구 등을 하나로 합침.

(47) **不實** : 내용이 실속이 없고 충분하지 못함.

　↔ ☐☐ : 내용이 알차고 단단함.

(48) **祕密** : 숨기어 남에게 드러내거나 알리지 말아야 할 일.

　↔ ☐☐ : 어떤 사실이나 사물, 내용 등을 여러 사람에게 널리 터놓음.

(49) **非番** : 당번을 설 차례가 아님.

　↔ ☐☐ : 어떤 일을 책임지고 돌보는 차례가 됨. 또는 그 차례가 된 사람.

(50) **死後** : 죽고 난 이후.

　↔ ☐☐ : 살아 있는 동안.

정답

(46) 統合 (통합)

(47) 充實 (충실)

(48) 公開 (공개)

(49) 當番 (당번)

(50) 生前 (생전)

51~55 　4급 배정한자 ↔ 4급 배정한자

(51) **生家** : 어떤 사람이 태어난 집. 또는 양자의 생가.

　↔ ☐☐ : 양자로 들어간 집.

(52) **生食** : 익히지 아니하고 날로 먹음. 또는 그런 음식.

　↔ ☐☐ : 불에 익힌 음식을 먹음. 또는 그 음식.

(53) **生花** : 살아 있는 화초에서 꺾은 진짜 꽃.

　↔ ☐☐ : 종이, 천, 비닐 등을 재료로 하여 인공적으로 만든 꽃.

(54) **善意** : 착한 마음.

　↔ ☐☐ : 나쁜 마음.

(55) **成功** : 목적하는 바를 이룸.

　↔ ☐☐ : 일을 잘못하여 뜻한 대로 되지 아니하거나 그르침.

정답

(51) 養家 (양가)

(52) 火食 (화식)

(53) 造花 (조화)

(54) 惡意 (악의)

(55) 失敗 (실패)

56~60 4급 배정한자 ↔ 4급 배정한자

(56) 消極 : 스스로 앞으로 나아가거나 상황을 개선하려는 기백이 부족하고 비활동적임.
↔ ☐☐ : 대상에 대하여 긍정적이고 능동적으로 활동함.

(57) 所得 : 일한 결과로 얻은 정신적 · 물질적 이익.
↔ ☐☐ : 잃어버리거나 축가서 손해를 봄. 또는 그 손해.

(58) 消費 : 돈이나 물자, 시간, 노력 등을 들이거나 써서 없앰.
↔ ☐☐ : 인간이 생활하는 데 필요한 각종 물건을 만들어 냄.

(59) 勝利 : 겨루어서 이김.
↔ ☐☐ : 겨루어서 짐.

(60) 安全 : 위험이 생기거나 사고가 날 염려가 없음. 또는 그런 상태.
↔ ☐☐ : 해로움이나 손실이 생길 우려가 있음. 또는 그런 상태.

정답

(56) 積極(적극)

(57) 損失(손실)

(58) 生産(생산)

(59) 敗北(패배)

(60) 危險(위험)

61~65 4급 배정한자 ↔ 4급 배정한자

(61) 連作 : 같은 땅에 같은 작물을 해마다 심어 가꾸는 일. 이어짓기.
↔ ☐☐ : 같은 땅에 여러 가지 농작물을 해마다 바꾸어 심는 일. 돌려짓기.

(62) 原始 : 처음 시작된 그대로 있어 발달하지 아니한 상태.
↔ ☐☐ : 인류가 이룩한 물질적, 기술적, 사회 구조적인 발전.

(63) 原因 : 어떤 사물이나 상태를 변화시키거나 일으키게 하는 근본이 된 일이나 사건.
↔ ☐☐ : 어떤 원인으로 결말이 생김. 또는 그런 결말의 상태.

(64) 恩惠 : 고맙게 베풀어 주는 신세나 혜택.
↔ ☐☐ : 억울하고 원통한 일을 당하여 응어리진 마음.

(65) 義務 : 사람으로서 마땅히 하여야 할 일. 곧 맡은 직분.
↔ ☐☐ : 어떤 일을 행할 때 타인에 대하여 당연히 요구할 수 있는 힘이나 자격.

정답

(61) 輪作(윤작)

(62) 文明(문명)

(63) 結果(결과)

(64) 怨恨(원한)

(65) 權利(권리)

66~70 4급 배정한자 ↔ 4급 배정한자

(66) 依支 : 다른 것에 마음을 기대어 도움을 받음. 또는 그렇게 하는 대상.
↔ ☐☐ : 남에게 예속되거나 의지하지 아니하고 스스로 섬.

(67) 異端 : 전통이나 권위에 반항하는 주장이나 이론.
↔ ☐☐ : 바른 계통.

(68) 人爲 : 자연의 힘이 아닌 사람의 힘으로 이루어지는 일.
↔ ☐☐ : 사람의 힘이 더해지지 않고 스스로 존재하거나 저절로 이루어지는 모든 것.

(69) 立體 : 삼차원의 공간에서 여러 개의 평면이나 곡면으로 둘러싸인 부분.
↔ ☐☐ : 평평한 표면.

(70) 長篇 : 내용이 길고 복잡한 소설이나 시.
↔ ☐☐ : 짤막하게 지은 글.

정답

(66) 自立(자립)

(67) 正統(정통)

(68) 自然(자연)

(69) 平面(평면)

(70) 短篇(단편)

71~75 4급 배정한자 ↔ 4급 배정한자

(71) 自動 : 기계나 설비 등이 자체 내 장치에 의하여 스스로 작동함. 또는 그런 기계.

↔ ☐☐ : 다른 동력을 이용하지 않고 손의 힘만으로 움직임.

(72) 子正 : 자시(子時)의 한가운데. 밤 열두 시.

↔ ☐☐ : 낮 열두 시.

(73) 敵對 : 적으로 대함. 또는 적과 같이 대함.

↔ ☐☐ : 개인끼리나 나라끼리 서로 사이가 좋음.

(74) 絶對 : 비교하거나 상대되어 맞설 만한 것이 없음.

↔ ☐☐ : 다른 것과 관계가 있어서 그것과 떨어져 존재할 수 없는 것.

(75) 正當 : 바르고 마땅함.

↔ ☐☐ : 이치에 맞지 아니함.

정답

(71) 手動 (수동)

(72) 正午 (정오)

(73) 友好 (우호)

(74) 相對 (상대)

(75) 不當 (부당)

76~80 4급 배정한자 ↔ 4급 배정한자

(76) 正常 : 특별한 변동이나 탈이 없이 제대로인 상태.

↔ ☐☐ : 정상적인 상태와 다름.

(77) 增進 : 기운이나 세력 등이 점점 더 늘어 가고 나아감.

↔ ☐☐ : 기운이나 세력 등이 줄어 쇠퇴함.

(78) 直線 : 꺾이거나 굽은 데가 없는 곧은 선.

↔ ☐☐ : 모나지 아니하고 부드럽게 굽은 선.

(79) 直接 : 중간에 아무것도 개재시키지 아니하고 바로 연결되는 관계.

↔ ☐☐ : 중간에 매개(媒介)가 되는 사람이나 사물 등을 통하여 맺어지는 관계.

(80) 質疑 : 의심나거나 모르는 점을 물음.

↔ ☐☐ : 부름이나 물음에 응하여 답함.

정답

(76) 異常 (이상)

(77) 減退 (감퇴)

(78) 曲線 (곡선)

(79) 間接 (간접)

(80) 應答 (응답)

81~85 4급 배정한자 ↔ 4급 배정한자

(81) 差別 : 둘 이상의 대상을 각각 등급이나 수준 등의 차이를 두어서 구별함.

↔ ☐☐ : 권리, 의무, 자격 등이 차별 없이 고르고 한결같음.

(82) 快樂 : 유쾌하고 즐거움. 또는 그런 느낌.

↔ ☐☐ : 몸이나 마음의 괴로움과 아픔.

(83) 脫黨 : 당원이 자기가 속하여 있던 당을 떠남.

↔ ☐☐ : 어떤 당에 가입함.

(84) 退院 : 일정 기간 병원에 머물던 환자가 병원에서 나옴.

↔ ☐☐ : 환자가 병을 고치기 위하여 일정한 기간 동안 병원에 들어가 머무는 것.

(85) 破婚 : 약혼을 깨뜨림.

↔ ☐☐ : 혼인하기로 약속함.

정답

(81) 平等 (평등)

(82) 苦痛 (고통)

(83) 入黨 (입당)

(84) 入院 (입원)

(85) 約婚 (약혼)

86~89 　4급 배정한자 ↔ 4급 배정한자

(86) 合法 　: 법령이나 규범에 맞음.

　↔ ☐☐ 　: 법에 어긋남.

(87) 幸福 　: 복된 좋은 운수.

　↔ ☐☐ 　: 행복하지 아니한 일. 또는 그런 운수.

(88) 好轉 　: 일의 형세가 좋은 쪽으로 바뀜.

　↔ ☐☐ 　: 어떤 상태, 성질, 관계 등이 나쁘게 변하여 감.

(89) 好況 　: 모든 기업체의 활동이 정상 이상으로 활발한 상태.

　↔ ☐☐ 　: 경제 활동이 일반적으로 침체되는 상태.

정답

(86) 不法 (불법)

(87) 不幸 (불행)

(88) 惡化 (악화)

(89) 不況 (불황)

90~94 　4급 배정한자 ↔ 3급Ⅱ 배정한자

(90) ☐☐ 　: 문이나 어떠한 공간 등을 열어 자유롭게 드나들고 이용하게 함.

　↔ 閉鎖 　: 문을 닫아걸거나 막아 버림.

(91) ☐☐ 　: 엄청나게 큼.

　↔ 微小 　: 아주 작음.

(92) ☐☐ 　: 상대편의 요구, 제안, 선물, 부탁 등을 받아들이지 않고 물리침.

　↔ 承諾 　: 청하는 바를 들어줌.

(93) ☐☐ 　: 건물, 설비, 시설 등을 새로 만들어 세움.

　↔ 破壞 　: 때려 부수거나 깨뜨려 헐어 버림.

(94) ☐☐ 　: 돈이나 물건, 자원 등을 낭비하지 않고 아껴 씀.

　↔ 浪費 　: 시간이나 재물 등을 헛되이 헤프게 씀.

정답

(90) 開放 (개방)

(91) 巨大 (거대)

(92) 拒絕 (거절)

(93) 建設 (건설)

(94) 儉約 (검약)

95~99 　4급 배정한자 ↔ 3급Ⅱ 배정한자

(95) ☐☐ 　: 힘이 모자라서 복종함.

　↔ 抵抗 　: 어떤 힘이나 조건에 굽히지 아니하고 거역하거나 버팀.

(96) ☐☐ 　: 남에게 억눌리어 업신여김을 받음.

　↔ 雪辱 　: 부끄러움을 씻음.

(97) ☐☐ 　: 급히 감.

　↔ 緩行 　: 느리게 감.

(98) ☐☐ 　: 글을 소리 내어 읽음.

　↔ 默讀 　: 소리를 내지 않고 속으로 글을 읽음.

(99) ☐☐ 　: 스스로 내켜서 움직이거나 작용함.

　↔ 被動 　: 남의 힘에 의하여 움직이는 일.

정답

(95) 屈服 (굴복)

(96) 屈辱 (굴욕)

(97) 急行 (급행)

(98) 朗讀 (낭독)

(99) 能動 (능동)

100~104 4급 배정한자 ↔ 3급Ⅱ 배정한자

(100) ☐☐ : 서로서로 시기하고 미워함.

  ↔ 和睦 : 서로 뜻이 맞고 정다움.

(101) ☐☐ : 하얗게 센 머리털.

  ↔ 紅顏 : 붉은 얼굴이라는 뜻으로, 젊어서 혈색이 좋은 얼굴을 이르는 말.

(102) ☐☐ : 재산이 많고 지위가 높음.

  ↔ 貧賤 : 가난하고 천함.

(103) ☐☐ : 뛰어남.

  ↔ 平凡 : 예사로움. 보통임.

(104) ☐☐ : 율격과 같은 외형적 규범에 얽매이지 않고 자유로운 문장으로 쓴 글.

  ↔ 韻文 : 언어의 배열에 일정한 규율 또는 운율이 있는 글.

정답

(100) 反目 (반목)

(101) 白髮 (백발)

(102) 富貴 (부귀)

(103) 非凡 (비범)

(104) 散文 (산문)

105~109 4급 배정한자 ↔ 3급Ⅱ 배정한자

(105) ☐☐ : 전보다 더 좋은 자리나 직위로 옮김.

  ↔ 左遷 : 낮은 관직이나 지위로 떨어지거나 외직으로 전근됨.

(106) ☐☐ : 법원에 민사 소송을 제기한 사람.

  ↔ 被告 : 민사 소송에서, 소송을 당한 측의 당사자.

(107) ☐☐ : 품위가 낮고 속됨.

  ↔ 高尙 : 품위가 있음.

(108) ☐☐ : 거짓이 없이 참되고 바름.

  ↔ 虛僞 : 진실이 아닌 것을 진실인 것처럼 꾸밈.

(109) ☐☐ : 섬유 제품 등에 들어 있는 색깔을 뺌.

  ↔ 染色 : 염료를 사용하여 실이나 천 등에 물을 들임. 또는 그런 일.

정답

(105) 榮轉 (영전)

(106) 原告 (원고)

(107) 低俗 (저속)

(108) 眞實 (진실)

(109) 脫色 (탈색)

110~114 4급 배정한자 ↔ 3급Ⅱ 배정한자

(110) ☐☐ : 야구에서, 상대편의 타자가 칠 공을 포수를 향하여 던지는 선수.

  ↔ 捕手 : 야구에서, 본루를 지키며 투수가 던지는 공을 받는 선수.

(111) ☐☐ : 많음. 수두룩함.

  ↔ 稀貴 : 귀함. 드묾.

(112) ☐☐ : 사실의 경우나 형편.

  ↔ 架空 : 이유나 근거가 없음. 또는 사실이 아니고 거짓이나 상상으로 꾸며 냄.

(113) ☐☐ : 실제로 존재함.

  ↔ 假像 : 실물처럼 보이는 거짓 형상.

(114) ☐☐ : 확실함.

  ↔ 漠然 : 아득함. 어렴풋함.

정답

(110) 投手 (투수)

(111) 許多 (허다)

(112) 實際 (실제)

(113) 實在 (실재)

(114) 確然 (확연)

115~119 4급 배정한자 ↔ 3급Ⅱ 배정한자

정답

(115) ☐☐ : 세력이 왕성해짐.
↔ 滅亡 : 망하여 없어짐.

(116) ☐☐ : 가난하여 살기가 어려움.
↔ 富裕 : 재물이 넉넉함.

(117) ☐☐ : 싸움하던 것을 멈추고 서로 가지고 있던 안 좋은 감정을 풀어 없앰.
↔ 紛爭 : 말썽을 일으키어 시끄럽고 복잡하게 다툼.

(118) ☐☐ : 매우 기뻐함. 또는 큰 기쁨.
↔ 悲哀 : 슬퍼하고 서러워함. 또는 그런 것.

(119) ☐☐ : 상대를 공경하는 뜻의 말.
↔ 卑語 : 대상을 낮추거나 낮잡는 뜻으로 이르는 말.

(115) 興起(흥기)

(116) 貧困(빈곤)

(117) 和解(화해)

(118) 歡喜(환희)

(119) 敬語(경어)

120~124 4급 배정한자 ↔ 3급Ⅱ 배정한자

정답

(120) ☐☐ : 높은 곳에서 아래로 향하여 내려옴.
↔ 上昇 : 낮은 데서 위로 올라감.

(121) ☐☐ : 친하여 사이가 매우 가까움.
↔ 疏遠 : 지내는 사이가 두텁지 아니하고 거리가 있어서 서먹서먹함.

(122) ☐☐ : 구체적인 물체로서 사람의 몸.
↔ 靈魂 : 죽은 사람의 넋.

(123) ☐☐ : 사물의 관련이나 일의 결과가 반드시 그렇게 됨.
↔ 偶然 : 아무런 인과 관계가 없이 뜻하지 아니하게 일어난 일.

(124) ☐☐ : 서둘러 급히 나아감.
↔ 漸進 : 조금씩 앞으로 나아감.

(120) 下降(하강)

(121) 親近(친근)

(122) 肉體(육체)

(123) 必然(필연)

(124) 急進(급진)

125~129 3급Ⅱ 배정한자 ↔ 3급Ⅱ 배정한자

정답

(125) ☐☐ : 기상이나 기개가 꿋꿋하고 굳셈.
↔ 柔弱 : 약하고 부드러움.

(126) ☐☐ : 말이나 행동이 조심성 없이 가벼움.
↔ 愼重 : 매우 조심스러움.

(127) ☐☐ : 고상하고 우아함.
↔ 卑俗 : 격이 낮고 속됨. 또는 그런 풍속.

(128) ☐☐ : 요구나 필요에 따라 물품 등을 제공함.
↔ 需要 : 어떤 재화나 용역을 일정한 가격으로 사려고 하는 욕구.

(129) ☐☐ : 행동이나 의사의 자유를 제한하거나 속박함.
↔ 釋放 : 법에 의하여 구속하였던 사람을 풀어 자유롭게 하는 일.

(125) 剛健(강건)

(126) 輕率(경솔)

(127) 高雅(고아)

(128) 供給(공급)

(129) 拘束(구속)

130~134 3급II 배정한자 ↔ 3급II 배정한자

(130) ☐☐ : 엉뚱하나 재치 있고 빼어남.

↔ 平凡 : 예사로움. 보통임.

(131) ☐☐ : 관계가 서로 밀접함.

↔ 疏遠 : 지내는 사이가 두텁지 아니하고 거리가 있어서 서먹서먹함.

(132) ☐☐ : 익숙하여 솜씨가 있음.

↔ 未熟 : 서투름.

(133) ☐☐ : 세상에서 훌륭하다고 인정되는 이름이나 자랑. 또는 그런 존엄이나 품위.

↔ 恥辱 : 수치와 모욕.

(134) ☐☐ : 번성하고 영화롭게 됨.

↔ 衰退 : 기세나 상태가 쇠하여 전보다 못하여 감.

정답

(130) 奇拔(기발)

(131) 緊密(긴밀)

(132) 老鍊(노련)

(133) 名譽(명예)

(134) 繁榮(번영)

135~139 3급II 배정한자 ↔ 3급II 배정한자

(135) ☐☐ : 평범한 사람.

↔ 超人 : 보통 사람으로는 생각할 수 없을 만큼 뛰어난 능력을 가진 사람.

(136) ☐☐ : 본관 외에 따로 지은 건물.

↔ 本館 : 주가 되는 기관이나 건물.

(137) ☐☐ : 어떤 것이 아주 없어지거나 사라짐.

↔ 獲得 : 얻어 내거나 얻어 가짐.

(138) ☐☐ : 활용어가 활용할 때에 변하지 않는 부분.

↔ 語尾 : 용언 및 서술격 조사가 활용하여 변하는 부분.

(139) ☐☐ : 어떤 자극을 받아 감정이 북받쳐 일어남. 또는 그 감정.

↔ 鎭靜 : 격앙된 감정이나 아픔 등을 가라앉힘.

정답

(135) 凡人(범인)

(136) 別館(별관)

(137) 喪失(상실)

(138) 語幹(어간)

(139) 興奮(흥분)

동음이의어

실전유형

❋ 다음 漢字語와 音은 같으나 뜻이 다른 單語를 漢字로 쓰시오.

(1) 流刑　　有形, 遺形
(2) 警備　　經費, 輕肥
(3) 結社　　決死

다음 □ 안에 알맞은 漢字를 쓰시오. (1~85)

1~10

(1) 佳客　: 반갑고 귀한 손님.
　　□□　: 창을 잘하는 사람.

(2) □□　: 고마움.
　　監査　: 감독하고 검사함.

(3) □□　: 좋은 방향으로 고침.
　　改選　: 새로 선출함.

(4) □□　: 아주 큰 부자.
　　拒否　: 승낙하지 않음.

(5) □□　: 일을 하는 데 드는 비용.
　　警備　: 만일에 대비하여 경계하고 지킴.

(6) □□　: 옛 시대.
　　高大　: 높고 큼.

(7) 國君　: 나라의 임금.
　　□□　: 나라의 군대.

(8) 奇人　: 기이한 사람.
　　□□　: 일을 일으키는 원인.

(9) □□　: 나이 많은 병사.
　　老病　: 늙고 쇠약해지면서 생기는 병.

(10) 冬至　: 밤이 가장 긴 절기.
　　□□　: 뜻이 서로 같음. 또는 그런 사람.

정답
(1) 歌客(가객)
(2) 感謝(감사)
(3) 改善(개선)
(4) 巨富(거부)
(5) 經費(경비)
(6) 古代(고대)
(7) 國軍(국군)
(8) 起因(기인)
(9) 老兵(노병)
(10) 同志(동지)

11~18

(11) □□　: 방으로 출입하는 문.
　　訪問　: 남을 찾아봄.

(12) 否認　: 시인하지 않음.
　　□□　: 남의 아내를 높여 이르는 말.
　　□□　: 결혼한 여자.

(13) 凡人　: 평범한 사람.
　　□□　: 죄를 저지른 사람.

(14) 夫子　: 덕행이 높은 사람.
　　□□　: 재물이 많아 살림이 넉넉한 사람.
　　□□　: 아버지와 아들.

(15) □□　: 보전하여 지킴.
　　補修　: 부서진 곳을 손질하여 고침.

(16) □□　: 뜻밖에 일어난 불행한 일.
　　□□　: 생각하고 궁리함.
　　史庫　: 국가의 중요 서적을 보관하던 서고.

(17) □□　: 도리에 어긋난 행위.
　　飛行　: 하늘을 날아다님.

(18) 師恩　: 스승의 은혜.
　　私恩　: 사사로이 입은 은혜.
　　□□　: 입은 은혜에 감사히 여겨 사례함.

정답
(11) 房門(방문)
(12) 夫人, 婦人(부인)
(13) 犯人(범인)
(14) 富者, 父子(부자)
(15) 保守(보수)
(16) 事故, 思考(사고)
(17) 非行(비행)
(18) 謝恩(사은)

19~26

(19) ☐☐
喪家
: 상점이 죽 늘어서 있는 거리.
: 초상집.

(20) ☐☐
商品
: 높은 품격. 질 좋은 물품.
: 사고파는 물품.
☐☐
: 상으로 주는 물품.

(21) 成家
: 결혼하여 한 가정을 이룸.
: 성스러운 노래.

(22) 成典
: 정해진 법칙이나 의식.
: 성인의 언행을 기록한 책.
聖戰
: 거룩한 사명을 띤 전쟁.

(23) ☐☐
市道
: 시험 삼아 꾀하여 봄.
: 행정 단위.

(24) ☐☐
視聽
試聽
: 시의 행정을 보는 청사.
: 눈으로 보고 귀로 들음.
: 시험 삼아 들어봄.

(25) 映畫
☐☐
: 사물을 영사막에 비추어 보이는 것.
: 권력과 부귀를 누리는 것.

(26) 水道
☐☐
: 상수도(上水道)의 준말.
: 나라의 중앙 정부가 있는 도시.
: 도를 닦음.

정답

(19) 商街(상가)
(20) 上品, 賞品(상품)
(21) 聖歌(성가)
(22) 聖典(성전)
(23) 試圖(시도)
(24) 市廳(시청)
(25) 榮華(영화)
(26) 首都, 修道(수도)

27~34

(27) 朝廷
☐☐
: 임금이 나라의 정치를 집행하던 곳.
: 알맞게 조절함.

(28) 異姓
異性
☐☐
: 다른 성.
: 성질이 다름. 남성과 여성.
: 이치를 논리적으로 판단하는 것.

(29) ☐☐
招待
: 어떤 계통의 첫 번째 사람.
: 모임에 참가해 줄 것을 청함.

(30) 印象
☐☐
☐☐
: 마음에 새겨지는 느낌.
: 끌어 올림.
: 사람의 생김새와 골격.

(31) ☐☐
肖像
: 사람이 죽어 장사 지내기까지의 일.
: 어떤 사람의 얼굴이나 모습.

(32) 全市
☐☐
☐☐
: 온 시중. 시의 전체.
: 전쟁을 하고 있는 때.
: 여러 가지 물품을 한곳에 벌여 놓고 보임.

(33) ☐☐
縮寫
: 축하를 뜻하는 말이나 글.
: 원형보다 작게 줄여 베낌.

(34) 火具
火口
: 불을 켜는 도구.
: 불을 뿜는 입구.
: 그림 그리는 여러 도구.

정답

(27) 調整(조정)
(28) 理性(이성)
(29) 初代(초대)
(30) 引上, 人相(인상)
(31) 初喪(초상)
(32) 戰時, 展示(전시)
(33) 祝辭(축사)
(34) 畫具(화구)

35~42

(35) 他力
☐☐
: 남의 힘.
: 타자가 공을 때리는 힘이나 능력.

(36) ☐☐
家系
家鷄
: 한 집안의 살림살이나 형편.
: 대대로 이어 온 한 집안의 계통.
: 집에서 기르는 닭.

(37) 探求
☐☐
: 필요한 것을 조사해 찾아 구함.
: 진리를 더듬어 깊이 연구함.

(38) 短信
☐☐
☐☐
: 짤막하게 쓴 편지.
: 작은 키의 몸.
: 혼자의 몸.

(39) ☐☐
太高
: 아주 오랜 옛날.
: 매우 높음.

(40) 斷情
端整
: 정을 끊음.
: 깔끔하고 가지런함.
: 몸가짐이 얌전하고 깔끔함.

(41) 布貨
☐☐
: 화폐로 사용하던 베.
: 총포를 쏠 때 일어나는 불.

(42) 待遇
☐☐
大憂
: 예로써 남을 대함.
: 큰비.
: 큰 근심.

정답

(35) 打力(타력)
(36) 家計(가계)
(37) 探究(탐구)
(38) 短身, 單身(단신)
(39) 太古(태고)
(40) 端正(단정)
(41) 砲火(포화)
(42) 大雨(대우)

43~47

(43) □□ : 씩씩한 기개.

□□ : 역사적 사실을 기록한 책.

沙器 : 사기그릇. (동)砂器(사기)

事記 : 사건의 내용을 적은 기록.

(44) □□ : 회사의 대표자.

死藏 : 쓰거나 활용하지 않고 썩혀 둠.

沙場 : 모래밭. (동)砂場(사장)

私藏 : 개인이 간직함.

(45) □□ : 먼저 수를 쓰는 일.

□□ : 운동 경기 등에서 대표로 뽑힌 사람.

善手 : 솜씨가 남보다 뛰어난 사람.

船首 : 뱃머리.

(46) 信否 : 믿는 일과 못 믿는 일.

□□ : 사제 서품을 받은 성직자.

□□ : 갓 결혼한 여자. 새색시.

神符 : 부적.

(47) 樣式 : 자연히 그렇게 정해진 형식.

洋式 : 서양식(西洋式)의 준말.

糧食 : 생활에 필요한 먹을거리.

□□ : 뛰어난 식견이나 건전한 판단.

48~52

(48) □□ : 젖이 나오는 분비샘.

儒道 : 유가(儒家)의 도.

柔道 : 상대의 힘을 이용하는 스포츠.

誘導 : 꾀어서 이끎.

(49) □□ : 무엇을 하고자 하는 생각.

義士 : 의리와 지조를 굳게 지킨 사람.

議事 : 회사에서 일을 논의함.

□□ : 병을 고치는 사람.

(50) 將器 : 장수가 될 만한 기량.

臟器 : 내장의 여러 기관.

□□ : 오랜 기간.

□□ : 가장 능한 재주. 특기.

(51) □□ : 개인 일생의 행적을 적은 기록.

□□ : 앞 기간.

□□ : 전자 이동에 의한 에너지의 한 형태.

轉機 : 다른 상태로 변하는 계기.

(52) □□ : 국가의 정책을 집행하는 행정부.

正否 : 바름과 바르지 아니함.

□□ : 몰래 정을 통한 남자.

征夫 : 싸움터로 나가는 군사.

53~57

(53) □□ : 일찍 죽음. 요절.

助詞 : 체언, 부사, 어미 뒤에 붙는 단어.

朝使 : 조정의 사신.

照査 : 대조하여 조사함.

(54) □□ : 주인의 집.

住家 : 사람이 사는 집. 주택(住宅).

酒價 : 술값.

酒家 : 술집.

(55) 主幹 : 일을 주장하여 맡아 처리함.

□□ : 낮 동안.

週刊 : 한 주일마다 한 번씩 펴냄.

□□ : 한 주일 동안.

(56) 持久 : 오래 버티어 견딤.

□□ : 어떤 일정한 구역.

□□ : 인류가 살고 있는 천체.

知舊 : 오랜 친구.

(57) 千載 : 오랜 세월. 천년.

□□ : 태어날 때부터 갖춘 뛰어난 재주.

□□ : 자연의 변화로 일어난 재난.

淺才 : 얕은 재주나 꾀.

58~62

(58) □□ : 가을걷이.
秋水 : 가을철의 맑은 물.
追水 : 모내기 후 논에 대는 물.
追隨 : 뒤쫓아 따름.

(59) □□ : 평온하게 진정시킴.
平正 : 공평하고 올바름.
平靜 : 평안하고 고요함.
評定 : 평의하여 결정함.

(60) 懷疑 : 의심을 품음.
□□ : 뜻을 깨달음.

□□ : 여럿이 모여 의논함.
回議 : 돌려가며 의견을 묻거나 동의를 구함.

(61) 同期 : 같은 시기.
冬期 : 겨울철.
□□ : 형제자매를 통틀어 이르는 말.
銅器 : 구리로 만든 그릇.

(62) □□ : 같은 학교에서 공부한 사람.
□□ : 동쪽에 있는 문.
洞門 : 동굴의 입구.
同文 : 글이나 글자가 같음.

정답
(58) 秋收(추수)
(59) 平定(평정)
(60) 會意, 會議(회의)
(61) 同氣(동기)
(62) 同門, 東門(동문)

63~67

(63) 下壽 : 나이 60세를 이름.
□□ : 낮은 재주나 솜씨.
河水 : 강물이나 냇물.
賀壽 : 장수를 축하함.

(64) 名文 : 매우 잘 지은 글.
名聞 : 세상에 나 있는 좋은 소문.
□□ : 문벌이 좋은 집안.
□□ : 글로 명백히 기록된 문구.

(65) □□ : 흉내 내어 그대로 나타냄.
謀事 : 일을 꾀함.

謀士 : 일을 꾀하는 사람.
毛絲 : 털실.

(66) □□ : 전쟁에 사용되는 기구.
武技 : 무도에 관한 재주. 무예.
□□ : 기한이 없음.
無機 : 생명을 지니고 있지 않음.

(67) □□ : 새 소식을 널리 알림.
□□ : 사람이 다니는 길.
寶刀 : 보배로운 칼.
保導 : 보살피며 지도함.

정답
(63) 下手(하수)
(64) 名門, 明文(명문)
(65) 模寫(모사)
(66) 武器, 無期(무기)
(67) 報道, 步道(보도)

68~71

(68) □□ : 일의 형편이나 까닭.
司正 : 그릇된 일을 다스려 바로잡음.
□□ : 조사하여 그릇된 것을 바로잡음.
私情 : 개인의 사사로운 정.
邪正 : 그릇됨과 올바름.

(69) □□ : 물 위.
受傷 : 상처를 입음.
□□ : 손금.
□□ : 내각의 우두머리.
殊常 : 보통과 달리 이상함.

(70) 逆轉 : 형세가 뒤집혀짐.
□□ : 역습하여 싸움.
驛前 : 정거장 앞.
□□ : 대대로 전해져 옴.
力戰 : 힘을 다하여 싸움.

(71) 電工 : 전기 공업의 줄임말. 전기공.
全功 : 모든 공로나 공적.
專攻 : 한 분야를 전문적으로 연구함.
前功 : 이전에 세운 공로나 공적.
□□ : 전투에서 세운 공로.

정답
(68) 事情, 査正(사정)
(69) 水上, 手相, 首相(수상)
(70) 逆戰, 歷傳(역전)
(71) 戰功(전공)

72~75

(72) ☐☐ : 교전 중, 보병이 형성한 선.

☐☐ : 전기가 통하도록 만든 금속선.

戰船 : 해전에 쓰이는 배.

全線 : 철도의 모든 선로.

☐☐ : 직접 뛰어든 일정한 활동 분야.

(73) ☐☐ : 가운뎃손가락.

☐☐ : 여러 사람의 생각이나 의지.

衆智 : 여러 사람의 지혜.

☐☐ : 일을 중도에서 그만둠.

重地 : 아주 중요한 땅.

(74) 統管 : 여러 부문을 통일하여 관할함.

☐☐ : 전체에 걸쳐서 한 번 쭉 내다봄.

洞觀 : 꿰뚫어 환히 살핌.

通貫 : 꿰뚫음.

☐☐ : 세관을 통과하는 일.

(75) ☐☐ : 나타나 보이는 현재의 상태.

懸賞 : 상금이나 상품을 내거는 일.

賢相 : 현명한 재상.

現象 : 시간과 공간 속에 나타나는 대상.

現像 : 영상이 드러나게 하는 일.

76~81

(76) 必死 : 반드시 죽음. 죽음을 각오함.

☐☐ : 베껴 씀.

(77) 混成 : 서로 섞여서 이루어짐.

☐☐ : 뒤섞인 소리.

(78) ☐☐ : 따스하고 화창한 기온.

火器 : 화약 병기나 불을 담는 도구.

☐☐ : 불기운.

花期 : 꽃피는 시기.

花器 : 꽃꽂이 그릇.

禍機 : 재앙이 숨어 있는 낌새.

(79) 火兵 : 지난날 군에서 밥 짓던 군사.

☐☐ : 울화병.

(80) 鄕愁 : 고향을 그리워하는 마음.

☐☐ : 액체 화장품의 하나.

(81) ☐☐ : 남녀간 사랑에 관한 일.

情思 : 남녀가 서로 사랑하는 마음.

靜思 : 조용히 생각함.

正邪 : 바른 일과 사악한 일.

☐☐ : 정치에 관한 일.

☐☐ : 정확한 사실을 편찬한 역사.

82~85

(82) 小腸 : 음식을 소화하는 장의 한 부분.

少壯 : 젊고 기운이 왕성함.

少長 : 젊은이와 늙은이.

☐☐ : 중장 아래 군인 계급.

☐☐ : 소(所)자가 붙은 기관의 책임자.

所藏 : 자기 것으로 지녀 간직함.

訴狀 : 소송 제기를 위한 문서.

(83) ☐☐ : 서로 잘 어울림.

造花 : 종이나 헝겊으로 만든 꽃.

☐☐ : 대자연의 이치.

(84) ☐☐ : 꼭 좋은 시기.

好奇 : 신기한 것에 흥미를 가짐.

好機 : 좋은 기회.

號旗 : 신호로 쓰이는 기.

豪氣 : 씩씩한 기상.

浩氣 : 호연한 기상.

☐☐ : 기운을 내뿜음.

(85) ☐☐ : 본문 뒤에 덧붙여 기록함.

後氣 : 참고 버티어 가는 힘.

☐☐ : 뒤의 기간.

틀리기 쉬운 부수

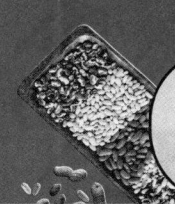

실전유형

❖ 다음 漢字의 部首를 쓰시오.
(1) 鬼   鬼
(2) 郞   邑
(3) 喪   口

다음 □ 안에 漢字의 部首를 쓰시오. (1~160)

1~20

(1) 條 - □	(가지 조)		(11) 井 - □	(우물 정)	
(2) 吏 - □	(관리 리)		(12) 愛 - □	(사랑 애)	
(3) 務 - □	(힘쓸 무)		(13) 字 - □	(글자 자)	
(4) 栽 - □	(심을 재)		(14) 五 - □	(다섯 오)	
(5) 席 - □	(자리 석)		(15) 取 - □	(가질 취)	
(6) 氷 - □	(얼음 빙)		(16) 男 - □	(사내 남)	
(7) 冊 - □	(책 책)		(17) 泉 - □	(샘 천)	
(8) 會 - □	(모일 회)		(18) 千 - □	(일천 천)	
(9) 更 - □	(고칠 경)		(19) 兩 - □	(두 량)	
(10) 武 - □	(굳셀 무)		(20) 之 - □	(갈 지)	

정답

(1) 木(나무 목)   (11) 二(두 이)
(2) 口(입 구)   (12) 心(마음 심)
(3) 力(힘 력)   (13) 子(아들 자)
(4) 木(나무 목)   (14) 二(두 이)
(5) 巾(수건 건)   (15) 又(또 우)
(6) 水(물 수)   (16) 田(밭 전)
(7) 冂(멀 경)   (17) 水(물 수)
(8) 日(가로 왈)   (18) 十(열 십)
(9) 日(가로 왈)   (19) 入(들 입)
(10) 止(그칠 지)   (20) 丿(삐침 별)

21~40

(21) 命 - □	(목숨 명)		(31) 九 - □	(아홉 구)	
(22) 丙 - □	(남녘 병)		(32) 以 - □	(써 이)	
(23) 化 - □	(될 화)		(33) 將 - □	(장수 장)	
(24) 六 - □	(여섯 륙)		(34) 異 - □	(다를 이)	
(25) 申 - □	(납 신)		(35) 哭 - □	(울 곡)	
(26) 曾 - □	(일찍 증)		(36) 反 - □	(돌아올 반)	
(27) 受 - □	(받을 수)		(37) 丹 - □	(붉을 단)	
(28) 恥 - □	(부끄러울 치)		(38) 憂 - □	(근심 우)	
(29) 威 - □	(위엄 위)		(39) 單 - □	(홑 단)	
(30) 年 - □	(해 년)		(40) 書 - □	(글 서)	

정답

(21) 口(입 구)   (31) 乙(새 을)
(22) 一(한 일)   (32) 人(사람 인)
(23) 匕(비수 비)   (33) 寸(마디 촌)
(24) 八(여덟 팔)   (34) 田(밭 전)
(25) 田(밭 전)   (35) 口(입 구)
(26) 日(가로 왈)   (36) 又(또 우)
(27) 又(또 우)   (37) 丶(점 주)
(28) 心(마음 심)   (38) 心(마음 심)
(29) 女(계집 녀)   (39) 口(입 구)
(30) 干(방패 간)   (40) 日(가로 왈)

41~60

(41) 兔 － □ (토끼 토)

(42) 乘 － □ (탈 승)

(43) 孝 － □ (효도 효)

(44) 畫 － □ (그림 화)

(45) 乾 － □ (하늘 건)

(46) 主 － □ (주인 주)

(47) 事 － □ (일 사)

(48) 亞 － □ (버금 아)

(49) 卑 － □ (낮을 비)

(50) 企 － □ (꾀할 기)

(51) 來 － □ (올 래)

(52) 克 － □ (이길 극)

(53) 內 － □ (안 내)

(54) 眞 － □ (참 진)

(55) 卓 － □ (높을 탁)

(56) 全 － □ (온전 전)

(57) 兼 － □ (겸할 겸)

(58) 再 － □ (두 재)

(59) 兆 － □ (억조 조)

(60) 出 － □ (날 출)

61~80

(61) 前 － □ (앞 전)

(62) 加 － □ (더할 가)

(63) 典 － □ (법 전)

(64) 聖 － □ (성인 성)

(65) 北 － □ (북녘 북)

(66) 丈 － □ (어른 장)

(67) 南 － □ (남녘 남)

(68) 占 － □ (점칠 점)

(69) 卵 － □ (알 란)

(70) 元 － □ (으뜸 원)

(71) 及 － □ (미칠 급)

(72) 古 － □ (예 고)

(73) 墓 － □ (무덤 묘)

(74) 肖 － □ (닮을 초)

(75) 壽 － □ (목숨 수)

(76) 危 － □ (위태할 위)

(77) 夢 － □ (꿈 몽)

(78) 奉 － □ (받들 봉)

(79) 委 － □ (맡길 위)

(80) 半 － □ (반 반)

81~100

(81) 季 － □ (계절 계)

(82) 射 － □ (쏠 사)

(83) 巨 － □ (클 거)

(84) 與 － □ (줄 여)

(85) 問 － □ (물을 문)

(86) 幕 － □ (장막 막)

(87) 幹 － □ (줄기 간)

(88) 最 － □ (가장 최)

(89) 幽 － □ (그윽할 유)

(90) 史 － □ (역사 사)

(91) 弟 － □ (아우 제)

(92) 喪 － □ (잃을 상)

(93) 式 － □ (법 식)

(94) 興 － □ (일 흥)

(95) 商 － □ (장사 상)

(96) 慶 － □ (경사 경)

(97) 烏 － □ (까마귀 오)

(98) 成 － □ (이룰 성)

(99) 承 － □ (이을 승)

(100) 哀 － □ (슬플 애)

101~120

(101) 正 − ☐	(바를 정)	(111) 次 − ☐	(버금 차)
(102) 晝 − ☐	(낮 주)	(112) 報 − ☐	(갚을 보)
(103) 歷 − ☐	(지날 력)	(113) 歸 − ☐	(돌아갈 귀)
(104) 衰 − ☐	(쇠할 쇠)	(114) 裁 − ☐	(옷마를 재)
(105) 幸 − ☐	(다행 행)	(115) 每 − ☐	(매양 매)
(106) 此 − ☐	(이 차)	(116) 民 − ☐	(백성 민)
(107) 周 − ☐	(두루 주)	(117) 執 − ☐	(잡을 집)
(108) 災 − ☐	(재앙 재)	(118) 求 − ☐	(구할 구)
(109) 曲 − ☐	(굽을 곡)	(119) 然 − ☐	(그럴 연)
(110) 業 − ☐	(업 업)	(120) 狀 − ☐	(형상 상)

정답

(101) 止(그칠 지)	(111) 欠(하품 흠)
(102) 日(날 일)	(112) 土(흙 토)
(103) 止(그칠 지)	(113) 止(그칠 지)
(104) 衣(옷 의)	(114) 衣(옷 의)
(105) 干(방패 간)	(115) 毋(말 무)
(106) 止(그칠 지)	(116) 氏(성 씨)
(107) 口(입 구)	(117) 土(흙 토)
(108) 火(불 화)	(118) 水(물 수)
(109) 曰(가로 왈)	(119) 火(불 화)
(110) 木(나무 목)	(120) 犬(개 견)

121~140

(121) 壓 − ☐	(누를 압)	(131) 唐 − ☐	(당나라 당)
(122) 率 − ☐	(비율 률)	(132) 直 − ☐	(곧을 직)
(123) 壬 − ☐	(북방 임)	(133) 穀 − ☐	(곡식 곡)
(124) 豫 − ☐	(미리 예)	(134) 量 − ☐	(헤아릴 량)
(125) 我 − ☐	(나 아)	(135) 夜 − ☐	(밤 야)
(126) 炭 − ☐	(숯 탄)	(136) 耐 − ☐	(견딜 내)
(127) 甚 − ☐	(심할 심)	(137) 聞 − ☐	(들을 문)
(128) 壯 − ☐	(장할 장)	(138) 卒 − ☐	(마칠 졸)
(129) 甲 − ☐	(갑옷 갑)	(139) 肅 − ☐	(엄숙할 숙)
(130) 疑 − ☐	(의심할 의)	(140) 夫 − ☐	(지아비 부)

정답

(121) 土(흙 토)	(131) 口(입 구)
(122) 玄(검을 현)	(132) 目(눈 목)
(123) 士(선비 사)	(133) 禾(벼 화)
(124) 豕(돼지 시)	(134) 里(마을 리)
(125) 戈(창 과)	(135) 夕(저녁 석)
(126) 火(불 화)	(136) 而(말이을 이)
(127) 甘(달 감)	(137) 耳(귀 이)
(128) 士(선비 사)	(138) 十(열 십)
(129) 田(밭 전)	(139) 聿(붓 율)
(130) 疋(필 필)	(140) 大(큰 대)

141~160

(141) 能 − ☐	(능할 능)	(151) 辱 − ☐	(욕될 욕)
(142) 舊 − ☐	(예 구)	(152) 初 − ☐	(처음 초)
(143) 衛 − ☐	(지킬 위)	(153) 酒 − ☐	(술 주)
(144) 順 − ☐	(순할 순)	(154) 天 − ☐	(하늘 천)
(145) 失 − ☐	(잃을 실)	(155) 重 − ☐	(무거울 중)
(146) 裏 − ☐	(속 리)	(156) 集 − ☐	(모을 집)
(147) 視 − ☐	(볼 시)	(157) 其 − ☐	(그 기)
(148) 勝 − ☐	(이길 승)	(158) 頃 − ☐	(잠깐 경)
(149) 象 − ☐	(코끼리 상)	(159) 鳴 − ☐	(울 명)
(150) 賴 − ☐	(의뢰할 뢰)	(160) 充 − ☐	(채울 충)

정답

(141) 肉(고기 육)	(151) 辰(별 진)
(142) 臼(절구 구)	(152) 刀(칼 도)
(143) 行(다닐 행)	(153) 酉(닭 유)
(144) 頁(머리 혈)	(154) 大(큰 대)
(145) 大(큰 대)	(155) 里(마을 리)
(146) 衣(옷 의)	(156) 隹(새 추)
(147) 見(볼 견)	(157) 八(여덟 팔)
(148) 力(힘 력)	(158) 頁(머리 혈)
(149) 豕(돼지 시)	(159) 鳥(새 조)
(150) 貝(조개 패)	(160) 儿(어진사람 인)

속자 · 약자

실전유형

✠ 다음 漢字의 略字를 쓰시오.

(1) 傳　伝
(2) 氣　気
(3) 處　処

다음 □ 안에 漢字의 略字를 쓰시오. (1~186)

1~20

(1) 假 — □ (거짓 가, 4급Ⅱ)
(2) 價 — □ (값 가, 5급)
(3) 暇 — □ (겨를 가, 4급)
(4) 覺 — □ (깨달을 각, 4급)
(5) 監 — □ (볼 감, 4급Ⅱ)
(6) 蓋 — □ (덮을 개, 3급Ⅱ)
(7) 據 — □ (의거할 거, 4급)
(8) 擧 — □ (들 거, 5급)
(9) 傑 — □ (준걸 걸, 4급)
(10) 儉 — □ (검소할 검, 4급)
(11) 劍 — □ (칼 검, 3급Ⅱ)
(12) 檢 — □ (검사할 검, 4급Ⅱ)
(13) 堅 — □ (굳을 견, 4급)
(14) 缺 — □ (이지러질 결, 4급Ⅱ)
(15) 徑 — □ (지름길 경, 3급Ⅱ)
(16) 經 — □ (지날 경, 4급Ⅱ)
(17) 輕 — □ (가벼울 경, 5급)
(18) 繼 — □ (이을 계, 4급)
(19) 觀 — □ (볼 관, 5급)
(20) 關 — □ (관계할 관, 5급)

정답

(1) 仮	(11) 剣
(2) 価	(12) 検
(3) 昄	(13) 坚
(4) 覚	(14) 欠
(5) 监	(15) 径
(6) 盖	(16) 経
(7) 拠	(17) 軽
(8) 挙	(18) 継
(9) 杰	(19) 観
(10) 倹	(20) 関

21~40

(21) 館 — □ (집 관, 3급Ⅱ)
(22) 廣 — □ (넓을 광, 5급)
(23) 鑛 — □ (쇳돌 광, 4급)
(24) 區 — □ (구분할 구, 6급)
(25) 舊 — □ (예 구, 5급)
(26) 國 — □ (나라 국, 8급)
(27) 勸 — □ (권할 권, 4급)
(28) 權 — □ (권세 권, 4급Ⅱ)
(29) 歸 — □ (돌아갈 귀, 4급)
(30) 氣 — □ (기운 기, 7급)
(31) 緊 — □ (긴할 긴, 3급Ⅱ)
(32) 寧 — □ (편안할 녕, 3급Ⅱ)
(33) 腦 — □ (뇌 뇌, 3급Ⅱ)
(34) 單 — □ (홑 단, 4급Ⅱ)
(35) 團 — □ (둥글 단, 5급)
(36) 斷 — □ (끊을 단, 4급Ⅱ)
(37) 擔 — □ (멜 담, 4급Ⅱ)
(38) 當 — □ (마땅 당, 5급)
(39) 黨 — □ (무리 당, 4급Ⅱ)
(40) 對 — □ (대할 대, 6급)

정답

(21) 舘	(31) 紧
(22) 広	(32) 寍
(23) 鉱	(33) 脳
(24) 区	(34) 単
(25) 旧	(35) 団
(26) 国	(36) 断
(27) 劝	(37) 担
(28) 权	(38) 当
(29) 帰	(39) 党
(30) 気	(40) 対

41~60

(41) 臺 — ☐ (대 대, 3급Ⅱ)
(42) 圖 — ☐ (그림 도, 6급)
(43) 獨 — ☐ (홀로 독, 5급)
(44) 讀 — ☐ (읽을 독, 6급)
(45) 同 — ☐ (같을 동, 7급)
(46) 燈 — ☐ (등 등, 4급Ⅱ)
(47) 樂 — ☐ (즐거울 락, 6급)
(48) 亂 — ☐ (어지러울 란, 4급)
(49) 覽 — ☐ (볼 람, 4급)
(50) 來 — ☐ (올 래, 7급)

(51) 兩 — ☐ (두 량, 4급Ⅱ)
(52) 勵 — ☐ (힘쓸 려, 3급Ⅱ)
(53) 麗 — ☐ (고울 려, 4급Ⅱ)
(54) 戀 — ☐ (사모할 련, 3급Ⅱ)
(55) 聯 — ☐ (이을 련, 3급Ⅱ)
(56) 靈 — ☐ (신령 령, 3급Ⅱ)
(57) 禮 — ☐ (예도 례, 6급)
(58) 勞 — ☐ (일할 로, 5급)
(59) 爐 — ☐ (화로 로, 3급Ⅱ)
(60) 龍 — ☐ (용 룡, 4급)

정답

(41) 台 (51) 両
(42) 図 (52) 励
(43) 独 (53) 麗
(44) 読 (54) 恋
(45) 仝 (55) 联
(46) 灯 (56) 灵
(47) 楽 (57) 礼
(48) 乱 (58) 労
(49) 覚 (59) 炉
(50) 来 (60) 竜

61~80

(61) 樓 — ☐ (다락 루, 3급Ⅱ)
(62) 離 — ☐ (떠날 리, 4급)
(63) 滿 — ☐ (가득할 만, 4급Ⅱ)
(64) 萬 — ☐ (일만 만, 8급)
(65) 賣 — ☐ (팔 매, 5급)
(66) 脈 — ☐ (맥 맥, 4급Ⅱ)
(67) 麥 — ☐ (보리 맥, 3급Ⅱ)
(68) 貌 — ☐ (모양 모, 3급Ⅱ)
(69) 夢 — ☐ (꿈 몽, 3급Ⅱ)
(70) 無 — ☐ (없을 무, 5급)

(71) 默 — ☐ (묵묵할 묵, 3급Ⅱ)
(72) 發 — ☐ (필 발, 6급)
(73) 變 — ☐ (변할 변, 5급)
(74) 邊 — ☐ (가 변, 4급Ⅱ)
(75) 寶 — ☐ (보배 보, 4급Ⅱ)
(76) 佛 — ☐ (부처 불, 4급Ⅱ)
(77) 拂 — ☐ (떨칠 불, 3급Ⅱ)
(78) 寫 — ☐ (베낄 사, 5급)
(79) 師 — ☐ (스승 사, 4급Ⅱ)
(80) 絲 — ☐ (실 사, 4급)

정답

(61) 楼 (71) 黙
(62) 難 (72) 発
(63) 満 (73) 変
(64) 万 (74) 辺
(65) 売 (75) 宝
(66) 脉 (76) 仏
(67) 麦 (77) 払
(68) 皃 (78) 写
(69) 梦 (79) 师
(70) 无 (80) 糸

81~100

(81) 辭 — ☐ (말씀 사, 4급)
(82) 桑 — ☐ (뽕나무 상, 3급Ⅱ)
(83) 狀 — ☐ (형상 상, 4급Ⅱ)
(84) 釋 — ☐ (해석할 석, 3급Ⅱ)
(85) 聲 — ☐ (소리 성, 4급Ⅱ)
(86) 世 — ☐ (세상 세, 7급)
(87) 屬 — ☐ (붙일 속, 4급)
(88) 續 — ☐ (이을 속, 4급Ⅱ)
(89) 壽 — ☐ (목숨 수, 3급Ⅱ)
(90) 收 — ☐ (거둘 수, 4급Ⅱ)

(91) 數 — ☐ (셈 수, 7급)
(92) 獸 — ☐ (짐승 수, 3급Ⅱ)
(93) 隨 — ☐ (따를 수, 3급Ⅱ)
(94) 肅 — ☐ (엄숙할 숙, 4급)
(95) 濕 — ☐ (축축할 습, 3급Ⅱ)
(96) 乘 — ☐ (탈 승, 3급Ⅱ)
(97) 實 — ☐ (열매 실, 5급)
(98) 雙 — ☐ (쌍 쌍, 3급Ⅱ)
(99) 亞 — ☐ (버금 아, 3급Ⅱ)
(100) 兒 — ☐ (아이 아, 5급)

정답

(81) 辞 (91) 数
(82) 桒 (92) 獣
(83) 状 (93) 随
(84) 釈 (94) 肃
(85) 声 (95) 湿
(86) 卋 (96) 乗
(87) 属 (97) 実
(88) 続 (98) 双
(89) 寿 (99) 亜
(90) 収 (100) 児

101~120

(101) 惡 － ☐	(악할 악, 5급)		(111) 榮 － ☐	(영화 영, 4급Ⅱ)	
(102) 巖 － ☐	(바위 암, 3급Ⅱ)		(112) 營 － ☐	(경영할 영, 4급)	
(103) 壓 － ☐	(누를 압, 4급Ⅱ)		(113) 藝 － ☐	(재주 예, 4급Ⅱ)	
(104) 藥 － ☐	(약 약, 6급)		(114) 譽 － ☐	(명예 예, 3급Ⅱ)	
(105) 與 － ☐	(더불 여, 4급)		(115) 豫 － ☐	(미리 예, 4급)	
(106) 餘 － ☐	(남을 여, 4급Ⅱ)		(116) 員 － ☐	(인원 원, 4급Ⅱ)	
(107) 譯 － ☐	(번역할 역, 3급Ⅱ)		(117) 僞 － ☐	(거짓 위, 3급Ⅱ)	
(108) 驛 － ☐	(역 역, 3급Ⅱ)		(118) 圍 － ☐	(에울 위, 4급)	
(109) 硏 － ☐	(갈 연, 4급Ⅱ)		(119) 爲 － ☐	(할 위, 4급Ⅱ)	
(110) 鹽 － ☐	(소금 염, 3급Ⅱ)		(120) 隱 － ☐	(숨을 은, 4급)	

정답

(101) 悪	(111) 栄
(102) 岩	(112) 営
(103) 圧	(113) 芸
(104) 薬	(114) 誉
(105) 与	(115) 予
(106) 余	(116) 貟
(107) 訳	(117) 偽
(108) 駅	(118) 囲
(109) 研	(119) 為
(110) 塩	(120) 隠

121~140

(121) 應 － ☐	(응할 응, 4급Ⅱ)		(131) 爭 － ☐	(다툴 쟁, 5급)	
(122) 醫 － ☐	(의원 의, 6급)		(132) 傳 － ☐	(전할 전, 5급)	
(123) 殘 － ☐	(남을 잔, 4급)		(133) 戰 － ☐	(싸울 전, 6급)	
(124) 雜 － ☐	(섞일 잡, 4급)		(134) 轉 － ☐	(구를 전, 4급)	
(125) 壯 － ☐	(장할 장, 4급)		(135) 錢 － ☐	(돈 전, 4급)	
(126) 將 － ☐	(장차 장, 4급Ⅱ)		(136) 點 － ☐	(점 점, 4급)	
(127) 莊 － ☐	(씩씩할 장, 3급Ⅱ)		(137) 定 － ☐	(정할 정, 6급)	
(128) 裝 － ☐	(꾸밀 장, 4급)		(138) 濟 － ☐	(건널 제, 4급Ⅱ)	
(129) 獎 － ☐	(장려할 장, 4급)		(139) 齊 － ☐	(가지런할 제, 3급Ⅱ)	
(130) 災 － ☐	(재앙 재, 5급)		(140) 條 － ☐	(가지 조, 4급)	

정답

(121) 応	(131) 争
(122) 医	(132) 伝
(123) 残	(133) 战
(124) 雑	(134) 転
(125) 壮	(135) 銭
(126) 将	(136) 点
(127) 荘	(137) 之
(128) 装	(138) 済
(129) 奨	(139) 斉
(130) 灾	(140) 条

141~160

(141) 卒 － ☐	(군사 졸, 5급)		(151) 淺 － ☐	(얕을 천, 3급Ⅱ)	
(142) 從 － ☐	(따를 종, 4급)		(152) 賤 － ☐	(천할 천, 3급Ⅱ)	
(143) 晝 － ☐	(낮 주, 6급)		(153) 踐 － ☐	(밟을 천, 3급Ⅱ)	
(144) 蒸 － ☐	(찔 증, 3급Ⅱ)		(154) 遷 － ☐	(옮길 천, 3급Ⅱ)	
(145) 證 － ☐	(증거 증, 4급)		(155) 鐵 － ☐	(쇠 철, 5급)	
(146) 珍 － ☐	(보배 진, 4급)		(156) 廳 － ☐	(관청 청, 4급)	
(147) 盡 － ☐	(다할 진, 4급)		(157) 聽 － ☐	(들을 청, 4급)	
(148) 質 － ☐	(바탕 질, 5급)		(158) 體 － ☐	(몸 체, 6급)	
(149) 參 － ☐	(참여할 참, 5급)		(159) 觸 － ☐	(닿을 촉, 3급Ⅱ)	
(150) 處 － ☐	(곳 처, 4급Ⅱ)		(160) 總 － ☐	(거느릴 총, 4급Ⅱ)	

정답

(141) 卆	(151) 浅
(142) 从	(152) 賎
(143) 昼	(153) 践
(144) 烝	(154) 迁
(145) 証	(155) 鉄
(146) 珎	(156) 庁
(147) 尽	(157) 聴
(148) 盾	(158) 体
(149) 参	(159) 触
(150) 処	(160) 総

161~180

(161) 蟲 − ☐	(벌레 충, 4급Ⅱ)	(171) 兔 − ☐	(토끼 토, 3급Ⅱ)
(162) 醉 − ☐	(취할 취, 3급Ⅱ)	(172) 廢 − ☐	(폐할 폐, 3급Ⅱ)
(163) 恥 − ☐	(부끄러울 치, 3급Ⅱ)	(173) 學 − ☐	(배울 학, 8급)
(164) 齒 − ☐	(이 치, 4급Ⅱ)	(174) 解 − ☐	(풀 해, 4급Ⅱ)
(165) 漆 − ☐	(옻 칠, 3급Ⅱ)	(175) 虛 − ☐	(빌 허, 4급Ⅱ)
(166) 沈 − ☐	(가라앉을 침, 3급Ⅱ)	(176) 獻 − ☐	(드릴 헌, 3급Ⅱ)
(167) 稱 − ☐	(일컬을 칭, 4급)	(177) 險 − ☐	(험할 험, 4급)
(168) 彈 − ☐	(탄알 탄, 4급)	(178) 驗 − ☐	(시험할 험, 4급Ⅱ)
(169) 擇 − ☐	(가릴 택, 4급)	(179) 賢 − ☐	(어질 현, 4급Ⅱ)
(170) 澤 − ☐	(못 택, 3급Ⅱ)	(180) 顯 − ☐	(나타날 현, 4급)

정답

(161) 虫	(171) 兎
(162) 酔	(172) 廃
(163) 耻	(173) 学
(164) 歯	(174) 觧
(165) 柒	(175) 虚
(166) 沉	(176) 献
(167) 称	(177) 険
(168) 弾	(178) 験
(169) 択	(179) 贤
(170) 沢	(180) 顕

181~186

(181) 號 − ☐	(이름 호, 6급)	(184) 會 − ☐	(모일 회, 6급)
(182) 畫 − ☐	(그림 화, 6급)	(185) 興 − ☐	(일 흥, 4급Ⅱ)
(183) 歡 − ☐	(기쁠 환, 4급)	(186) 戲 − ☐	(놀 희, 3급Ⅱ)

정답

(181) 号	(184) 会
(182) 画	(185) 兴
(183) 欢	(186) 戯

쉬어가기-한자퍼즐

가로

1. 도시의 큰 길거리를 이루는 지역.
5. 사기가 하늘을 찌를 듯이 높음.
6. 무엇이 언뜻언뜻 빨리 지나감을 비유하는 말. 옛 일이 _____처럼 뇌리를 스친다.
8. 편안히 쉬면서 몸과 마음을 보양하기에 알맞은 곳.
9. 스스로 힘써 몸과 마음을 가다듬어 쉬지 아니함.
11. 동양화에서, 산과 물이 어우러진 자연의 아름다움을 그린 그림.
13. 조선시대 정철이 지은 가사. 임금에 대한 그리운 정을 간곡하게 읊은 작품.
14. 좋은 점이나 착하고 훌륭한 일을 높이 평가함. 또는 그런 말.

세로

2. 안전 또는 미관(美觀) 등을 목적으로 길가에 설치해 놓은 등.
3. 지구를 둘러싼 대기의 하층부를 구성하는 무색, 무취의 투명한 기체.
4. 하늘이 놀라고 땅이 움직인다는 뜻으로, 세상을 몹시 놀라게 함.
6. 말달리며 산을 본다는 뜻으로, 자세히 살피지 아니하고 대충대충 보고 지나감.
7. 더할 수 없이 셈.
8. 하던 일을 멈추고 잠깐 쉼.
9. 자기가 그린 그림을 스스로 칭찬한다는 뜻으로, 자기가 한 일을 스스로 자랑함.
10. 사람의 생각으로는 미루어 헤아릴 수 없이 이상하고 야릇함.
12. 작곡을 전문으로 하는 사람.

정답

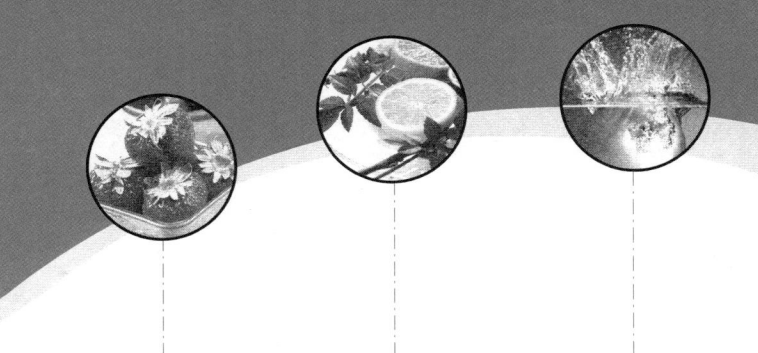

국가공인 한자능력검정시험 예상문제집 3급 Ⅱ

실전예상문제

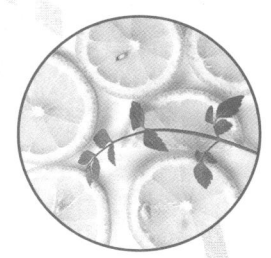

답은 답안지에 작성하십시오.

제한시간 **60**분

1 다음 漢字語의 讀音을 쓰시오. (1~45)

(1) 永久   (2) 尙武
(3) 距離   (4) 忍耐
(5) 秋菊   (6) 肥滿
(7) 企待   (8) 賀禮
(9) 葬地   (10) 元旦
(11) 項目   (12) 徐步
(13) 幽靈   (14) 宴會
(15) 安寧   (16) 連絡
(17) 掌骨   (18) 臨迫
(19) 弓術   (20) 追擊
(21) 症勢   (22) 韻律
(23) 觸覺   (24) 恒常
(25) 靈魂   (26) 玄武
(27) 悔恨   (28) 贊成
(29) 吉夢   (30) 忽然
(31) 貢獻   (32) 倉庫
(33) 館長   (34) 奴婢
(35) 縱隊   (36) 荷役
(37) 聖殿   (38) 虛荒
(39) 浸透   (40) 訴訟
(41) 胸部   (42) 發芽
(43) 騎士   (44) 編曲
(45) 胃壁

2 다음 漢字의 訓과 音을 쓰시오. (46~72)

(46) 稿   (47) 訴
(48) 憶   (49) 輩
(50) 振   (51) 槪

(52) 肖   (53) 彼
(54) 丈   (55) 潛
(56) 彩   (57) 沙
(58) 驛   (59) 衰
(60) 飾   (61) 襲
(62) 秩   (63) 響
(64) 釋   (65) 蘇
(66) 株   (67) 緩
(68) 禪   (69) 桃
(70) 租   (71) 燕
(72) 媒

3 다음 漢字語 중에서 첫 音節이 長音으로 發音되는 것을 찾아, 그 번호를 쓰시오. (73~77)

(73) ① 聲樂   ② 徵集   ③ 恥事   ④ 仰望
(74) ① 皮革   ② 偶然   ③ 萬物   ④ 粉末
(75) ① 兆朕   ② 獻物   ③ 思考   ④ 營養
(76) ① 飛上   ② 淡水   ③ 楓林   ④ 蟲齒
(77) ① 被告   ② 漁村   ③ 能通   ④ 遺言

4 다음 漢字와 뜻이 反對(또는 相對)되는 漢字를 써 넣어 漢字語를 만드시오. (78~87)

(78) 攻 ↔ ☐   (79) ☐ ↔ 落
(80) 成 ↔ ☐   (81) ☐ ↔ 害
(82) ☐ ↔ 減   (83) ☐ ↔ 賤
(84) ☐ ↔ 裏   (85) 需 ↔ ☐
(86) ☐ ↔ 直   (87) ☐ ↔ 易

5 다음 밑줄 친 漢字語 중에서 한글로 쓴 것은 漢字로, 漢字로 쓴 것은 한글로 바꾸시오. (88~117)

요즘 들어 외국[88] 건축가들의 국내 설계[89] 수주[90]가 점점 늘어나고 있다. 개인적으로는 憂慮[91]보다 자체[92] 경쟁력[93]을 키워 나가야 한다는 생각이다. 그러기 위해서는 건축[94] 교육의 개선[95]이 시급[96]하다.

건축은 공학[97]이면서 인문[98]학인 동시에 예술[99]이다. 그런데도 대학에서는 아직도 예술적 소양[100]이나 인문학적 想像力[101]을 기르는 교육보다는 공학적인 면에 더 치중[102]해 있다. 그래서 대학을 졸업[103]하고 건축 설계 실무[104]를 담당[105]해 몇 년씩 경력[106]을 쌓은 사람도 자기 作業을 인문학적 배경[107]에 연결[108]하는데 抑止[109]가 있고, 미학[110]적 脈絡[111]에 위치시키지 못한다. 건축은 미술과 달리 그리기만 해서는 충분[112]하지 못하다. 건축주를 설득[113]해야 하고, 여럿이 하는 작업이라 자기 생각을 다른 사람에게 정확[114]하게 전달[115]할 필요[116]가 있다. 그러기 위해서는 인접 학문에 대한 多樣[117]한 배경을 가지고 있어야 한다.

(88) 외국   (89) 설계

(90) 수주   (91) 憂慮

(92) 자체   (93) 경쟁력

(94) 건축   (95) 개선

(96) 시급   (97) 공학

(98) 인문   (99) 예술

(100) 소양   (101) 想像力

(102) 치중   (103) 졸업

(104) 실무   (105) 담당

(106) 경력   (107) 배경

(108) 연결   (109) 抑止

(110) 미학   (111) 脈絡

(112) 충분   (113) 설득

(114) 정확   (115) 전달

(116) 필요   (117) 多樣

6 다음 漢字와 뜻이 비슷한 漢字를 써 넣어 漢字語를 完成하시오. (118~122)

(118) 境 - ☐   (119) 具 - ☐

(120) 末 - ☐   (121) ☐ - 擇

(122) ☐ - 遠

7 다음 ☐ 안에 알맞은 漢字를 써 넣어 漢字語(故事成語)를 完成하시오. (123~132)

(123) 假弄☐眞   (124) 九折☐腸

(125) 內憂☐患   (126) ☐刀直入

(127) 命☐頃刻   (128) ☐折不屈

(129) 居☐思危   (130) 水☐之交

(131) 安分知☐   (132) 遠交近☐

8 다음 漢字의 部首를 쓰시오. (133~137)

(133) 香   (134) 承

(135) 幸   (136) 爲

(137) 更

9 다음 漢字語와 음은 같으나 뜻이 다른 單語를 漢字로 쓰시오.(長短音 관계없음) (138~142)

(138) 斷續 - ☐☐ : 단단히 다잡거나 보살핌. 통제함.

(139) 同志 - ☐☐ : 밤이 제일 긴 날.

(140) 單身 - ☐☐ : 짤막하게 쓴 편지.

(141) 大勇 - ☐☐ : 대신으로 씀.

(142) 丹毒 - ☐☐ : 혼자. 단 하나.

10 다음 漢字語의 뜻을 쓰시오. (143~147)

(143) 胸部

(144) 微細

(145) 愚弄

(146) 猛虎

(147) 渡河

11 다음 漢字의 略字를 쓰시오. (148~150)

(148) 興   (149) 應

(150) 藝

수험번호 □□□-□□-□□□□　　성명 □□□□□

주민등록번호 □□□□□□-□□□□□□□　　※ 유성 사인펜, 붉은색 필기구 사용 불가.

※ 답안지는 컴퓨터로 처리되므로 구기거나 더럽히지 마시고, 정답 칸 안에만 쓰십시오.
글씨가 채점란으로 들어오면 오답처리가 됩니다.

전국한자능력검정시험 3급 II 답안지 (1)

번호	답안란 정답	채점란 1검	채점란 2검	번호	답안란 정답	채점란 1검	채점란 2검	번호	답안란 정답	채점란 1검	채점란 2검
1				24				47			
2				25				48			
3				26				49			
4				27				50			
5				28				51			
6				29				52			
7				30				53			
8				31				54			
9				32				55			
10				33				56			
11				34				57			
12				35				58			
13				36				59			
14				37				60			
15				38				61			
16				39				62			
17				40				63			
18				41				64			
19				42				65			
20				43				66			
21				44				67			
22				45				68			
23				46				69			

감독위원	채점위원 (1)		채점위원 (2)		채점위원 (3)	
(서명)	(득점)	(서명)	(득점)	(서명)	(득점)	(서명)

※ 뒷면으로 이어짐

※ 본 답안지는 컴퓨터로 처리되므로 구겨지거나 더럽혀지지 않도록 조심하시고 글씨를 칸 안에 또박또박 쓰십시오.

전국한자능력검정시험 3급Ⅱ 답안지 (2)

번호	정답	1검	2검	번호	정답	1검	2검	번호	정답	1검	2검
70				97				124			
71				98				125			
72				99				126			
73				100				127			
74				101				128			
75				102				129			
76				103				130			
77				104				131			
78				105				132			
79				106				133			
80				107				134			
81				108				135			
82				109				136			
83				110				137			
84				111				138			
85				112				139			
86				113				140			
87				114				141			
88				115				142			
89				116				143			
90				117				144			
91				118				145			
92				119				146			
93				120				147			
94				121				148			
95				122				149			
96				123				150			

답은 답안지에 작성하십시오.

 제한시간 **60**분

1 다음 漢字의 讀音을 쓰시오. (1~45)

(1) 脅迫   (2) 銘心

(3) 讚揚   (4) 恐龍

(5) 蒼空   (6) 容恕

(7) 基礎   (8) 絕頂

(9) 衣裳   (10) 緊要

(11) 需給   (12) 士禍

(13) 乙巳   (14) 征服

(15) 陶工   (16) 但書

(17) 巧妙   (18) 用途

(19) 聯想   (20) 梅實

(21) 御命   (22) 阿片

(23) 白露   (24) 鑑定

(25) 悠久   (26) 元帥

(27) 城池   (28) 齊唱

(29) 照射   (30) 昌盛

(31) 剛健   (32) 丙夜

(33) 比率   (34) 繁盛

(35) 瞬間   (36) 架空

(37) 偏食   (38) 糖度

(39) 濕度   (40) 芳草

(41) 紫朱   (42) 債券

(43) 橋梁   (44) 滅裂

(45) 如此

2 다음 漢字의 訓과 음을 쓰시오. (46~72)

(46) 沒   (47) 茂

(48) 澤   (49) 詳

(50) 殊   (51) 換

(52) 怪   (53) 割

(54) 陷   (55) 巡

(56) 讓   (57) 昇

(58) 茶   (59) 刊

(60) 蒸   (61) 壞

(62) 越   (63) 拓

(64) 峯   (65) 爐

(66) 漆   (67) 償

(68) 桑   (69) 徑

(70) 遷   (71) 削

(72) 塞

3 다음 漢字語 중에서 첫 音節이 長音으로 發音되는 것을 찾아, 그 번호를 쓰시오.(순서 상관없음) (73~77)

> **例**
>
> ① 登錄   ② 韻文   ③ 債務   ④ 參席   ⑤ 愼重
> ⑥ 倒産   ⑦ 遺言   ⑧ 廢車   ⑨ 耕田   ⑩ 聽力

(73) ☐   (74) ☐

(75) ☐   (76) ☐

(77) ☐

4 다음 漢字語의 反義語(또는 相對語)를 漢字로 쓰시오. (78~82)

(78) 故意   (79) 保守

(80) 死後   (81) 敵對

(82) 富貴

5 다음 漢字와 反對(또는 相對)되는 漢字를 써 넣어 漢字語를 만드시오. (83~87)

(83) 方 ↔ ☐   (84) ☐ ↔ 來

(85) 眞 ↔ ☐   (86) ☐ ↔ 亡

(87) ☐ ↔ 卑

6 다음 밑줄 친 漢字語 중에서 한글로 쓴 것은 漢字로, 漢字로 쓴 것은 한글로 바꾸시오. (88~117)

> 長壽의 축복⁸⁸을 향유하기 위해선 노년의 건강⁸⁹을 대비⁹⁰하는 헬스테크가 필요⁹¹하다. 젊은 나이에 연금⁹²이나 保險⁹³에 가입⁹⁴해야 보험료가 싸듯 헬스테크도 가능⁹⁵한 한 일찍, 30대부터 시작⁹⁶해야 효과⁹⁷가 극대⁹⁸화 된다. (중략)
>
> 고혈압, 고지혈증, 당뇨, 흡연⁹⁹은 血管¹⁰⁰을 병들게 하는 4대 主犯¹⁰¹이므로 젊어서부터 혈압, 혈당, 콜레스테롤 數値¹⁰²를 정상¹⁰³ 範圍¹⁰⁴로 維持¹⁰⁵해야 하며, 반드시 담배를 끊어야 한다. 또 유산소 운동¹⁰⁶을 통해 혈관의 탄성도를 높여야 하며, 適正¹⁰⁷ 체중¹⁰⁸을 유지해야 한다. (중략)
>
> 筋肉¹⁰⁹과 뼈의 약화¹¹⁰는 老衰¹¹¹와 직결¹¹²되는데 미국국립 노화연구소(NIA)는 노년의 삶의 질을 떨어뜨리는 가장 중요한 '疾病¹¹³'으로 노쇠를 꼽고 있다. 일종¹¹⁴의 소모재인 관절의 損傷¹¹⁵과 炎症¹¹⁶도 노쇠의 중요한 원인¹¹⁷이 된다. 따라서 젊어서부터 꾸준한 근육 운동과 영양 섭취, 관절의 관리 등이 필요하다.

(88) 축복   (89) 건강

(90) 대비   (91) 필요

(92) 연금   (93) 保險

(94) 가입   (95) 가능

(96) 시작   (97) 효과

(98) 극대   (99) 흡연

(100) 血管   (101) 主犯

(102) 數値   (103) 정상

(104) 範圍   (105) 維持

(106) 운동   (107) 適正

(108) 체중   (109) 筋肉

(110) 약화   (111) 老衰

(112) 직결   (113) 疾病

(114) 일종   (115) 損傷

(116) 炎症   (117) 원인

7 다음 漢字의 部首를 쓰시오. (118~122)

(118) 烏   (119) 衰

(120) 卑   (121) 之

(122) 肺

8 다음 □ 안에 알맞은 漢字를 써 넣어 漢字語(故事成語)를 完成하시오. (123~132)

(123) 因果應□   (124) 漸□佳境

(125) □口難防   (126) 風前□火

(127) 鶴首苦□   (128) □亡盛衰

(129) 殺身□仁   (130) 孤□無援

(131) 克己□禮   (132) 登高□卑

9 다음 漢字 중에서 (133~137)에서 보인 漢字와 뜻이 비슷한 것을 찾아, 그 번호를 쓰시오. (133~137)

> **例**
>
> ① 和   ② 金   ③ 放   ④ 蓄   ⑤ 論
> ⑥ 索   ⑦ 理   ⑧ 伐   ⑨ 拓   ⑩ 閉

(133) 貯 – □   (134) 調 – □

(135) 討 – □   (136) 開 – □

(137) 探 – □

10 다음 漢字語와 음은 같으나 뜻이 다른 單語를 漢字로 쓰시오.(長短音 관계없음) (138~142)

(138) 氣象 – □□ : 잠자리에서 일어남.

(139) 耐性 – □□ : 안쪽에 있는 성.

(140) 弄技 – □□ : 농사철.

(141) 勞傷 – □□ : 길바닥.

(142) 綠陰 – □□ : 소리를 다시 들을 수 있도록 기록함.

11 다음 漢字語의 뜻을 쓰시오. (143~147)

(143) 借用

(144) 連鎖

(145) 促進

(146) 大悟

(147) 吹入

12 다음 漢字의 略字를 쓰시오. (148~150)

(148) 賣   (149) 權

(150) 驗

수험번호 ☐☐☐-☐☐-☐☐☐☐　　　　　　성명 ☐☐☐☐☐

주민등록번호 ☐☐☐☐☐☐-☐☐☐☐☐☐☐

※ 유성 사인펜, 붉은색 필기구 사용 불가.

※ 답안지는 컴퓨터로 처리되므로 구기거나 더럽히지 마시고, 정답 칸 안에만 쓰십시오.
　글씨가 채점란으로 들어오면 오답처리가 됩니다.

전국한자능력검정시험 3급Ⅱ 답안지 (1)

번호	답안란 정답	채점란 1검	채점란 2검	번호	답안란 정답	채점란 1검	채점란 2검	번호	답안란 정답	채점란 1검	채점란 2검
1				24				47			
2				25				48			
3				26				49			
4				27				50			
5				28				51			
6				29				52			
7				30				53			
8				31				54			
9				32				55			
10				33				56			
11				34				57			
12				35				58			
13				36				59			
14				37				60			
15				38				61			
16				39				62			
17				40				63			
18				41				64			
19				42				65			
20				43				66			
21				44				67			
22				45				68			
23				46				69			

감독위원	채점위원 (1)		채점위원 (2)		채점위원 (3)	
(서명)	(득점)	(서명)	(득점)	(서명)	(득점)	(서명)

※ 뒷면으로 이어짐

※ 본 답안지는 컴퓨터로 처리되므로 구겨지거나 더럽혀지지 않도록 조심하시고 글씨를 칸 안에 또박또박 쓰십시오.

전국한자능력검정시험 3급 II 답안지 (2)

번호	답안란 정답	채점란 1검	2검	번호	답안란 정답	채점란 1검	2검	번호	답안란 정답	채점란 1검	2검
70				97				124			
71				98				125			
72				99				126			
73				100				127			
74				101				128			
75				102				129			
76				103				130			
77				104				131			
78				105				132			
79				106				133			
80				107				134			
81				108				135			
82				109				136			
83				110				137			
84				111				138			
85				112				139			
86				113				140			
87				114				141			
88				115				142			
89				116				143			
90				117				144			
91				118				145			
92				119				146			
93				120				147			
94				121				148			
95				122				149			
96				123				150			

답은 답안지에 작성하십시오.

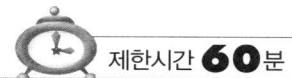

제한시간 **60**분

1 다음 漢字의 讀音을 쓰시오. (1~45)

(1) 超越
(2) 拘引
(3) 大綱
(4) 紛爭
(5) 慈善
(6) 周旋
(7) 履修
(8) 化粧
(9) 司書
(10) 漠地
(11) 寡黙
(12) 京畿
(13) 肺病
(14) 靜坐
(15) 歌詞
(16) 幕舍
(17) 盲信
(18) 彈琴
(19) 懸欄
(20) 弊端
(21) 燈臺
(22) 佳作
(23) 冠禮
(24) 追慕
(25) 供給
(26) 含量
(27) 戀愛
(28) 促迫
(29) 價値
(30) 密封
(31) 碧眼
(32) 恭祝
(33) 收拾
(34) 獲得
(35) 浦口
(36) 實吐
(37) 菌絲
(38) 硬化
(39) 支拂
(40) 畜産
(41) 滯留
(42) 廢品
(43) 閉鎖
(44) 桂林
(45) 垂直

2 다음 漢字의 訓과 音을 쓰시오. (46~72)

(46) 賴
(47) 岸
(48) 若
(49) 述
(50) 諾
(51) 愁
(52) 突
(53) 戲
(54) 誇
(55) 賤
(56) 曆
(57) 獻
(58) 鍊
(59) 懇
(60) 獄
(61) 抵
(62) 蘭
(63) 浪
(64) 栽
(65) 眠
(66) 刺
(67) 枝
(68) 祿
(69) 奏
(70) 借
(71) 隔
(72) 貸

3 다음 訓과 音을 가진 漢字를 쓰시오. (73~77)

(73) 경사 경
(74) 끌 제
(75) 순수할 순
(76) 낮을 저
(77) 절 배

4 다음 漢字語 중에서 첫 音節이 長音으로 發音되는 것을 찾아, 그 번호를 쓰시오. (78~82)

(78) ① 盤石　② 徒步　③ 紫朱　④ 奔放
(79) ① 邪敎　② 九泉　③ 悟道　④ 資質
(80) ① 勝利　② 吹鳴　③ 逢着　④ 差異
(81) ① 逃亡　② 占有　③ 沙漠　④ 我軍
(82) ① 捕卒　② 專攻　③ 通路　④ 調律

5 다음 漢字와 反對(또는 相對)되는 漢字를 써 넣어 漢字語를 만드시오. (83~92)

(83) 坐 ↔ ☐
(84) 甘 ↔ ☐
(85) 勞 ↔ ☐
(86) ☐ ↔ 敗
(87) ☐ ↔ 失
(88) ☐ ↔ 末
(89) 着 ↔ ☐
(90) ☐ ↔ 實
(91) ☐ ↔ 愚
(92) 贊 ↔ ☐

6 다음 밑줄 친 漢字語 중에서 한글로 쓴 것은 漢字로, 漢字로 쓴 것은 한글로 바꾸시오. (93~117)

> 미국 국방부는 19일 발표⁹³한 국방전략보고서(NDS)에서 북한을 21세기 미국 안보⁹⁴를 威脅⁹⁵하는 대표적인 위협 국가로 규정⁹⁶했다. 보고서(報告書)는 미 행정부가 4년에 한 번씩 작성⁹⁷하는 국방⁹⁸ 검토 보고서(QDR)의 초안⁹⁹이다. (중략)
> 북한은 '전통¹⁰⁰적 · 비정규적 · 재난¹⁰¹적' 위협으로 규정됐다. 앞의 네 가지 위협 중 세 가지 유형이 겹친 복합(複合) 위협이다. 워싱턴의 외교¹⁰² 消息通들은 "북한의 핵 保有 宣言¹⁰³, 미사일 開發, 미국에 대한 호전¹⁰⁴적 태도¹⁰⁵로 인해 북한이 대표적인 위협 국가로 摘示¹⁰⁶된 것 같다"고 말했다.
> 보고서는 또 주한미군 등 해외 주둔 미군의 效率性을 높이기 위해 5개 指針도 제시¹⁰⁷했다. 첫 번째 지침은 동맹국과 협력¹⁰⁸해 외부¹⁰⁹ 위협에 공동¹¹⁰ 대처¹¹¹해야 한다는 것이다. 그러나 해외에 배치¹¹²된 미군의 병력¹¹³ 규모에 집착하는 대신¹¹⁴ 훈련¹¹⁵ · 작전¹¹⁶ 등을 통해 군사력을 탄력적으로 운용¹¹⁷하기로 했다.

(93) 발표   (94) 안보
(95) 威脅   (96) 규정
(97) 작성   (98) 국방
(99) 초안   (100) 전통
(101) 재난   (102) 외교
(103) 宣言   (104) 호전
(105) 태도   (106) 摘示
(107) 제시   (108) 협력
(109) 외부   (110) 공동
(111) 대처   (112) 배치
(113) 병력   (114) 대신
(115) 훈련   (116) 작전
(117) 운용

7 다음 漢字와 뜻이 같은 漢字를 써 넣어 漢字語를 完成하시오. (118~122)

(118) 茂 - □   (119) 釋 - □
(120) □ - 査   (121) 堅 - □
(122) 孤 - □

8 다음 □ 안에 알맞은 漢字를 써 넣어 漢字語(故事成語)를 完成하시오. (123~132)

(123) 目不□丁   (124) 百害無□
(125) 氷□之間   (126) □上加霜
(127) 深思熟□   (128) 陰□陽報
(129) 一擧□得   (130) □手空拳
(131) 指□之間   (132) 忠言□耳

9 다음 漢字의 部首를 쓰시오. (133~137)

(133) 唐   (134) 條
(135) 丙   (136) 執
(137) 憂

10 다음 漢字語와 음은 같으나 뜻이 다른 單語를 漢字로 쓰시오.(長短音 관계없음) (138~142)

(138) 佳句 - □□ : 집안 살림에 쓰는 기구.
(139) 刻印 - □□ : 각각의 사람.
(140) 個性 - □□ : 성을 바꿈.
(141) 結社 - □□ : 죽음을 각오함.
(142) 古城 - □□ : 높은 목소리. 큰소리.

11 다음 漢字語의 뜻을 쓰시오. (143~147)

(143) 雪峰
(144) 假飾
(145) 削髮
(146) 弊習
(147) 指紋

12 다음 漢字의 略字를 쓰시오. (148~150)

(148) 戰   (149) 寫
(150) 燈

수험번호 □□□ - □□ - □□□□ 　성명 □□□□□

주민등록번호 □□□□□□ - □□□□□□□ 　※ 유성 사인펜, 붉은색 필기구 사용 불가.

※ 답안지는 컴퓨터로 처리되므로 구기거나 더럽히지 마시고, 정답 칸 안에만 쓰십시오.
　글씨가 채점란으로 들어오면 오답처리가 됩니다.

전국한자능력검정시험 3급Ⅱ 답안지 (1)

번호	답안란 정답	채점란 1검	2검	번호	답안란 정답	채점란 1검	2검	번호	답안란 정답	채점란 1검	2검
1				24				47			
2				25				48			
3				26				49			
4				27				50			
5				28				51			
6				29				52			
7				30				53			
8				31				54			
9				32				55			
10				33				56			
11				34				57			
12				35				58			
13				36				59			
14				37				60			
15				38				61			
16				39				62			
17				40				63			
18				41				64			
19				42				65			
20				43				66			
21				44				67			
22				45				68			
23				46				69			

감독위원	채점위원 (1)		채점위원 (2)		채점위원 (3)	
(서명)	(득점)	(서명)	(득점)	(서명)	(득점)	(서명)

※ 뒷면으로 이어짐

※ 본 답안지는 컴퓨터로 처리되므로 구겨지거나 더럽혀지지 않도록 조심하시고 글씨를 칸 안에 또박또박 쓰십시오.

전국한자능력검정시험 3급Ⅱ 답안지 (2)

답안란		채점란		답안란		채점란		답안란		채점란	
번호	정답	1검	2검	번호	정답	1검	2검	번호	정답	1검	2검
70				97				124			
71				98				125			
72				99				126			
73				100				127			
74				101				128			
75				102				129			
76				103				130			
77				104				131			
78				105				132			
79				106				133			
80				107				134			
81				108				135			
82				109				136			
83				110				137			
84				111				138			
85				112				139			
86				113				140			
87				114				141			
88				115				142			
89				116				143			
90				117				144			
91				118				145			
92				119				146			
93				120				147			
94				121				148			
95				122				149			
96				123				150			

답은 답안지에 작성하십시오.

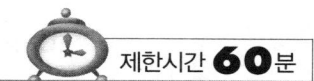 제한시간 **60**분

1 다음 漢字語의 讀音을 쓰시오. (1~45)

(1) 睦族
(2) 克己
(3) 切迫
(4) 洪水
(5) 塔碑
(6) 維新
(7) 丹楓
(8) 勤愼
(9) 悅樂
(10) 錦衣
(11) 右翼
(12) 嶺東
(13) 幼稚
(14) 一般
(15) 壽命
(16) 疏通
(17) 綿密
(18) 柔順
(19) 催眠
(20) 配役
(21) 耕作
(22) 徹骨
(23) 容貌
(24) 訣別
(25) 孟陽
(26) 雙親
(27) 補藥
(28) 哀惜
(29) 宮廷
(30) 畢業
(31) 沈默
(32) 冠履
(33) 猛烈
(34) 激奮
(35) 鎭靜
(36) 燒失
(37) 震動
(38) 丘陵
(39) 斜角
(40) 奪還
(41) 基盤
(42) 覆面
(43) 衡平
(44) 鑄字
(45) 蓋然

2 다음 漢字의 訓과 音을 쓰시오. (46~72)

(46) 欄
(47) 版
(48) 較
(49) 隆
(50) 誘
(51) 謙
(52) 紋
(53) 偶
(54) 蒙
(55) 署
(56) 雅
(57) 愚
(58) 像
(59) 笛
(60) 邪
(61) 勵
(62) 尺
(63) 兔
(64) 踏
(65) 摘
(66) 蓮
(67) 透
(68) 麻
(69) 拔
(70) 錯
(71) 瓦
(72) 尾

3 다음 漢字語 중에서 첫 音節이 長音으로 發音되는 것을 찾아, 그 번호를 쓰시오. (73~77)

(73) ① 扶助   ② 弊習   ③ 旅行   ④ 妨害
(74) ① 悔改   ② 要求   ③ 安寧   ④ 危殆
(75) ① 已往   ② 紀綱   ③ 雲海   ④ 碑石
(76) ① 文法   ② 腦裏   ③ 燃料   ④ 鬼神
(77) ① 器具   ② 懷古   ③ 醉中   ④ 哀願

4 다음 漢字語의 反義語(또는 相對語)를 漢字로 쓰시오. (78~82)

(78) 口傳
(79) 動機
(80) 消費
(81) 立體
(82) 差別

5 다음 漢字와 反對(또는 相對)되는 漢字를 써 넣어 漢字語를 만드시오. (83~87)

(83) □ ↔ 過
(84) □ ↔ 複
(85) 損 ↔ □
(86) 始 ↔ □
(87) 進 ↔ □

6 다음 밑줄 친 漢字語 중에서 한글로 쓴 것은 漢字로, 漢字로 쓴 것은 한글로 바꾸시오. (88~117)

현행[88] 식품 안전 관리 體系에서 가장 큰 문제[89]점으로 꼽혀온 것은 안전 관리의 책임[90] 소재[91]가 명확[92]하지 않다는 점이었다. 식품 안전 관련 업무가 복지부, 농림[93]부 등 8개 부처[94]에 分散돼 있고, 關聯[95]법령[96]도 식품위생법, 축산물가공[97]처리법 등 24개나 되다 보니 오히려 소비자 보호[98]에 구멍이 뚫린 境遇[99]가 적지 않았다. 上位法 役割을 할 이 기본[100]법이 통과[101]되고 이에 따라 관련 법령이 整備[102]되면 이 같은 문제점은 상당[103] 부분 개선[104]될 것으로 기대[105]된다.

식품[106] 관련 犯罪에 대해선 절대[107] 容納할 수 없다는 국민적 공감[108]대가 이뤄져 있다. 범죄까지 가지 않더라도 최소[109]한 먹는 것만큼은 안심[110]할 수 있어야 제대로 된 사회[111]라 할 수 있다. 이를 위해선 식품 정책을 총괄하는 식품안전정책위원회의 役割[112]이 중요[113]하다. 생산[114]부터 소비[115]까지 모든 식품 안전 정책에 관한 실질[116]적 권한[117]과 책임을 가질 필요가 있다.

(88) 현행　　　　　　　(89) 문제

(90) 책임　　　　　　　(91) 소재

(92) 명확　　　　　　　(93) 농림

(94) 부처　　　　　　　(95) 關聯

(96) 법령　　　　　　　(97) 가공

(98) 보호　　　　　　　(99) 境遇

(100) 기본　　　　　　(101) 통과

(102) 整備　　　　　　(103) 상당

(104) 개선　　　　　　(105) 기대

(106) 식품　　　　　　(107) 절대

(108) 공감　　　　　　(109) 최소

(110) 안심　　　　　　(111) 사회

(112) 役割　　　　　　(113) 중요

(114) 생산　　　　　　(115) 소비

(116) 실질　　　　　　(117) 권한

7 다음 漢字의 部首를 쓰시오. (118~122)

(118) 亭　　　　　　　(119) 豪

(120) 賴　　　　　　　(121) 啓

(122) 克

8 다음 □ 안에 알맞은 漢字를 써 넣어 漢字語(故事成語)를 完成하시오. (123~132)

(123) 虎死□皮　　　　(124) □者定離

(125) 見危致□　　　　(126) 驚□動地

(127) 錦衣□行　　　　(128) □不將軍

(129) 明鏡□水　　　　(130) 背□之陣

(131) □唱婦隨　　　　(132) 森□萬象

9 다음 漢字 중에서 (133~137)에서 보인 漢字와 뜻이 비슷한 것을 찾아, 그 번호를 쓰시오. (133~137)

例

① 亡　② 留　③ 言　④ 考　⑤ 賊
⑥ 請　⑦ 終　⑧ 驗　⑨ 大　⑩ 說

(133) 盜 － □　　　　(134) 辭 － □

(135) 試 － □　　　　(136) 停 － □

(137) 招 － □

10 다음 漢字語와 음은 같으나 뜻이 다른 單語를 漢字로 쓰시오. (138~142)

(138) 妹家 － □□ : 사는 값.

(139) 名刀 － □□ : 색의 밝고 어두운 정도.

(140) 文典 － □□ : 문 앞.

(141) 美名 － □□ : 날이 채 밝지 않음.

(142) 班家 － □□ : 본래 값의 절반.

11 다음 漢字의 略字를 쓰시오. (143~145)

(143) 觀　　　　　　　(144) 鐵

(145) 濟

12 다음 漢字語의 뜻을 쓰시오. (146~150)

(146) 拔劍

(147) 遷都

(148) 稚魚

(149) 畜舍

(150) 憂國

수험번호 □□□-□□-□□□□   성명 □□□□□

주민등록번호 □□□□□□-□□□□□□□

※ 유성 사인펜, 붉은색 필기구 사용 불가.

※ 답안지는 컴퓨터로 처리되므로 구기거나 더럽히지 마시고, 정답 칸 안에만 쓰십시오.
   글씨가 채점란으로 들어오면 오답처리가 됩니다.

전국한자능력검정시험 3급Ⅱ 답안지 (1)

번호	답안란 정답	채점란 1검	채점란 2검	번호	답안란 정답	채점란 1검	채점란 2검	번호	답안란 정답	채점란 1검	채점란 2검
1				24				47			
2				25				48			
3				26				49			
4				27				50			
5				28				51			
6				29				52			
7				30				53			
8				31				54			
9				32				55			
10				33				56			
11				34				57			
12				35				58			
13				36				59			
14				37				60			
15				38				61			
16				39				62			
17				40				63			
18				41				64			
19				42				65			
20				43				66			
21				44				67			
22				45				68			
23				46				69			

감독위원	채점위원 (1)		채점위원 (2)		채점위원 (3)	
(서명)	(득점)	(서명)	(득점)	(서명)	(득점)	(서명)

※ 뒷면으로 이어짐

사단법인 한국어문회 · 한국한자능력검정회

※ 본 답안지는 컴퓨터로 처리되므로 구겨지거나 더럽혀지지 않도록 조심하시고 글씨를 칸 안에 또박또박 쓰십시오.

전국한자능력검정시험 3급Ⅱ 답안지 (2)

번호	정답	1검	2검	번호	정답	1검	2검	번호	정답	1검	2검
70				97				124			
71				98				125			
72				99				126			
73				100				127			
74				101				128			
75				102				129			
76				103				130			
77				104				131			
78				105				132			
79				106				133			
80				107				134			
81				108				135			
82				109				136			
83				110				137			
84				111				138			
85				112				139			
86				113				140			
87				114				141			
88				115				142			
89				116				143			
90				117				144			
91				118				145			
92				119				146			
93				120				147			
94				121				148			
95				122				149			
96				123				150			

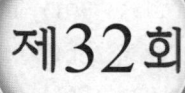

제32회 한자능력검정시험 3Ⅱ급 기출분석문제

본 문제는 (사)한국어문회 시행 제32회 한자능력검정시험에 출제되었던 문제를 수험생들에게 수집한 것입니다.  제한시간**60분**

1 다음 漢字語의 讀音을 쓰시오. (1~36)

(1) 稅關(　　) (2) 擔任(　　) (3) 卑俗(　　)
(4) 借入(　　) (5) 慕情(　　) (6) 得票(　　)
(7) 復活(　　) (8) 切除(　　) (9) 妹兄(　　)
(10) 老松(　　) (11) 移住(　　) (12) 推測(　　)
(13) 旅費(　　) (14) 勤勉(　　) (15) 觀照(　　)
(16) 恨歎(　　) (17) 影響(　　) (18) 週期(　　)
(19) 冬季(　　) (20) 吉凶(　　) (21) 滿足(　　)
(22) 建設(　　) (23) 武藝(　　) (24) 假飾(　　)
(25) 呼吸(　　) (26) 脫皮(　　) (27) 壽宴(　　)
(28) 筆跡(　　) (29) 急增(　　) (30) 總帥(　　)
(31) 沈默(　　) (32) 鄕愁(　　) (33) 如此(　　)
(34) 終映(　　) (35) 晩鐘(　　) (36) 逆境(　　)

2 다음 漢字의 訓과 音을 쓰시오. (37~63)

(37) 幼(　　) (38) 飮(　　) (39) 快(　　)
(40) 投(　　) (41) 孤(　　) (42) 領(　　)
(43) 督(　　) (44) 卓(　　) (45) 課(　　)
(46) 秩(　　) (47) 雲(　　) (48) 覺(　　)
(49) 益(　　) (50) 庭(　　) (51) 懇(　　)
(52) 章(　　) (53) 損(　　) (54) 優(　　)
(55) 副(　　) (56) 眞(　　) (57) 悟(　　)
(58) 睦(　　) (59) 寧(　　) (60) 拜(　　)
(61) 愼(　　) (62) 紛(　　) (63) 演(　　)

3 다음 글에서 밑줄 친 한글은 漢字로, 漢字는 한글로 옮겨 쓰시오. (64~102)

Ⅰ. 휴머니즘은 多樣(64)한 문화에 접촉하여 풍부(65)한 개성(66)을 길러 내는 것을 目標(67)로 삼고, 종교는 통일(68)적 원리에 의하여 개성을 훈련하고 집중(69)하는 것을 목표로 삼는다.(…) 교양은 잡다한 요소(70)가 들어가서 상호 조정함으로 말미암아 도달(71)되는 한 조화(72)적 狀態(73)니, 그것은 외부사회에 대하여선 고원(74)한 식견(75)과 적정한 판단을 가지게 된다.

<최재서, 교양의 정신>

Ⅱ. 교수(76) 신문이 최근(77) 교수를 대상으로 설문조사를 실시(78)해 발표(79)한 결과(80)에 따르면 2005년 한국의 정치(81)·경제(82)·사회에 適合(83)한 사자성어로 '위에는 불 아래는 못, 서로 등을 돌렸다.'라는 뜻의 '上火下澤'(84)을 선정했다.
이 사자성어는 서로 이반하고 分裂(85)하는 현상을 뜻하는 말로 끊임없는 정쟁, 행정복합도시(86)를 둘러싼 비생산(87)적인 논쟁(88), 지역 및 이념(89) 갈등 등 우리 사회의 소모적인 분열과 갈등 양상을 반영한 것으로 풀이된다.

교수들은 이 와중에 사회 양극(90)화는 더욱 深刻(91)해져 농민(92)들의 삶은 더욱 피폐해지고 비정규(93)직 노동자(94)는 더욱 확산됐다고 指摘(95)했다.(……)
상대방의 작은 허물을 찾아내 비난(96)한다는 의미(97)의 吹毛覓疵(취모멱자)도 순위(98)에 들었다.
가장 안타까운 일로는 단연(99) '황우석 교수와 PD수첩 사태'를 꼽았고 이어 사회적 貧困(100) 심화, 대책 없는 쌀 개방(101)과 연이은 자살(102) 순이었다.

<서울=연합뉴스, 2005. 12. 20.>

(64) 多樣(　　) (65) 풍부(　　) (66) 개성(　　)
(67) 目標(　　) (68) 통일(　　) (69) 집중(　　)
(70) 요소(　　) (71) 도달(　　) (72) 조화(　　)
(73) 狀態(　　) (74) 고원(　　) (75) 식견(　　)
(76) 교수(　　) (77) 최근(　　) (78) 실시(　　)
(79) 발표(　　) (80) 결과(　　) (81) 정치(　　)
(82) 경제(　　) (83) 適合(　　)
(84) 上火下澤(　　　　) (85) 分裂(　　)
(86) 도시(　　) (87) 생산(　　) (88) 논쟁(　　)
(89) 이념(　　) (90) 양극(　　) (91) 深刻(　　)
(92) 농민(　　) (93) 정규(　　)
(94) 노동자(　　　　) (95) 指摘(　　)
(96) 비난(　　) (97) 의미(　　) (98) 순위(　　)
(99) 단연(　　) (100) 貧困(　　) (101) 개방(　　)
(102) 자살(　　)

4 다음 漢字와 反對 또는 相對되는 漢字를 써넣어 漢字語를 만드시오. (103~107)

(103) 勝 ↔ (　　) (104) (　　) ↔ 秋
(105) (　　) ↔ 沒 (106) 善 ↔ (　　)
(107) (　　) ↔ 憎

5 다음 漢字語 가운데 첫 音節이 長音으로 발음되는 것을 골라 그 번호를 쓰시오. (108~112)

(108) ①官許 ②廣告 ③探訪 ④賢哲
(109) ①末伏 ②丹靑 ③巨額 ④香料
(110) ①落差 ②悲哀 ③失業 ④縮尺
(111) ①裝置 ②沙漠 ③耕作 ④敢行
(112) ①去就 ②溫泉 ③協約 ④東窓

6 다음 漢字의 略字를 쓰시오. (113~115)

(113) 區 (　　) (114) 禮 (　　) (115) 應 (　　)

7 다음 漢字의 〈例〉에서 (116~120)의 뜻과 비슷한 漢字를 골라 그 번호를 써 넣으시오. (116~120)

[例]
㉮ 久   ㉯ 辯   ㉰ 群   ㉱ 較
㉲ 曲   ㉳ 戶   ㉴ 美

(116) 談 (   )   (117) 比 (   )   (118) 舍 (   )
(119) 衆 (   )   (120) 佳 (   )

8 다음 漢字의 部首를 쓰시오. (121~125)

(121) 戚 (   )   (122) 康 (   )   (123) 村 (   )
(124) 承 (   )   (125) 右

9 다음 漢字語와 音이 같고 다른 뜻을 가진 漢字語를 쓰시오. 〈長短音과 무관〉 (126~130)

(126) 死傷 – (   ) : 생각
(127) 待機 – (   ) : 큰 그릇
(128) 在庫 – (   ) : 다시 생각함
(129) 同時 – (   ) : 어린이의 시
(130) 造船 – (   ) : 이성계가 고려를 멸하고 세운 나라

10 다음 빈칸에 알맞은 漢字를 써 넣어 漢字語(故事成語)를 完成하시오. (131~140)

(131) 轉禍爲(   )   (132) 不(   )其數
(133) 立身揚(   )   (134) 二(   )背反
(135) 興(   )盛衰   (136) 說往說(   )
(137) 我(   )引水   (138) 束(   )無策
(139) 至誠(   )天   (140) 張三(   )四

11 다음 漢字語의 反對語 또는 相對語를 漢字로 쓰시오. (141~145)

(141) 內容 ↔ (   )   (142) (   ) ↔ 複雜
(143) 物質 ↔ (   )   (144) (   ) ↔ 危險
(145) 君子 ↔ (   )

12 다음 漢字의 뜻을 쓰시오. (146~150)

(146) 貯蓄 (   )
(147) 閑寂 (   )
(148) 減少 (   )
(149) 聖歌 (   )
(150) 忍耐 (   )

기출분석문제 **32** 회

(1) 세관 (2) 담임 (3) 비속 (4) 차입 (5) 모정 (6) 득표 (7) 부활 (8) 절제 (9) 매형 (10) 노송 (11) 이주 (12) 추측 (13) 여비 (14) 근면 (15) 관조 (16) 한탄 (17) 영향 (18) 주기 (19) 동계 (20) 길흉 (21) 만족 (22) 건설 (23) 무예 (24) 가식 (25) 호흡 (26) 탈피 (27) 수연 (28) 필적 (29) 급증 (30) 총수 (31) 침묵 (32) 향수 (33) 여차 (34) 종영 (35) 만종 (36) 역경 (37) 어릴 유 (38) 마실 음 (39) 쾌할 쾌 (40) 던질 투 (41) 외로울 고 (42) 거느릴 령 (43) 감독할 독 (44) 높을 탁 (45) 공부할 과 (46) 차례 질 (47) 구름 운 (48) 깨달을 각 (49) 더할 익 (50) 뜰 정 (51) 간절할 간 (52) 글 장 (53) 덜 손 (54) 넉넉할 우 (55) 버금 부 (56) 참 진 (57) 깨달을 오 (58) 화목할 목 (59) 편안 녕 (60) 절 배 (61) 삼갈 신 (62) 어지러울 분 (63) 펼 연 (64) 다양 (65) 豊富 (66) 個性 (67) 목표 (68) 統一 (69) 集中 (70) 要素 (71) 到達 (72) 調和 (73) 상태 (74) 高遠 (75) 식견 (76) 敎授 (77) 最近 (78) 實施 (79) 發表 (80) 結果 (81) 政治 (82) 經濟 (83) 적합 (84) 상화하택 (85) 분열 (86) 都市 (87) 生産 (88) 論爭 (89) 理念 (90) 兩極 (91) 심각 (92) 農民 (93) 正規 (94) 勞動者 (95) 지적 (96) 非難 (97) 意味 (98) 順位 (99) 端然 (100) 빈곤 (101) 開放 (102) 自殺 (103) 敗 (104) 春 (105) 出 (106) 惡 (107) 愛 (108) ② (109) ③ (110) ② (111) ④ (112) ① (113) 区 (114) 礼 (115) 応 (116) ㉯ (117) ㉱ (118) ㉳ (119) ㉰ (120) ㉴ (121) 戈 (122) 广 (123) 木 (124) 手 (125) 口 (126) 思想 (127) 大器 (128) 再考 (129) 童詩 (130) 朝鮮 (131) 福 (132) 知 (133) 名 (134) 律 (135) 亡 (136) 來 (137) 田 (138) 手 (139) 感 (140) 李 (141) 形式 (142) 單純 (143) 精神 (144) 安全 (145) 小人 (146) 절약해 모아 둠 (147) 한가하고 고요하다 (148) 줄어서 작아짐 (149) 성스러운 노래 (150) 참고 견딤

제34회 한자능력검정시험 3Ⅱ급 기출분석문제

본 문제는 (사)한국어문회 시행 제34회 한자능력검정시험에 출제되었던 문제를 수험생들에게 수집한 것입니다. 제한시간 **60분**

1 다음 漢字語의 讀音을 쓰세요. (1~33)

(1) 謙讓( ) (2) 臺帳( ) (3) 啓蒙( )
(4) 森嚴( ) (5) 拘禁( ) (6) 損壞( )
(7) 緩急( ) (8) 吹奏( ) (9) 督促( )
(10) 請負( ) (11) 坐禪( ) (12) 紫煙( )
(13) 堅執( ) (14) 賦役( ) (15) 靜寂( )
(16) 微賤( ) (17) 邪慾( ) (18) 悔悟( )
(19) 幽閉( ) (20) 隱密( ) (21) 御殿( )
(22) 漆黑( ) (23) 乾濕( ) (24) 獎勵( )
(25) 護衛( ) (26) 拳鬪( ) (27) 稚魚( )
(28) 溫厚( ) (29) 汗蒸( ) (30) 拔劍( )
(31) 荷船( ) (32) 配慮( ) (33) 莫甚( )

2 다음 漢字의 訓과 音을 쓰세요. (34~60)

(34) 揚( ) (35) 恕( ) (36) 珍( )
(37) 疏( ) (38) 恒( ) (39) 載( )
(40) 昇( ) (41) 齊( ) (42) 討( )
(43) 華( ) (44) 衝( ) (45) 停( )
(46) 阿( ) (47) 洗( ) (48) 缺( )
(49) 暖( ) (50) 伏( ) (51) 桃( )
(52) 磨( ) (53) 漏( ) (54) 架( )
(55) 瓦( ) (56) 枝( ) (57) 鎖( )
(58) 宴( ) (59) 招( ) (60) 滯( )

3 다음 글에서 밑줄 친 單語 가운데, 漢字는 한글로, 한글은 漢字로 고쳐 쓰시오. (61~102)

O "不滅(61)의 이순신 등 남쪽 드라마와 映畵(62)를 많이 보고 있다"는 북한의 김정일 국방 위원장은 "南側(63) 젊은이들의 언어가 악센트 差異(64) 등으로 인해 이해(65)에 어려움이 있다" 면서 남북 언어 이질화를 막기 위해 한문공부(66)를 많이 시키고 있다."고 말했다. <서울=연합뉴스, 2005, 6, 18>

O 요즘 '한자 열풍(67)'이 대학가를 뜨겁게 달구고 있다. 한자 시험을 採用(68) 과정(69)에 넣거나 자격증 所持者(70)에 대해 加算點(71)을 주는 企業(72)들이 늘고 있기 때문에, 피말리는 취업 경쟁(73)에서 한자 능력이 중요(74)한 변수(75)로 떠오른 것이다. 하반기(76) 대규모 기업 공채를 앞두고 대학 당국(77)도 비상(78)이 걸렸다. 학생들의 한자 능력을 강화(79)하기 위해 학교 차원(80)에서 '집중(81) 세미나'를 개설(82)하여 支援(83)을 하는 대학도 생겼다. <조선일보> 2006. 8. 7 기사에서 발췌

O 조세미씨는 "영어에 목숨 거는 한국교육은 잘못된 것"이라 하고, "多樣(84)한 문화 체험, 창의(85)적이고 논리적인 사고(86), 그리고 도전정신(87)이 중요하다."고 말했다. (<조선일보, 2006. 4. 28)

O 유길준의 著書(88) [서유견문]은 한국 최초(89)의 국한문혼용체를 사용하여 세계(90)의 지리, 법률(91), 치안(92), 풍습, 상업, 婚禮(93) 등 근대(94) 서양(95) 사회의 온갖 지식(96) 체계를 망라하였다. (韓國語文會 편, [구당 유길준의 사상과 저술])

O 복녀는 본래 가난은 하나마, 정직(97)한 농가(98)에서 규칙있게 자라난 처녀(99)였다. (김동인의 <감자>)

O 돈 있고 지위(100)가 높을 때에 품격(101)을 지키는 사람보다, 역경(102)에 처해 있을 때에 보전하고 있는 사람이 참된 사람이다. ([채근담])

4 다음 漢字語 가운데 첫 音節이 長音으로 발음되는 것을 골라 그 번호를 쓰시오. (103~107)

(103) ① 寒波 ② 窓口 ③ 宇宙 ④ 公司
(104) ① 妙技 ② 兵馬 ③ 聯盟 ④ 伯兄
(105) ① 順序 ② 認可 ③ 提示 ④ 額面
(106) ① 雲海 ② 模範 ③ 邊方 ④ 類推
(107) ① 輸送 ② 斷絶 ③ 遺言 ④ 詳細

5 다음 漢字와 反對(또는 相對)되는 漢字를 써넣어 漢字語를 만드시오. (108~112)

(108) ( ) ↔ 晩   (109) ( ) ↔ 辱
(110) ( ) ↔ 免   (111) ( ) ↔ 卑
(112) ( ) ↔ 裏

6 다음 漢字語의 反對語(또는 相對語)를 漢字로 쓰시오. (113~117)

(113) 動機 ↔ ( )   (114) ( ) ↔ 苦痛
(115) 敗北 ↔ ( )   (116) 虛僞 ↔ ( )
(117) 依存 ↔ ( )

7 다음 빈칸에 알맞은 漢字를 써 넣어 漢字語(故事成語)를 完成하시오. (118~127)

(118) ( )在頃刻   (119) 群( )割據
(120) 賢母( )妻   (121) 彼此( )般
(122) 同( )紅裳   (123) ( )兆蒼生
(124) 壽福( )寧   (125) 氷( )之間
(126) 論功行( )   (127) 錦衣還( )

8 다음 漢字의 部首를 쓰시오. (128~132)

(128) 兒( )   (129) 吏( )   (130) 或( )
(131) 麗( )   (132) 拜( )

9 다음 漢字의 〈例〉에서 (133~137)의 뜻과 비슷한 漢字를 골라 그 번호를 써 넣으시오. (133~137)

┌─[例]──────────────────┐
│ ① 祝   ② 進   ③ 務   ④ 給 │
│ ⑤ 客   ⑥ 窮   ⑦ 視 │
└───────────────────────┘

(133) 旅   (134) 勉   (135) 貧
(136) 監   (137) 與

10 다음 漢字語와 음은 같으나, 풀이와 같은 뜻을 가진 漢字語를 쓰시오. (長短音과 무관) (138~142)

(138) 詩歌 - ( ) : 도시의 거리
(139) 情景 - ( ) : 정치와 경제
(140) 仙藥 - ( ) : 먼저 약속함
(141) 守令 - ( ) : 돈이나 물품을 받아들임
(142) 秀才 - ( ) : 큰물로 말미암은 재해

11 다음 漢字語의 뜻을 쓰시오. (143~147)

(143) 遷都   (144) 祭需   (145) 碧眼
(146) 端緒   (147) 豫報

12 다음 漢字의 略字를 쓰시오. (148~150)

(148) 團   (149) 鐵   (150) 假

기출분석문제 **34**회

(1) 겸양 (2) 대장 (3) 계몽 (4) 삼엄 (5) 구금 (6) 손괴 (7) 완급 (8) 취주 (9) 독촉 (10) 청부 (11) 좌선 (12) 자연 (13) 견집 (14) 부역 (15) 정적 (16) 미천 (17) 사욕 (18) 회오 (19) 유폐 (20) 은밀 (21) 어전 (22) 칠흑 (23) 건습 (24) 장려 (25) 호위 (26) 권투 (27) 치어 (28) 온후 (29) 한증 (30) 발검 (31) 하선 (32) 배려 (33) 막심 (34) 날릴 양 (35) 용서할 서 (36) 보배 진 (37) 소통할 소 (38) 항상 항 (39) 실을 재 (40) 오를 승 (41) 가지런할 제 (42) 칠 토 (43) 빛날 화 (44) 찌를 충 (45) 머무를 정 (46) 언덕 아 (47) 씻을 세 (48) 이지러질 결 (49) 따뜻할 난 (50) 엎드릴 복 (51) 복숭아 도 (52) 갈 마 (53) 샐 루 (54) 시렁 가 (55) 기와 와 (56) 가지 지 (57) 쇠사슬 쇄 (58) 잔치 연 (59) 부를 초 (60) 막힐 체 (61) 불멸 (62) 영화 (63) 남측 (64) 차이 (65) 理解 (66) 工夫 (67) 熱風 (68) 채용 (69) 過程 (70) 소지자 (71) 가산점 (72) 기업 (73) 競爭 (74) 重要 (75) 變數 (76) 下半期 (77) 當局 (78) 非常 (79) 强化 (80) 次元 (81) 集中 (82) 開設 (83) 지원 (84) 다양 (85) 創意 (86) 思考 (87) 精神 (88) 저서 (89) 最初 (90) 世界 (91) 法律 (92) 治安 (93) 혼례 (94) 近代 (95) 西洋 (96) 知識 (97) 正直 (98) 農家 (99) 處女 (100) 地位 (101) 品格 (102) 逆境 (103) ③ (104) ① (105) ① (106) ④ (107) ② (108) 무 (109) 榮 (110) 任 (111) 尊 (112) 表 (113) 結果 (114) 快樂 (115) 勝利 (116) 眞實 (117) 自立 (118) 命 (119) 雄 (120) 良 (121) 一 (122) 價 (123) 億 (124) 康 (125) 炭 (126) 賞 (127) 鄕 (128) 儿 (129) 口 (130) 戈 (131) 鹿 (132) 手 (133) ⑤ (134) ③ (135) ⑥ (136) ⑦ (137) ④ (138) 市街 (139) 政經 (140) 先約 (141) 受領 (142) 水災 (143) 도읍을 옮김 (144) 제사 음식 (145) 눈동자가 파란 사람 (서양사람) (146) 어떤 일의 시초 (실마리) (147) 앞으로 일어날 일을 미리 알림 (148) 団 (149) 鉄 (150) 仮

제35회 한자능력검정시험 3Ⅱ급 기출분석문제

본 문제는 (사)한국어문회 시행 제32회 한자능력검정시험에 출제되었던 문제를 수험생들에게 수집한 것입니다. ⏰ 제한시간 **60**분

1 다음 漢字의 독음을 쓰시오. (1~42)

(1) 狀況(　　) 　(2) 發射(　　) 　(3) 契機(　　)
(4) 均衡(　　) 　(5) 危險(　　) 　(6) 深刻(　　)
(7) 適切(　　) 　(8) 武裝(　　) 　(9) 抑止(　　)
(10) 情勢(　　) 　(11) 生存(　　) 　(12) 繁榮(　　)
(13) 目標(　　) 　(14) 憂慮(　　) 　(15) 同盟(　　)
(16) 夢想(　　) 　(17) 拍車(　　) 　(18) 負擔(　　)
(19) 周邊(　　) 　(20) 慰勞(　　) 　(21) 判決(　　)
(22) 讓渡(　　) 　(23) 根據(　　) 　(24) 鬪爭(　　)
(25) 置換(　　) 　(26) 衝擊(　　) 　(27) 改革(　　)
(28) 計劃(　　) 　(29) 公約(　　) 　(30) 效率(　　)
(31) 著者(　　) 　(32) 昇進(　　) 　(33) 浪費(　　)
(34) 薄福(　　) 　(35) 折半(　　) 　(36) 腐敗(　　)
(37) 誘惑(　　) 　(38) 兼備(　　) 　(39) 離陸(　　)
(40) 飛行(　　) 　(41) 模範(　　) 　(42) 筋肉(　　)

2 다음 漢字의 訓과 音을 쓰세요. (43~69)

(43) 脚(　　) 　(44) 貯(　　) 　(45) 告(　　)
(46) 等(　　) 　(47) 功(　　) 　(48) 紫(　　)
(49) 緊(　　) 　(50) 努(　　) 　(51) 怒(　　)
(52) 幽(　　) 　(53) 泥(　　) 　(54) 帶(　　)
(55) 顔(　　) 　(56) 羅(　　) 　(57) 洞(　　)
(58) 斜(　　) 　(59) 秘(　　) 　(60) 覽(　　)
(61) 脈(　　) 　(62) 肥(　　) 　(63) 紋(　　)
(64) 廊(　　) 　(65) 類(　　) 　(66) 盤(　　)
(67) 拔(　　) 　(68) 貌(　　) 　(69) 奉(　　)

3 다음 밑줄 친 漢字語를 漢字로 쓰세요. (70~102)

○ 대통령(70)은 북한이 핵실험을 해도 그들의 의도(71)와
국방력을 여전(72)히 과소(73) 評價(74)하여 우리의 안
보(75)에 문제가 없다고 생각한다.
○ 그들의 행동을 심각한 威脅(76)으로 인정하여, 국방부
에서 국방백서에 명기(77)했던 것은 다행(78)스럽고 당
연(79)한 일이다.
○ 과다한 분량(80)을 독자적(81)으로 줄일 수 있는 현실
성(82) 있는 방법(83)을 모색해야 한다.
○ 우리의 평화(84)를 강화(85)할 수 있는 대안(86)을 찾
되 강대국들과 우호(87)적인 관계(88)를 維持(89)하는
것은 중요(90)하다.
○ 교사(91)의 기본(92) 의무인 수업(93)을 거부하는 것은
학생들의 권리를 침해(94)하는 것이다.

○ 학생들에게 위자료를 지급(95)한 배경(96)은 학생들을
가르쳐야 한다는 교사들의 기본 정신(97)을 확인(98)한
다는 원칙(99)에 의한 것이다.
○ 정부(100)는 집단(101)의 무질서에 대한 책임(102)을
질책해야 한다.

4 다음 漢字語 가운데 첫 音節이 長音으로 발음되는 것을 골라
그 번호를 쓰시오. (103~107)

(103) ① 歌曲 　② 何必 　③ 街頭 　④ 來日
(104) ① 看護 　② 綿絲 　③ 角材 　④ 道德
(105) ① 官職 　② 滿足 　③ 趣味 　④ 映畵
(106) ① 燒失 　② 復活 　③ 牧童 　④ 氷山
(107) ① 勉勵 　② 複寫 　③ 崇拜 　④ 考察

5 다음 漢字와 反對(또는 相對)되는 漢字를 써넣어 漢字語를
만드시오. (108~112)

(108) (　　) ↔ 續 　　(109) 緩 ↔ (　　)
(110) 賣 ↔ (　　) 　　(111) (　　) ↔ 僞
(112) (　　) ↔ 應

6 다음 漢字語의 反對語(또는 相對語)를 漢字로 쓰시오.
(113~117)

(113) 破壞 ↔ (　　) 　　(114) 苦痛 ↔ (　　)
(115) 起立 ↔ (　　) 　　(116) 形式 ↔ (　　)
(117) 怨恨 ↔ (　　)

7 다음 빈칸에 알맞은 漢字를 써 넣어 漢字語(故事成語)를 完
成하시오. (118~127)

(118) 甘言(　)說
(119) 架(　)人物
(120) 江湖(　)波
(121) 經世(　)民
(122) 東奔西(　)
(123) 金枝玉(　)
(124) 臨時(　)通
(125) 無(　)徒食
(126) 美辭(　)句
(127) 十年(　)壽

8 다음 漢字의 部首를 쓰시오. (128~132)

(128) 專 (   )　　　　(129) 左 (   )
(130) 凶 (   )　　　　(131) 戒 (   )
(132) 直 (   )

9 다음 漢字의 〈例〉에서 (133~137)의 뜻과 비슷한 漢字를 골라 그 번호를 써 넣으시오. (133~137)

［例］
① 剛　② 留　③ 貢　④ 梁
⑤ 得　⑥ 賢　⑦ 攻

(133) 納　　　(134) 堅　　　(135) 橋
(136) 居　　　(137) 獲

10 다음 漢字語와 音이 같으며, 다음 풀이에 알맞은 漢字語를 쓰시오. (138~142)

(138) 夏季 - (   ) : 높은 곳에서 낮은 곳을 일컫는 말
(139) 眠食 - (   ) : 서로 낯이 익음
(140) 優秀 - (   ) : 오른 손
(141) 詳述 - (   ) : 장사하는 솜씨
(142) 孤島 - (   ) : 높이

11 다음 漢字語의 뜻을 쓰시오. (143~147)

(143) 佳配
(144) 受諾
(145) 元旦
(146) 歎聲
(147) 坐視

12 다음 漢字의 略字를 쓰시오. (148~150)

(148) 缺 (   )　　　(149) 區 (   )　　　(150) 興 (   )

(1) 상황 (2) 발사 (3) 계기 (4) 균형 (5) 위험 (6) 심각 (7) 적절 (8) 무장 (9) 억지 (10) 정세 (11) 생존 (12) 번영 (13)목표 (14) 우려 (15) 동맹 (16) 몽상 (17) 박차 (18) 부담 (19) 주변 (20) 위로 (21) 판결 (22) 양도 (23) 근거 (24) 투쟁 (25) 치환 (26) 충격 (27) 개혁 (28) 계획 (29) 공약 (30) 효율 (31) 저자 (32) 승진 (33) 낭비 (34) 박복 (35) 절반 (36) 부패 (37) 유혹 (38) 겸비 (39) 이륙 (40) 비행 (41) 모범 (42) 근육 (43) 다리 각 (44) 쌓을 저 (45)고할 고 (46) 무리 등 (47) 공공 (48) 자줏빛 자 (49) 긴할 긴 (50) 힘쓸 노 (51) 성낼 노 (52) 그윽할 유 (53) 진흙 니 (54) 띠 대 (55) 낯 안 (56) 벌릴 라 (57) 골 동 (58) 비낄 사 (59) 숨길 비 (60) 볼 람 (61) 줄기 맥 (62) 살찔 비 (63) 무늬 문 (64) 행랑 랑 (65) 무리 류 (66) 소반 반 (67) 뽑을 발 (68) 모양 모 (69) 받들 봉 (70) 大統領 (71) 意圖 (72) 如前 (73) 過小 (74) 평가 (75) 保安 (76) 위협 (77) 明記 (78) 多幸 (79) 當然 (80) 分量 (81) 獨自的 (82) 現實性 (83) 方法 (84) 平和 (85) 强化 (86) 代案 (87) 友好 (88) 關係 (89) 유지 (90) 重要 (91) 教師 (92) 基本 (93) 授業 (94) 侵害 (95) 支給 (96) 背景 (97) 精神 (98) 確認 (99) 原則 (100) 政府 (101) 集團 (102) 責任 (103) 3 (104) 4 (105) 3 (106) 2 (107) 1 (108) 斷 (109) 急 (110) 買 (111) 眞 (112) 呼 (113) 建設 (114) 快樂 (115) 着席 (116) 內容 (117) 恩惠 (118) 利 (119) 空 (120) 煙 (121) 濟 (122) 走 (123) 葉 (124) 變 (125) 爲 (126) 麗 (127) 減 (128) 寸 (129) 工 (130) 凵 (131) 戈 (132) 目 (133) 3 (134) 1 (135) 4 (136) 2 (137) 5 (138) 下界 (139) 面識 (140) 右手 (141) 商術 (142) 高度 (143) 좋은 배우자 (144) 요구를 받아들여 승낙함 (145) 설날 (146) 감탄하는 소리 (147) 참견하지 않고 앉아서 보기만 함 (148) 欠 (149) 区 (150) 兴

답은 답안지에 작성하십시오.

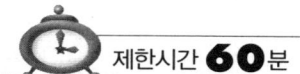 제한시간 **60**분

1 다음 漢字語의 讀音을 쓰시오. (1~45)

(1) 莊嚴	(2) 沿革
(3) 祈福	(4) 熟達
(5) 仙鶴	(6) 帳簿
(7) 古蹟	(8) 藏守
(9) 危殆	(10) 乾魚
(11) 哲學	(12) 淸凉
(13) 禽獸	(14) 淺薄
(15) 側近	(16) 內臟
(17) 幹部	(18) 暫時
(19) 影像	(20) 烏梅
(21) 貞淑	(22) 忍耐
(23) 片紙	(24) 胡角
(25) 盟約	(26) 漸次
(27) 培養	(28) 徵兆
(29) 貫徹	(30) 浩氣
(31) 頃刻	(32) 告訴
(33) 橫材	(34) 排除
(35) 慣習	(36) 賃金
(37) 汗蒸	(38) 僞裝
(39) 族譜	(40) 鳳眼
(41) 檢疫	(42) 倒産
(43) 靑蛇	(44) 淫畫
(45) 免除	

2 다음 漢字의 訓과 音을 쓰시오. (46~72)

(46) 刷	(47) 逸
(48) 跡	(49) 恥
(50) 啓	(51) 衝
(52) 符	(53) 魂
(54) 謀	(55) 黙
(56) 悟	(57) 徵
(58) 劍	(59) 妻
(60) 已	(61) 奔
(62) 輪	(63) 甚
(64) 裕	(65) 索
(66) 漏	(67) 腐
(68) 磨	(69) 雷
(70) 胸	(71) 泥
(72) 鋼	

3 다음 訓과 音에 알맞은 漢字를 쓰시오. (73~81)

(73) 풀 해	(74) 쌓을 축
(75) 베풀 시	(76) 성낼 노
(77) 누를 압	(78) 연기 연
(79) 벌할 벌	(80) 갈 왕
(81) 도울 호	

4 다음 漢字語 중에서 첫 音節이 長音으로 發音되는 것을 찾아, 그 번호를 쓰시오.(순서 상관없음) (82~86)

例

① 遷都 ② 崇高 ③ 烏竹 ④ 鳳德 ⑤ 維新
⑥ 戀人 ⑦ 夏至 ⑧ 慈愛 ⑨ 追加 ⑩ 禍根

(82) ☐	(83) ☐
(84) ☐	(85) ☐
(86) ☐	

5 다음 밑줄 친 漢字語 중에서 한글로 쓴 것은 漢字로, 漢字로 쓴 것은 한글로 바꾸시오. (87~107)

10년 전만 하더라도 기차⁸⁷ 여행⁸⁸은 시간적 餘裕⁸⁹와 정신⁹⁰적 풍요로움의 象徵⁹¹이었다. 편안⁹²하게 쉬거나 신문⁹³을 뒤적이다가 식당⁹⁴ 칸에 가서 허기를 채우기도 하고 차창 밖으로 펼쳐지는 석양⁹⁵에 感歎⁹⁶하며 麥酒 한잔을 넘길 때의 그 짜릿함과 餘裕는 쉽게 잊지 못할 묘한 매력이었다. (중략)
내 아이가 모차르트 같은 100년에 하나 나올까 말까 한 천재⁹⁷이기를 바라는 父母들은 너나 할 것 없이 숨쉬기조차 힘겨운 정도⁹⁸의 무리⁹⁹한 연습¹⁰⁰을 강요¹⁰¹하게 되고, 결국¹⁰² 어린 나이의 이 무리한 연습은 아이의 筋肉¹⁰³이나 관절¹⁰⁴에 惡影響을 미쳐 심하게는 악기¹⁰⁵를 다시 演奏¹⁰⁶할 수 없는 상태¹⁰⁷에까지 이르게 할 때도 있다.

(87) 기차

(88) 여행

(89) 餘裕

(90) 정신

(91) 象徵

(92) 편안

(93) 신문

(94) 식당

(95) 석양

(96) 感歎

(97) 천재

(98) 정도

(99) 무리

(100) 연습

(101) 강요

(102) 결국

(103) 筋肉

(104) 관절

(105) 악기

(106) 演奏

(107) 상태

6 다음 漢字와 反對(또는 相對)되는 漢字를 써 넣어 漢字語를 만드시오. (108~117)

(108) □ ↔ 暖

(109) □ ↔ 寡

(110) □ ↔ 幼

(111) 姑 ↔ □

(112) 逢 ↔ □

(113) □ ↔ 否

(114) 物 ↔ □

(115) 貧 ↔ □

(116) 與 ↔ □

(117) □ ↔ 兵

7 다음 漢字의 部首를 쓰시오. (118~122)

(118) 豈

(119) 甚

(120) 慕

(121) 乾

(122) 威

8 다음 □ 안에 알맞은 漢字를 써 넣어 漢字語(故事成語)를 完成하시오. (123~132)

(123) □肉強食

(124) 欲速不□

(125) 一波□波

(126) 前代□聞

(127) 進□兩難

(128) 風□之歎

(129) 紅爐點□

(130) □者解之

(131) □執不通

(132) 氣盡□盡

9 다음 漢字와 뜻이 비슷한 漢字를 써 넣어 漢字語를 完成하시오. (133~137)

(133) 測 - □

(134) 希 - □

(135) 貞 - □

(136) □ - 謠

(137) □ - 濟

10 다음 漢字語의 뜻을 쓰시오. (138~142)

(138) 露出

(139) 殊恩

(140) 登頂

(141) 鑄貨

(142) 豪言

11 다음 漢字語와 음은 같으나 뜻이 다른 單語를 漢字로 쓰시오. (143~147)

(143) 訪問 - □□ : 방으로 드나드는 문.

(144) 方在 - □□ : 재해를 막음.

(145) 百口 - □□ : 흰 공.

(146) 保釋 - □□ : 귀중히 여겨지는 광물.

(147) 部材 - □□ : 그곳에 있지 아니함.

12 다음 漢字의 略字를 쓰시오. (148~150)

(148) 師

(149) 禮

(150) 價

수험번호 □□□-□□-□□□□   성명 □□□□□

주민등록번호 □□□□□□-□□□□□□□

※ 유성 사인펜, 붉은색 필기구 사용 불가.

※ 답안지는 컴퓨터로 처리되므로 구기거나 더럽히지 마시고, 정답 칸 안에만 쓰십시오.
  글씨가 채점란으로 들어오면 오답처리가 됩니다.

전국한자능력검정시험 3급 II 답안지 (1)

번호	정답 (답안란)	1검	2검	번호	정답 (답안란)	1검	2검	번호	정답 (답안란)	1검	2검
1				24				47			
2				25				48			
3				26				49			
4				27				50			
5				28				51			
6				29				52			
7				30				53			
8				31				54			
9				32				55			
10				33				56			
11				34				57			
12				35				58			
13				36				59			
14				37				60			
15				38				61			
16				39				62			
17				40				63			
18				41				64			
19				42				65			
20				43				66			
21				44				67			
22				45				68			
23				46				69			

감독위원	채점위원 (1)		채점위원 (2)		채점위원 (3)	
(서명)	(득점)	(서명)	(득점)	(서명)	(득점)	(서명)

※ 뒷면으로 이어짐

※ 본 답안지는 컴퓨터로 처리되므로 구겨지거나 더럽혀지지 않도록 조심하시고 글씨를 칸 안에 또박또박 쓰십시오.

전국한자능력검정시험 3급Ⅱ 답안지 (2)

번호	정답	1검	2검	번호	정답	1검	2검	번호	정답	1검	2검
70				97				124			
71				98				125			
72				99				126			
73				100				127			
74				101				128			
75				102				129			
76				103				130			
77				104				131			
78				105				132			
79				106				133			
80				107				134			
81				108				135			
82				109				136			
83				110				137			
84				111				138			
85				112				139			
86				113				140			
87				114				141			
88				115				142			
89				116				143			
90				117				144			
91				118				145			
92				119				146			
93				120				147			
94				121				148			
95				122				149			
96				123				150			

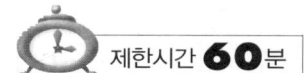

답은 답안지에 작성하십시오.   제한시간 **60**분

1 다음 漢字語의 讀音을 쓰시오. (1~45)

(1) 稿料   (2) 辰韓

(3) 槪念   (4) 溪谷

(5) 生栗   (6) 先輩

(7) 毛皮   (8) 豪傑

(9) 振動   (10) 潛跡

(11) 彩色   (12) 執念

(13) 猶豫   (14) 肖像

(15) 彼岸   (16) 丈人

(17) 辱說   (18) 鮮菜

(19) 譯官   (20) 哀惜

(21) 沙漠   (22) 扶養

(23) 健脚   (24) 影響

(25) 淨潔   (26) 驛前

(27) 衰弱   (28) 假飾

(29) 攻襲   (30) 秩序

(31) 榮譽   (32) 茂盛

(33) 浮力   (34) 解釋

(35) 喪服   (36) 蘇生

(37) 株主   (38) 晩成

(39) 緩急   (40) 參禪

(41) 狂犬   (42) 捕獲

(43) 渡河   (44) 念珠

(45) 觸媒

2 다음 漢字의 訓과 音을 쓰시오. (46~72)

(46) 巖   (47) 僧

(48) 肥   (49) 企

(50) 頂   (51) 距

(52) 需   (53) 征

(54) 寧   (55) 絡

(56) 裳   (57) 緊

(58) 阿   (59) 悠

(60) 帥   (61) 池

(62) 鑑   (63) 館

(64) 縱   (65) 促

(66) 荷   (67) 殿

(68) 荒   (69) 訟

(70) 紫   (71) 債

(72) 編

3 다음 漢字語 중에서 첫 音節이 長音으로 發音되는 것을 찾아, 그 번호를 쓰시오. (73~77)

(73) ① 災害   ② 求人   ③ 行雲   ④ 避身

(74) ① 境界   ② 培養   ③ 景氣   ④ 收穫

(75) ① 介意   ② 貧困   ③ 陰性   ④ 嶺東

(76) ① 悠久   ② 弱小   ③ 途上   ④ 端午

(77) ① 群舞   ② 耐性   ③ 持參   ④ 守備

4 다음 漢字와 反對(또는 相對)되는 漢字를 써 넣어 漢字語를 만드시오. (78~82)

(78) 豊 ↔ ☐   (79) ☐ ↔ 沒

(80) 官 ↔ ☐   (81) 文 ↔ ☐

(82) ☐ ↔ 受

5 다음 漢字語의 反義語(또는 相對語)를 漢字로 쓰시오. (83~87)

(83) 稀少   (84) 滅亡

(85) 權利   (86) 發達

(87) 原始

6 다음 밑줄 친 漢字語 중에서 한글로 쓴 것은 漢字로, 漢字로 쓴 것은 한글로 바꾸시오. (88~117)

> 찜질방은 疲勞⁸⁸ 해소⁸⁹뿐만 아니라 대화⁹⁰의 공간⁹¹이기도 하다. 찜질방에 가 보면 여기저기 모여 앉아 얘기를 나누는 가족⁹²과 친구⁹³들을 흔히 볼 수 있다. 요즘은 찜질방에서 회식⁹⁴ 뒤풀이를 하는 회사원들도 자주 눈에 띈다. (중략)
> 한국의 '방' 문화⁹⁵는 주로 密閉⁹⁶된 공간에서 혼자, 또는 小規模의 사람들이 모여서 餘暇⁹⁷를 즐기는 것이다. 한국에서 '방' 문화가 발달⁹⁸한 것은 複雜⁹⁹하고 시끄러운 도시¹⁰⁰ 環境¹⁰¹에서 벗어나 '나' 또는 '우리'만의 아늑한 공간을 찾고자 하는 慾求¹⁰²가 강하기 때문일 것이다. (중략)
> 반면 서울은 휴식¹⁰³을 위한 녹지¹⁰⁴ 공간에 대한 配慮¹⁰⁵가 부족¹⁰⁶하다. 세계적인 대도시가 되려면 높고 번듯한 빌딩뿐만 아니라 시민¹⁰⁷을 위한 휴식 공간도 잘 갖춰야 할 것이다. 서울에는 각종¹⁰⁸ 공원¹⁰⁹이 많기는 하지만 管理¹¹⁰가 부실¹¹¹하거나 출입¹¹²이 제한¹¹³돼 있어 마음 놓고 쉴 수 있는 공간이 되기에는 부족하다. (중략)
> 교외로 나갈 만한 여유가 없다면 건전¹¹⁴한 趣味¹¹⁵ 생활을 개발¹¹⁶하는 것도 좋은 여가 活用¹¹⁷ 方法이 될 것이다.

(88) 疲勞   (89) 해소

(90) 대화   (91) 공간

(92) 가족   (93) 친구

(94) 회식   (95) 문화

(96) 密閉   (97) 餘暇

(98) 발달   (99) 複雜

(100) 도시   (101) 環境

(102) 慾求   (103) 휴식

(104) 녹지   (105) 配慮

(106) 부족   (107) 시민

(108) 각종   (109) 공원

(110) 管理   (111) 부실

(112) 출입   (113) 제한

(114) 건전   (115) 趣味

(116) 개발   (117) 活用

7 다음 漢字의 略字를 쓰시오. (118~120)

(118) 處   (119) 卒

(120) 聲

8 다음 □ 안에 알맞은 漢字를 써 넣어 漢字語(故事成語)를 完成하시오. (121~130)

(121) 同□異夢   (122) 明若□火

(123) □面書生   (124) 不恥下□

(125) 束□無策   (126) □中有骨

(127) 愚公□山   (128) 一葉知□

(129) 鳥□之血   (130) 千載□遇

9 다음 漢字의 部首를 쓰시오. (131~135)

(131) 栽   (132) 衝

(133) 巷   (134) 吏

(135) 及

10 다음 漢字 중에서 (136~140)에서 보인 漢字와 뜻이 비슷한 것을 찾아, 그 번호를 쓰시오. (136~140)

> **例**
> ① 續   ② 決   ③ 然   ④ 極   ⑤ 次
> ⑥ 話   ⑦ 態   ⑧ 延   ⑨ 窮   ⑩ 富

(136) 談 － □   (137) 貧 － □

(138) 連 － □   (139) 姿 － □

(140) 至 － □

11 다음 漢字語와 음은 같으나 뜻이 다른 單語를 漢字로 쓰시오.(長短音 관계없음) (141~145)

(141) 祕寶 － □□ : 슬픈 소식.

(142) 史庫 － □□ : 생각함. 궁리함.

(143) 散史 － □□ : 산속에 있는 절.

(144) 上主 － □□ : 한곳에서 늘 살고 있음.

(145) 先師 － □□ : 좋은 일.

12 다음 漢字語의 뜻을 쓰시오. (146~150)

(146) 飯器

(147) 折枝

(148) 桑田

(149) 漸進

(150) 浮力

수험번호 □□□-□□-□□□□　　　　성명 □□□□□

주민등록번호 □□□□□□-□□□□□□□

※ 유성 사인펜, 붉은색 필기구 사용 불가.

※ 답안지는 컴퓨터로 처리되므로 구기거나 더럽히지 마시고, 정답 칸 안에만 쓰십시오.
　글씨가 채점란으로 들어오면 오답처리가 됩니다.

전국한자능력검정시험 3급Ⅱ 답안지 (1)

번호	답안란 정답	채점란 1검	채점란 2검	번호	답안란 정답	채점란 1검	채점란 2검	번호	답안란 정답	채점란 1검	채점란 2검
1				24				47			
2				25				48			
3				26				49			
4				27				50			
5				28				51			
6				29				52			
7				30				53			
8				31				54			
9				32				55			
10				33				56			
11				34				57			
12				35				58			
13				36				59			
14				37				60			
15				38				61			
16				39				62			
17				40				63			
18				41				64			
19				42				65			
20				43				66			
21				44				67			
22				45				68			
23				46				69			

감독위원	채점위원 (1)		채점위원 (2)		채점위원 (3)	
(서명)	(득점)	(서명)	(득점)	(서명)	(득점)	(서명)

※ 뒷면으로 이어짐

※ 본 답안지는 컴퓨터로 처리되므로 구겨지거나 더럽혀지지 않도록 조심하시고 글씨를 칸 안에 또박또박 쓰십시오.

전국한자능력검정시험 3급Ⅱ 답안지 (2)

번호	답안란 정답	채점란 1검	채점란 2검	번호	답안란 정답	채점란 1검	채점란 2검	번호	답안란 정답	채점란 1검	채점란 2검
70				97				124			
71				98				125			
72				99				126			
73				100				127			
74				101				128			
75				102				129			
76				103				130			
77				104				131			
78				105				132			
79				106				133			
80				107				134			
81				108				135			
82				109				136			
83				110				137			
84				111				138			
85				112				139			
86				113				140			
87				114				141			
88				115				142			
89				116				143			
90				117				144			
91				118				145			
92				119				146			
93				120				147			
94				121				148			
95				122				149			
96				123				150			

3급Ⅱ 실전예상문제 07회

제한시간 **60**분

1 다음 漢字語의 讀音을 쓰시오. (1~45)

(1) 沒落   (2) 器械

(3) 怪奇   (4) 惠澤

(5) 還元   (6) 詳細

(7) 楓菊   (8) 殊常

(9) 換氣   (10) 親戚

(11) 滿洲   (12) 土壤

(13) 割腹   (14) 戲弄

(15) 缺陷   (16) 消滅

(17) 靜淑   (18) 巡禮

(19) 辭讓   (20) 契約

(21) 昇格   (22) 茶道

(23) 越等   (24) 閑寂

(25) 蒸氣   (26) 破壞

(27) 智慧   (28) 淡白

(29) 秋霜   (30) 肝腸

(31) 不惑   (32) 開拓

(33) 憂慮   (34) 懷疑

(35) 雪峰   (36) 火爐

(37) 漆器   (38) 報償

(39) 桑戶   (40) 變遷

(41) 胡桃   (42) 租稅

(43) 燕息   (44) 小麥

(45) 湯液

2 다음 漢字의 訓과 音을 쓰시오. (46~72)

(46) 脅   (47) 蒼

(48) 恕   (49) 礎

(50) 揚   (51) 恐

(52) 徐   (53) 此

(54) 陶   (55) 項

(56) 途   (57) 聯

(58) 觸   (59) 但

(60) 巧   (61) 贊

(62) 照   (63) 旬

(64) 率   (65) 繁

(66) 架   (67) 糖

(68) 濕   (69) 滯

(70) 廢   (71) 鎖

(72) 梁

3 다음 漢字語 중에서 첫 音節이 長音으로 發音되는 것을 찾아, 그 번호를 쓰시오.(순서 상관없음) (73~77)

> **例**
>
> ① 希望 ② 建國 ③ 累計 ④ 硬直 ⑤ 憎惡
> ⑥ 菜色 ⑦ 衝動 ⑧ 漸次 ⑨ 供給 ⑩ 決心

(73) ☐   (74) ☐

(75) ☐   (76) ☐

(77) ☐

4 다음 漢字와 뜻이 反對(또는 相對)되는 漢字를 써 넣어 漢字語를 만드시오. (78~87)

(78) ☐ ↔ 危   (79) ☐ ↔ 散

(80) ☐ ↔ 衰   (81) 及 ↔ ☐

(82) 高 ↔ ☐   (83) 老 ↔ ☐

(84) ☐ ↔ 罰   (85) 恩 ↔ ☐

(86) ☐ ↔ 誤   (87) ☐ ↔ 淺

5 다음 밑줄 친 漢字語 중에서 한글로 쓴 것은 漢字로, 漢字로 쓴 것은 한글로 바꾸시오. (88~117)

> "향후⁸⁸ 10년 내에 다수⁸⁹의 企業이 다국적 기업에 넘어가게 된다."
> "다민족 · 다문화 狀況⁹⁰에 適應⁹¹할 수 있는 능력⁹²을 길러야 한다." / 지난해 '10년 후의 한국' 에서 우리 경제⁹³에 희망⁹⁴이 없다고 진단, 激烈⁹⁵한 贊反⁹⁶ 논란⁹⁷을 일으킨 자유주의 경제학자 공병호(45) 박사⁹⁸가 이번에는 '10년 후의 세계 (해냄)' 에서 한국의 생존⁹⁹ 방법¹⁰⁰을 제시¹⁰¹했다.
> 그는 "미국은 유럽 · 일본 · 중국의 도전에도 不拘¹⁰²하고 수십년간 帝國의 위치¹⁰³를 더 持續¹⁰⁴할 것"이라면서 "영어는 階級¹⁰⁵이자 권력¹⁰⁶이 된다. 미국과 우호¹⁰⁷적인 관계¹⁰⁸를 맺는 것이 작은 나라가 사는 방법"이라고 主張했다. (중략)
> "한국은 자유주의 改革¹⁰⁹을 통해서만 재생¹¹⁰, 부활¹¹¹할 수 있습니다. 개방¹¹²과 경쟁¹¹³만이 발전¹¹⁴할 수 있는 길이며 의료 · 교육 · 연금을 비롯한 기타 서비스를 모두 개방해야 합니다." 그는 정부 政策¹¹⁵에 대해서도 "경쟁 친화적인 정책을 펴야 한다"며 "경쟁력을 갖춰야만 중국과 일본 등 周邊¹¹⁶ 국가에 억울한 일을 당하지 않게 될 것"이라고 강조¹¹⁷했다.

(88) 향후	(89) 다수
(90) 狀況	(91) 適應
(92) 능력	(93) 경제
(94) 희망	(95) 激烈
(96) 贊反	(97) 논란
(98) 박사	(99) 생존
(100) 방법	(101) 제시
(102) 不拘	(103) 위치
(104) 持續	(105) 階級
(106) 권력	(107) 우호
(108) 관계	(109) 改革
(110) 재생	(111) 부활
(112) 개방	(113) 경쟁
(114) 발전	(115) 政策
(116) 周邊	(117) 강조

6 다음 漢字의 略字를 쓰시오. (118~120)

(118) 獨   (119) 關

(120) 災

7 다음 □ 안에 알맞은 漢字를 써 넣어 漢字語(故事成語)를 完成하시오. (121~130)

(121) □竹之勢   (122) 浩□之氣

(123) 車載□量   (124) 誇大妄□

(125) □攻不落   (126) 論□行賞

(127) 門前□市   (128) 博學多□

(129) □必歸正   (130) 始□一貫

8 다음 漢字의 部首를 쓰시오. (131~135)

(131) 乘   (132) 谷

(133) 率   (134) 獲

(135) 禽

9 다음 漢字와 뜻이 같은 漢字를 써 넣어 單語를 完成하시오. (136~140)

(136) □ － 擊   (137) 許 － □

(138) □ － 殊   (139) 尺 － □

(140) □ － 誤

10 다음 漢字語와 음은 같으나 뜻이 다른 單語를 漢字로 쓰시오.(長短音과 관계없음) (141~145)

(141) 水聲 － □□ : 성을 지킴.

(142) 樂聖 － □□ : 듣기 싫은 소리.

(143) 安全 － □□ : 눈앞.

(144) 哀詞 － □□ : 회사를 아끼고 사랑함.

(145) 野心 － □□ : 밤이 깊음.

11 다음 漢字語의 뜻을 쓰시오. (146~150)

(146) 永訣

(147) 荒野

(148) 濫用

(149) 僧服

(150) 湯藥

3 2 1 ■

수험번호 □□□-□□-□□□□   성명 □□□□□

주민등록번호 □□□□□□-□□□□□□□

※ 유성 사인펜, 붉은색 필기구 사용 불가.

※ 답안지는 컴퓨터로 처리되므로 구기거나 더럽히지 마시고, 정답 칸 안에만 쓰십시오.
글씨가 채점란으로 들어오면 오답처리가 됩니다.

전국한자능력검정시험 3급Ⅱ 답안지 (1)

번호	답안란 정답	채점란 1검	채점란 2검	번호	답안란 정답	채점란 1검	채점란 2검	번호	답안란 정답	채점란 1검	채점란 2검
1				24				47			
2				25				48			
3				26				49			
4				27				50			
5				28				51			
6				29				52			
7				30				53			
8				31				54			
9				32				55			
10				33				56			
11				34				57			
12				35				58			
13				36				59			
14				37				60			
15				38				61			
16				39				62			
17				40				63			
18				41				64			
19				42				65			
20				43				66			
21				44				67			
22				45				68			
23				46				69			

감독위원	채점위원 (1)		채점위원 (2)		채점위원 (3)	
(서명)	(득점)	(서명)	(득점)	(서명)	(득점)	(서명)

※ 뒷면으로 이어짐

※ 본 답안지는 컴퓨터로 처리되므로 구겨지거나 더럽혀지지 않도록 조심하시고 글씨를 칸 안에 또박또박 쓰십시오.

전국한자능력검정시험 3급Ⅱ 답안지 (2)

번호	정답	1검	2검	번호	정답	1검	2검	번호	정답	1검	2검
70				97				124			
71				98				125			
72				99				126			
73				100				127			
74				101				128			
75				102				129			
76				103				130			
77				104				131			
78				105				132			
79				106				133			
80				107				134			
81				108				135			
82				109				136			
83				110				137			
84				111				138			
85				112				139			
86				113				140			
87				114				141			
88				115				142			
89				116				143			
90				117				144			
91				118				145			
92				119				146			
93				120				147			
94				121				148			
95				122				149			
96				123				150			

답은 답안지에 작성하십시오.

제한시간 **60**분

1 다음 漢字語의 讀音을 쓰시오. (1~45)

(1) 依賴   (2) 沿岸

(3) 淺薄   (4) 若此

(5) 陶醉   (6) 逢變

(7) 猛虎   (8) 策動

(9) 賤民   (10) 許諾

(11) 鄕愁   (12) 衝突

(13) 泰安   (14) 戲劇

(15) 陳述   (16) 誇示

(17) 實踐   (18) 隨時

(19) 痛哭   (20) 拳銃

(21) 獻納   (22) 鍊武

(23) 懇切   (24) 栽培

(25) 稀貴   (26) 審査

(27) 獄死   (28) 抵抗

(29) 仰望   (30) 蘭香

(31) 浪費   (32) 裁斷

(33) 飯器   (34) 乘馬

(35) 永眠   (36) 抑止

(37) 亂刺   (38) 賦與

(39) 枝肉   (40) 貫祿

(41) 穴居   (42) 削除

(43) 窮塞   (44) 炎症

(45) 貸切

2 다음 漢字의 訓과 音을 쓰시오. (46~72)

(46) 超   (47) 拘

(48) 旋   (49) 履

(50) 司   (51) 綱

(52) 畿   (53) 肺

(54) 漠   (55) 妄

(56) 懸   (57) 弊

(58) 佳   (59) 含

(60) 戀   (61) 値

(62) 封   (63) 獲

(64) 凡   (65) 鎭

(66) 菌   (67) 硬

(68) 拂   (69) 畜

(70) 盤   (71) 覆

(72) 衡

3 다음 漢字語 중에서 첫 音節이 長音으로 發音되는 것을 찾아, 그 번호를 쓰시오. (73~77)

(73) ① 城門   ② 栽培   ③ 夫餘   ④ 伐木

(74) ① 槪念   ② 吾等   ③ 盟約   ④ 皇室

(75) ① 線路   ② 昌盛   ③ 慕情   ④ 宣言

(76) ① 賞罰   ② 期待   ③ 謀事   ④ 湯藥

(77) ① 晩春   ② 寬大   ③ 郞君   ④ 呼出

4 다음 漢字와 뜻이 反對(또는 相對)되는 漢字를 써 넣어 漢字語를 만드시오. (78~82)

(78) 旦 ↔ □   (79) 京 ↔ □

(80) 明 ↔ □   (81) □ ↔ 迎

(82) □ ↔ 復

5 다음 漢字語의 反義語(또는 相對語)를 漢字로 쓰시오. (83~87)

(83) 依他   (84) 苦痛

(85) 靈魂   (86) 暗黑

(87) 複合

6 다음 밑줄 친 漢字語 중에서 한글로 쓴 것은 漢字로, 漢字로 쓴 것은 한글로 바꾸시오. (88~117)

> 최근⁸⁸ 이동 중이나 차량 안에서 디지털방송⁸⁹ 및 多樣한 정보⁹⁰ 서비스 이용⁹¹이 가능⁹²한 디지털미디어방송(DMB)이 과거⁹³의 이동⁹⁴전화⁹⁵에 이어 세상을 또 한번 변화⁹⁶시킬 뉴 미디어로 많은 사람의 관심⁹⁷을 끌고 있다. (중략)
>
> 이 같은 미디어 革命은 과거 집안 居室에서 옹기종기 단란 하게 텔레비전을 보던 세대⁹⁸ 간 대화⁹⁹의 장 대신 시간과 장 소¹⁰⁰를 가리지 않는 모바일 미디어 시대를 열어 줄 것이다. 특히 1020세대 같은 젊은이들은 가정¹⁰¹에서 수동¹⁰²적으로 텔레비전을 視聽하는 것에서 脫皮¹⁰³해 시간과 공간에 구애 받지 않는 DMB를 통해 또래들과 그들만의 독특¹⁰⁴한 하위 문화를 형성¹⁰⁵할 것으로 보인다. 이들 세대는 디지털 遊牧 民처럼 한곳에 안주¹⁰⁶하지 않고, 이리저리 현실¹⁰⁷과 假像¹⁰⁸ 공간을 배회하면서 세상을 이해¹⁰⁹하고 미래¹¹⁰의 변화를 꿈 꾸는 세대이기 때문이다. (중략)/DMB의 상업¹¹¹화 또는 오락 화에만 沒入하는 현재¹¹²의 새로운 媒體 도입¹¹³에 대한 논의¹¹⁴ 構造¹¹⁵는 앞으로 보다 문화적 價值¹¹⁶와 콘텐트의 다양성을 배려하는 방향¹¹⁷으로 補完돼야 할 것이다.

(88) 최근	(89) 방송
(90) 정보	(91) 이용
(92) 가능	(93) 과거
(94) 이동	(95) 전화
(96) 변화	(97) 관심
(98) 세대	(99) 대화
(100) 장소	(101) 가정
(102) 수동	(103) 脫皮
(104) 독특	(105) 형성
(106) 안주	(107) 현실
(108) 假像	(109) 이해
(110) 미래	(111) 상업
(112) 현재	(113) 도입
(114) 논의	(115) 構造
(116) 價值	(117) 방향

7 다음 漢字의 略字를 쓰시오. (118~120)

(118) 實 　　　　(119) 圖

(120) 舊

8 다음 □ 안에 알맞은 漢字를 써 넣어 漢字語(故事成語)를 完成 하시오. (121~130)

(121) 易地□之 　　　　(122) 有備無□

(123) □熱治熱 　　　　(124) 自□自足

(125) 晝耕□讀 　　　　(126) 泰山北□

(127) □固不動 　　　　(128) 犬□之勞

(129) 骨肉□殘 　　　　(130) 今時初□

9 다음 漢字의 部首를 쓰시오. (131~135)

(131) 哀 　　　　(132) 兆

(133) 臺 　　　　(134) 井

(135) 弄

10 다음 漢字 중에서 (136~140)에서 보인 漢字와 뜻이 비슷 한 것을 찾아, 그 번호를 쓰시오. (136~140)

> **例**
>
> ① 走　② 恨　③ 城　④ 淸　⑤ 誠
> ⑥ 黨　⑦ 潔　⑧ 望　⑨ 紅　⑩ 末

(136) 徒 - □ 　　　　(137) 純 - □

(138) 怨 - □ 　　　　(139) 精 - □

(140) 朱 - □

11 다음 漢字語와 음은 같으나 뜻이 다른 單語를 漢字로 쓰시 오.(長短音 관계없음) (141~145)

(141) 約數 - □□ : 약효가 있는 샘물.

(142) 語句 - □□ : 고기잡이에 쓰이는 기구.

(143) 元老 - □□ : 멀리 오가는 길.

(144) 遺俗 - □□ : 액체의 흐르는 속도.

(145) 立像 - □□ : 상을 타게 되는 등수에 듦.

12 다음 漢字語의 뜻을 쓰시오. (146~150)

(146) 越冬

(147) 碧空

(148) 旦夕

(149) 滿載

(150) 忽待

사단법인 한국어문회·한국한자능력검정회

수험번호 ☐☐☐-☐☐-☐☐☐☐   **성명** ☐☐☐☐☐

주민등록번호 ☐☐☐☐☐☐-☐☐☐☐☐☐☐   ※ 유성 사인펜, 붉은색 필기구 사용 불가.

※ 답안지는 컴퓨터로 처리되므로 구기거나 더럽히지 마시고, 정답 칸 안에만 쓰십시오.
글씨가 채점란으로 들어오면 오답처리가 됩니다.

전국한자능력검정시험 3급Ⅱ 답안지 (1)

번호	답안란 정답	채점란 1검	채점란 2검	번호	답안란 정답	채점란 1검	채점란 2검	번호	답안란 정답	채점란 1검	채점란 2검
1				24				47			
2				25				48			
3				26				49			
4				27				50			
5				28				51			
6				29				52			
7				30				53			
8				31				54			
9				32				55			
10				33				56			
11				34				57			
12				35				58			
13				36				59			
14				37				60			
15				38				61			
16				39				62			
17				40				63			
18				41				64			
19				42				65			
20				43				66			
21				44				67			
22				45				68			
23				46				69			

감독위원	채점위원 (1)		채점위원 (2)		채점위원 (3)	
(서명)	(득점)	(서명)	(득점)	(서명)	(득점)	(서명)

※ 뒷면으로 이어짐

※ 본 답안지는 컴퓨터로 처리되므로 구겨지거나 더럽혀지지 않도록 조심하시고 글씨를 칸 안에 또박또박 쓰십시오.

전국한자능력검정시험 3급Ⅱ 답안지 (2)

번호	정답	1검	2검	번호	정답	1검	2검	번호	정답	1검	2검
70				97				124			
71				98				125			
72				99				126			
73				100				127			
74				101				128			
75				102				129			
76				103				130			
77				104				131			
78				105				132			
79				106				133			
80				107				134			
81				108				135			
82				109				136			
83				110				137			
84				111				138			
85				112				139			
86				113				140			
87				114				141			
88				115				142			
89				116				143			
90				117				144			
91				118				145			
92				119				146			
93				120				147			
94				121				148			
95				122				149			
96				123				150			

답은 답안지에 작성하십시오.

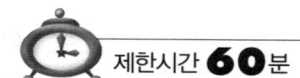 제한시간 **60**분

1 다음 漢字語의 讀音을 쓰시오. (1~45)

(1) 欄干　　　　　(2) 新郎

(3) 連載　　　　　(4) 版畫

(5) 兼職　　　　　(6) 隆崇

(7) 貿易　　　　　(8) 軟性

(9) 行廊　　　　　(10) 誘引

(11) 謙讓　　　　　(12) 指紋

(13) 鼓吹　　　　　(14) 偶然

(15) 蒙恩　　　　　(16) 寬大

(17) 汽笛　　　　　(18) 部署

(19) 雅號　　　　　(20) 愚直

(21) 銅像　　　　　(22) 白兔

(23) 踏查　　　　　(24) 企劃

(25) 緖論　　　　　(26) 卑屈

(27) 邪惡　　　　　(28) 激勵

(29) 尺度　　　　　(30) 逸脫

(31) 裏書　　　　　(32) 納付

(33) 諸君　　　　　(34) 奴婢

(35) 亦是　　　　　(36) 摘載

(37) 木蓮　　　　　(38) 累積

(39) 透視　　　　　(40) 麻布

(41) 選拔　　　　　(42) 演奏

(43) 借名　　　　　(44) 隔差

(45) 語尾

2 다음 漢字의 訓과 音을 쓰시오. (46~72)

(46) 睦　　　　　(47) 塔

(48) 維　　　　　(49) 丹

(50) 陵　　　　　(51) 悅

(52) 迫　　　　　(53) 稚

(54) 疏　　　　　(55) 翼

(56) 柔　　　　　(57) 催

(58) 徹　　　　　(59) 綿

(60) 孟　　　　　(61) 惜

(62) 貌　　　　　(63) 猛

(64) 奮　　　　　(65) 謂

(66) 燒　　　　　(67) 震

(68) 斜　　　　　(69) 奪

(70) 疫　　　　　(71) 鑄

(72) 蓋

3 다음 밑줄 친 漢字語를 漢字로 쓰시오. (73~77)

(73) 한자시험 만점의 영광을 이루었다.

(74) 적금이 만기가 다 되었다.

(75) 몸이 아파 학교에서 조퇴하였다.

(76) 근래에 와서 시력이 크게 떨어졌다.

(77) 스승의 날을 맞아 모교를 방문하였다.

4 다음 漢字語 중에서 첫 音節이 長音으로 發音되는 것을 찾아, 그 번호를 쓰시오.(순서 상관없음) (78~82)

例
① 陷落　② 法官　③ 殆半　④ 始初　⑤ 困窮
⑥ 拘引　⑦ 葬地　⑧ 輸出　⑨ 墓碑　⑩ 偏食

(78) ☐　　　　　(79) ☐

(80) ☐　　　　　(81) ☐

(82) ☐

5 다음 밑줄 친 漢字語 중에서 한글로 쓴 것은 漢字로, 漢字로 쓴 것은 한글로 바꾸시오. (83~107)

> 만델라가 일국⁸³의 대통령⁸⁴을 뛰어넘어 현대사⁸⁵의 傑出⁸⁶한 위인⁸⁷으로 評價받는 이유는 '정치=이전투구'이기 십상인 현실⁸⁸에서 '상생⁸⁹'과 '共存'의 정치력으로 승자⁹⁰가 되었기 때문이다. (중략)
>
> 그는 革命을 할 때는 신념⁹¹의 정치인이었지만 執權⁹² 후에는 실용⁹³주의 정치인으로 변신⁹⁴했다. 나랏돈을 풀어 貧困을 해결⁹⁵해 달라는 흑인들의 요구⁹⁶에 '성장⁹⁷'이 돼야 분배⁹⁸가 보장⁹⁹된다' 며 남아공의 경제¹⁰⁰를 오랜 마이너스 성장의 늪에서 구했다. (중략)
>
> 흑인 被害者 가족¹⁰¹들은 백인들로부터 당한 살인¹⁰², 폭력¹⁰³, 납치, 拘禁을 통곡으로 證言¹⁰⁴했지만 한결같이 "그들을 容恕한다"고 했다. 자신¹⁰⁵들의 존경¹⁰⁶받는 指導者가 해온 '용서'의 정치가 민중¹⁰⁷의 가슴속으로 퍼져 싹을 틔운 것이다.

(83) 일국   (84) 대통령

(85) 현대사   (86) 傑出

(87) 위인   (88) 현실

(89) 상생   (90) 승자

(91) 신념   (92) 執權

(93) 실용   (94) 변신

(95) 해결   (96) 요구

(97) 성장   (98) 분배

(99) 보장   (100) 경제

(101) 가족   (102) 살인

(103) 폭력   (104) 證言

(105) 자신   (106) 존경

(107) 민중

6 다음 漢字와 뜻이 反對(또는 相對)되는 漢字를 써 넣어 漢字語를 만드시오. (108~117)

(108) ☐ ↔ 從   (109) ☐ ↔ 納

(110) ☐ ↔ 疏   (111) 順 ↔ ☐

(112) 陸 ↔ ☐   (113) 祖 ↔ ☐

(114) 禍 ↔ ☐   (115) 去 ↔ ☐

(116) ☐ ↔ 溫   (117) 是 ↔ ☐

7 다음 ☐ 안에 알맞은 漢字를 써 넣어 漢字語(故事成語)를 完成하시오. (118~127)

(118) ☐衣紅裳   (119) 莫☐之友

(120) 百家☐鳴   (121) 不問曲☐

(122) ☐人成虎   (123) 言☐一致

(124) 溫故☐新   (125) 一寸光☐

(126) ☐強不息   (127) 適材適☐

8 다음 漢字의 部首를 쓰시오. (128~132)

(128) 業   (129) 寒

(130) 疑   (131) 次

(132) 奉

9 다음 漢字와 뜻이 같은 漢字를 써 넣어 單語를 完成하시오. (133~137)

(133) ☐ – 滿   (134) ☐ – 蒙

(135) 露 – ☐   (136) 巨 – ☐

(137) 規 – ☐

10 다음 漢字語와 음은 같으나 뜻이 다른 單語를 漢字로 쓰시오.(長短音 관계없음) (138~142)

(138) 慈悲 – ☐☐ : 스스로 부담하는 비용.

(139) 將器 – ☐☐ : 가장 능한 재주.

(140) 再耕 – ☐☐ : 서울에 있음.

(141) 的知 – ☐☐ : 적의 땅. 적의 세력.

(142) 調和 – ☐☐ : 종이나 헝겊으로 만든 꽃.

11 다음 漢字의 略字를 쓰시오. (143~145)

(143) 參   (144) 傳

(145) 壓

12 다음 漢字語의 뜻을 쓰시오. (146~150)

(146) 免職

(147) 發汗

(148) 沒入

(149) 蓋瓦

(150) 觸感

수험번호 □□□-□□-□□□□   성명 □□□□□

주민등록번호 □□□□□□-□□□□□□□   ※ 유성 사인펜, 붉은색 필기구 사용 불가.

※ 답안지는 컴퓨터로 처리되므로 구기거나 더럽히지 마시고, 정답 칸 안에만 쓰십시오.
　 글씨가 채점란으로 들어오면 오답처리가 됩니다.

전국한자능력검정시험 3급Ⅱ 답안지 (1)

번호	정답	1검	2검	번호	정답	1검	2검	번호	정답	1검	2검
1				24				47			
2				25				48			
3				26				49			
4				27				50			
5				28				51			
6				29				52			
7				30				53			
8				31				54			
9				32				55			
10				33				56			
11				34				57			
12				35				58			
13				36				59			
14				37				60			
15				38				61			
16				39				62			
17				40				63			
18				41				64			
19				42				65			
20				43				66			
21				44				67			
22				45				68			
23				46				69			

감독위원	채점위원 (1)		채점위원 (2)		채점위원 (3)	
(서명)	(득점)	(서명)	(득점)	(서명)	(득점)	(서명)

※ 뒷면으로 이어짐

※ 본 답안지는 컴퓨터로 처리되므로 구겨지거나 더럽혀지지 않도록 조심하시고 글씨를 칸 안에 또박또박 쓰십시오.

전국한자능력검정시험 3급Ⅱ 답안지 (2)

번호	정답	1검	2검	번호	정답	1검	2검	번호	정답	1검	2검
70				97				124			
71				98				125			
72				99				126			
73				100				127			
74				101				128			
75				102				129			
76				103				130			
77				104				131			
78				105				132			
79				106				133			
80				107				134			
81				108				135			
82				109				136			
83				110				137			
84				111				138			
85				112				139			
86				113				140			
87				114				141			
88				115				142			
89				116				143			
90				117				144			
91				118				145			
92				119				146			
93				120				147			
94				121				148			
95				122				149			
96				123				150			

답은 답안지에 작성하십시오.

1 다음 漢字語의 讀音을 쓰시오. (1~45)

(1) 印刷   (2) 潤澤

(3) 衝突   (4) 附屬

(5) 著述   (6) 腦裏

(7) 遺跡   (8) 恥部

(9) 啓蒙   (10) 謀陷

(11) 黙念   (12) 符號

(13) 魂靈   (14) 感染

(15) 微細   (16) 曾孫

(17) 侍從   (18) 欲界

(19) 皇妃   (20) 覺悟

(21) 徵集   (22) 劍道

(23) 極甚   (24) 憎惡

(25) 妻家   (26) 慾求

(27) 告祀   (28) 奔走

(29) 輸出   (30) 巖石

(31) 僧服   (32) 餘裕

(33) 已往   (34) 索引

(35) 樓臺   (36) 漏電

(37) 鹽素   (38) 腐葉

(39) 磨損   (40) 落雷

(41) 象牙   (42) 錯覺

(43) 瓦刀   (44) 泥土

(45) 鋼板

2 다음 漢字의 訓과 音을 쓰시오. (46~72)

(46) 沿   (47) 碧

(48) 鶴   (49) 蹟

(50) 莊   (51) 殆

(52) 祈   (53) 薄

(54) 藏   (55) 乾

(56) 哲   (57) 烏

(58) 臟   (59) 幹

(60) 暫   (61) 培

(62) 浩   (63) 橫

(64) 排   (65) 慣

(66) 賃   (67) 偶

(68) 譜   (69) 鳳

(70) 渡   (71) 淫

(72) 免

3 다음 漢字語 중에서 첫 音節이 長音으로 發音되는 것을 찾아, 그 번호를 쓰시오. (73~77)

(73) ① 隊員   ② 漏電   ③ 蓮根   ④ 速成

(74) ① 珠玉   ② 霜信   ③ 森林   ④ 短命

(75) ① 丈人   ② 稿料   ③ 牧童   ④ 舍宅

(76) ① 賃金   ② 莊重   ③ 燒失   ④ 封合

(77) ① 忍耐   ② 騎士   ③ 照明   ④ 阿片

4 다음 漢字와 反對(또는 相對)되는 漢字를 써 넣어 漢字語를 만드시오. (78~82)

(78) ☐ ↔ 寢   (79) ☐ ↔ 發

(80) 離 ↔ ☐   (81) 初 ↔ ☐

(82) ☐ ↔ 憎

5 다음 漢字語의 反義語(또는 相對語)를 漢字로 쓰시오. (83~87)

(83) 損失   (84) 異端

(85) 紛爭   (86) 散在

(87) 怨恨

6 다음 밑줄 친 漢字語 중에서 한글로 쓴 것은 漢字로, 漢字로 쓴 것은 한글로 바꾸시오. (88~117)

> 여성들의 교육 수준⁸⁸ 향상⁸⁹은 양성⁹⁰ 평등⁹¹적 사고⁹²와 직업⁹³ 능력⁹⁴ 개발⁹⁵을 중시⁹⁶하게 만들었지만 노동⁹⁷ 시장⁹⁸이나 가족⁹⁹은 이들의 변화¹⁰⁰된 태도¹⁰¹나 가치관을 수용¹⁰²할 만큼 준비¹⁰³되지 않고 있다. (중략)
> 이러한 흐름 속에서 보육¹⁰⁴ 정책은 아무리 강조¹⁰⁵해도 지나치지 않을 것이다. 정부는 보육 수요의 내용¹⁰⁶(一時 보육, 야간¹⁰⁷ 보육, 휴일¹⁰⁸ 보육, 단기¹⁰⁹ 보육, 가정¹¹⁰ 방문 보육, 상담¹¹¹ 등)과 자녀 연령(영유아에서 초등생까지), 부모의 상황(부모의 勤務 조건, 주부의 취업 여부)에 따라 提供¹¹²할 수 있는 보육 사업 체계를 構成, 보육 지원 사업 효과¹¹³를 높이기 위해 노력해야 한다. 그리고 자녀 양육에 대한 경제적 부담을 완화하기 위해 수당¹¹⁴ 등의 현금¹¹⁵ 급여, 세제 惠澤¹¹⁶, 사회 보험 제도 개선¹¹⁷ 등을 모색해야 한다.

(88) 수준   (89) 향상

(90) 양성   (91) 평등

(92) 사고   (93) 직업

(94) 능력   (95) 개발

(96) 중시   (97) 노동

(98) 시장   (99) 가족

(100) 변화   (101) 태도

(102) 수용   (103) 준비

(104) 보육   (105) 강조

(106) 내용   (107) 야간

(108) 휴일   (109) 단기

(110) 가정   (111) 상담

(112) 提供   (113) 효과

(114) 수당   (115) 현금

(116) 惠澤   (117) 개선

7 다음 □ 안에 알맞은 漢字를 써 넣어 漢字語(故事成語)를 完成하시오. (118~127)

(118) 寸鐵□人   (119) 興盡悲□

(120) □湖煙波   (121) 群□割據

(122) 落花□水   (123) 東奔西□

(124) □雲之情   (125) 我□引水

(126) 牛耳□經   (127) 知□合一

8 다음 漢字의 部首를 쓰시오. (128~132)

(128) 卷   (129) 穀

(130) 毒   (131) 鳴

(132) 舊

9 다음 漢字 중에서 (133~137)에서 보인 漢字와 뜻이 비슷한 것을 찾아, 그 번호를 쓰시오. (133~137)

> 例
>
> ① 避   ② 路   ③ 本   ④ 朴   ⑤ 禍
> ⑥ 究   ⑦ 貨   ⑧ 場   ⑨ 學   ⑩ 所

(133) 逃 – □   (134) 素 – □

(135) 研 – □   (136) 財 – □

(137) 處 – □

10 다음 漢字語와 음은 같으나 뜻이 다른 單語를 漢字로 쓰시오.(長短音 관계없음) (138~142)

(138) 聽講 – □□ : 맑게 흐르는 강.

(139) 祝典 – □□ : 전기를 모아 둠.

(140) 他山 – □□ : 이해 관계를 따져 헤아려 봄.

(141) 布城 – □□ : 대포를 쏠 때 나는 소리.

(142) 現在 – □□ : 뛰어난 재능.

11 다음 漢字語의 뜻을 쓰시오. (143~147)

(143) 猛犬

(144) 含憤

(145) 寡慾

(146) 浸種

(147) 透視

12 다음 漢字의 略字를 쓰시오. (148~150)

(148) 黨   (149) 團

(150) 滿

수험번호 □□□－□□－□□□□　　　　성명 □□□□□

주민등록번호 □□□□□□－□□□□□□□　※ 유성 사인펜, 붉은색 필기구 사용 불가.

※ 답안지는 컴퓨터로 처리되므로 구기거나 더럽히지 마시고, 정답 칸 안에만 쓰십시오.
　글씨가 채점란으로 들어오면 오답처리가 됩니다.

전국한자능력검정시험 3급Ⅱ 답안지 (1)

번호	정답	1검	2검	번호	정답	1검	2검	번호	정답	1검	2검
1				24				47			
2				25				48			
3				26				49			
4				27				50			
5				28				51			
6				29				52			
7				30				53			
8				31				54			
9				32				55			
10				33				56			
11				34				57			
12				35				58			
13				36				59			
14				37				60			
15				38				61			
16				39				62			
17				40				63			
18				41				64			
19				42				65			
20				43				66			
21				44				67			
22				45				68			
23				46				69			

감독위원	채점위원 (1)		채점위원 (2)		채점위원 (3)	
(서명)	(득점)	(서명)	(득점)	(서명)	(득점)	(서명)

※ 뒷면으로 이어짐

※ 본 답안지는 컴퓨터로 처리되므로 구겨지거나 더럽혀지지 않도록 조심하시고 글씨를 칸 안에 또박또박 쓰십시오.

전국한자능력검정시험 3급Ⅱ 답안지 (2)

번호	정답	1검	2검	번호	정답	1검	2검	번호	정답	1검	2검
70				97				124			
71				98				125			
72				99				126			
73				100				127			
74				101				128			
75				102				129			
76				103				130			
77				104				131			
78				105				132			
79				106				133			
80				107				134			
81				108				135			
82				109				136			
83				110				137			
84				111				138			
85				112				139			
86				113				140			
87				114				141			
88				115				142			
89				116				143			
90				117				144			
91				118				145			
92				119				146			
93				120				147			
94				121				148			
95				122				149			
96				123				150			

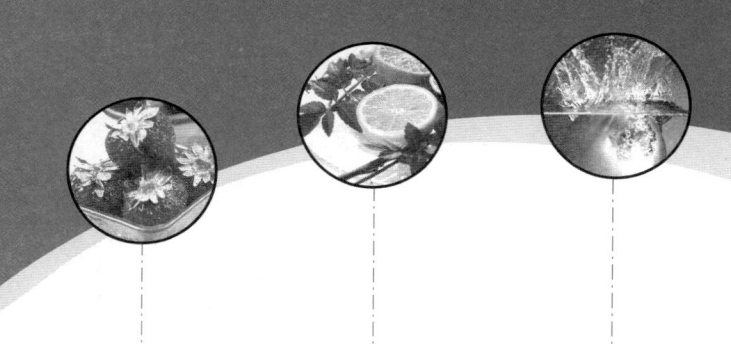

국가공인 한자능력검정시험 예상문제집 3급Ⅱ

기출분석문제

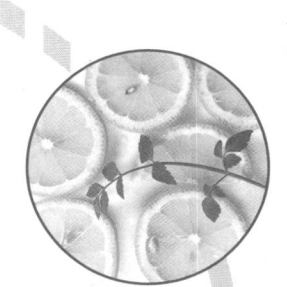

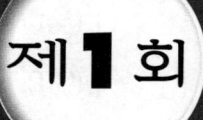

합격점수 **105**점

본 문제는 (사)한국어문회 시행 제29회 한자능력검정시험에 출제되었던 문제를 수험생들에게 수집한 것입니다.

제한시간 **60**분

1 다음 漢字語의 讀音을 쓰시오. (1~45)

(1) 街路 [   ]
(2) 勇敢 [   ]
(3) 快擧 [   ]
(4) 打擊 [   ]
(5) 謝過 [   ]
(6) 暗記 [   ]
(7) 昨年 [   ]
(8) 競爭 [   ]
(9) 降等 [   ]
(10) 亞流 [   ]
(11) 肥滿 [   ]
(12) 仰望 [   ]
(13) 色盲 [   ]
(14) 宿命 [   ]
(15) 眼目 [   ]
(16) 壓迫 [   ]
(17) 釋放 [   ]
(18) 壁報 [   ]
(19) 是非 [   ]
(20) 出仕 [   ]
(21) 監査 [   ]
(22) 校舍 [   ]
(23) 鑑賞 [   ]
(24) 詳細 [   ]
(25) 簡素 [   ]
(26) 術數 [   ]
(27) 將帥 [   ]
(28) 甘受 [   ]
(29) 休息 [   ]
(30) 威信 [   ]
(31) 甚深 [   ]
(32) 邪惡 [   ]
(33) 讚揚 [   ]
(34) 柔軟 [   ]
(35) 御製 [   ]
(36) 獸醫 [   ]
(37) 否認 [   ]
(38) 業績 [   ]
(39) 銅錢 [   ]
(40) 齊唱 [   ]
(41) 外戚 [   ]
(42) 伐草 [   ]
(43) 督促 [   ]
(44) 姿態 [   ]
(45) 看護 [   ]

2 다음 漢字의 訓과 음을 쓰시오. (46~72)

(46) 已 [   ]
(47) 暇 [   ]
(48) 邑 [   ]
(49) 刻 [   ]
(50) 飾 [   ]
(51) 句 [   ]
(52) 幹 [   ]
(53) 疏 [   ]
(54) 領 [   ]
(55) 構 [   ]
(56) 鮮 [   ]
(57) 祈 [   ]
(58) 奴 [   ]
(59) 裳 [   ]
(60) 堂 [   ]
(61) 薰 [   ]
(62) 辭 [   ]
(63) 氷 [   ]
(64) 徒 [   ]
(65) 鼻 [   ]
(66) 裏 [   ]
(67) 履 [   ]
(68) 逢 [   ]
(69) 微 [   ]
(70) 差 [   ]
(71) 灰 [   ]
(72) 普 [   ]

3 다음 漢字語 중에서 첫 音節이 長音으로 發音되는 것을 찾아, 그 번호를 쓰시오. (73~77)

(73) [   ] : ① 甲板 ② 洞里 ③ 老苦 ④ 莫强
(74) [   ] : ① 佳境 ② 茶房 ③ 名士 ④ 席卷
(75) [   ] : ① 方今 ② 速攻 ③ 弟子 ④ 角木
(76) [   ] : ① 刊行 ② 死亡 ③ 三光 ④ 福券
(77) [   ] : ① 量産 ② 毛根 ③ 百家 ④ 意見

4 다음 漢字와 反對(또는 相對)되는 漢字를 써 넣어 漢字語를 만드시오. (78~82)

(78) [   ] ↔ 閉
(79) 京 ↔ [   ]
(80) [   ] ↔ 民
(81) [   ] ↔ 果
(82) [   ] ↔ 富

5 다음 [   ] 안에 알맞은 漢字를 써 넣어 漢字語(故事成語)를 完成하시오. (83~92)

(83) 江湖[   ]波
(84) 喜[   ]哀樂
(85) [   ]母良妻
(86) 風前[   ]火
(87) 破竹之[   ]
(88) 忠言[   ]耳
(89) 千篇一[   ]
(90) [   ]口難防
(91) 縱橫[   ]盡
(92) 我田[   ]水

6 다음 밑줄 친 漢字語를 漢字로 쓰시오. (93~122)

■ 인류[93]는 지난 한 세기 동안 역사[94]상 가장 많은 과학적 발전[95]을 이룩했고 인간 삶의 질[96]은 급격히 향상[97]됐다.

■ 과학에 대한 관심[98]과 이해[99]는 물론 실제적인 응용[100]에 진보[101]적인 생각이 필요하다.

■ 우리의 미래[102]는 불확실[103]한 시대[104]가 될지 모르겠다.

■ 사이비 종교의 출현은 미래에 대한 불안[105], 그리고 이기주의[106]의 부정적 단면[107]을 보여 주는 일이다.

■ 어쩌면 인간을 괴롭혀 온 걸림돌 중 하나는 과학[108]과 종교[109]가 함께 공존할 수 없다는 이분법적 사고[110]일 것이다.

■ 그 문제에 대한 답[111]을 찾으려면 보이지 않는 법칙[112]들을 발견해야 한다.

■ 자연[113]을 연구하고 설명[114]하는 기초적인 분야[115]를 가르치는 교육은 중대[116]한 계획이 선행되어야 한다.

■ 그 길은 산 끝에서 시작[117]되어 마을 어귀까지 연결[118]되어 있었다.

■ 예술 세계[119]에 접근[120]하는 방법은 순서[121]를 밟아 작은 부분에서 시작하여 전체[122]를 연구하는 것이다.

(93) [　　] (94) [　　] (95) [　　]
(96) [　　] (97) [　　] (98) [　　]
(99) [　　] (100) [　　] (101) [　　]
(102) [　　] (103) [　　] (104) [　　]
(105) [　　] (106) [　　] (107) [　　]
(108) [　　] (109) [　　] (110) [　　]
(111) [　　] (112) [　　] (113) [　　]
(114) [　　] (115) [　　] (116) [　　]
(117) [　　] (118) [　　] (119) [　　]
(120) [　　] (121) [　　] (122) [　　]

7 다음 例에서 (123~127)의 뜻과 비슷한 漢字를 골라, 그 번호를 쓰시오. (123~127)

> **例**
> ① 亭　② 歌　③ 談　④ 給　⑤ 比
> ⑥ 致　⑦ 交　⑧ 停　⑨ 疾　⑩ 達

(123) [　　] – 曲　　(124) 到 – [　　]
(125) [　　] – 較　　(126) [　　] – 話
(127) [　　] – 與

8 다음 漢字語의 反義語(또는 相對語)를 漢字로 쓰시오. (128~132)

(128) 散在 ↔ [　　]　　(129) 內容 ↔ [　　]
(130) 複雜 ↔ [　　]　　(131) 損失 ↔ [　　]
(132) 怨恨 ↔ [　　]

9 다음 漢字의 部首를 쓰시오. (133~137)

(133) 奇 – [　　]　　(134) 表 – [　　]
(135) 兩 – [　　]　　(136) 變 – [　　]
(137) 泰 – [　　]

10 다음 漢字語와 음은 같으나 뜻이 다른 單語를 漢字로 쓰시오.(長短音 관계없음) (138~142)

(138) 可恐 – [　　] : 천연물이나 덜된 물건에 인공을 더함.

(139) 綠化 – [　　] : 비디오테이프에 텔레비전의 상을 기록하는 것.

(140) 辛苦 – [　　] : 국민이 행정 관청에 일정한 사실을 진술, 보고하는 일.

(141) 援助 – [　　] : 어떠한 일을 처음 시작한 사람.

(142) 靑山 – [　　] : 상호간에 채권, 채무 관계를 셈하여 깨끗이 정리함.

11 다음 漢字語의 뜻을 쓰시오. (143~147)

(143) 假裝 – [　　]
(144) 秀麗 – [　　]
(145) 礎石 – [　　]
(146) 臨戰 – [　　]
(147) 勤勉 – [　　]

12 다음 漢字의 略字를 쓰시오. (148~150)

(148) 價 – [　　]　　(149) 佛 – [　　]
(150) 當 – [　　]

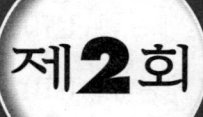

합격점수 **105**점

본 문제는 (사)한국어문회 시행 제28회 한자능력검정시험에 출제되었던 문제를 수험생들에게 수집한 것입니다.

제한시간 **60**분

1 다음 漢字語의 讀音을 쓰시오. (1~45)

(1) 激勵 [　　]
(2) 稀微 [　　]
(3) 衝突 [　　]
(4) 陷沒 [　　]
(5) 誘惑 [　　]
(6) 禽獸 [　　]
(7) 踏襲 [　　]
(8) 胡笛 [　　]
(9) 妄靈 [　　]
(10) 催促 [　　]
(11) 疏忽 [　　]
(12) 僧舞 [　　]
(13) 剛柔 [　　]
(14) 猛虎 [　　]
(15) 獲得 [　　]
(16) 恥辱 [　　]
(17) 戀慕 [　　]
(18) 企劃 [　　]
(19) 貢獻 [　　]
(20) 換率 [　　]
(21) 貞淑 [　　]
(22) 樓閣 [　　]
(23) 貫徹 [　　]
(24) 玄米 [　　]
(25) 忍耐 [　　]
(26) 鼓吹 [　　]
(27) 戲弄 [　　]
(28) 緊迫 [　　]
(29) 鎭壓 [　　]
(30) 還付 [　　]
(31) 影響 [　　]
(32) 劍術 [　　]
(33) 冬眠 [　　]
(34) 悠久 [　　]
(35) 追憶 [　　]
(36) 祝賀 [　　]
(37) 賤待 [　　]
(38) 勤勉 [　　]
(39) 詳述 [　　]
(40) 浮浪 [　　]
(41) 哀愁 [　　]
(42) 彼岸 [　　]
(43) 役割 [　　]
(44) 縱橫 [　　]
(45) 官吏 [　　]

2 다음 漢字의 訓과 音을 쓰시오. (46~72)

(46) 碧 [　　]
(47) 丈 [　　]
(48) 浦 [　　]
(49) 觸 [　　]
(50) 棧 [　　]
(51) 介 [　　]
(52) 槪 [　　]
(53) 克 [　　]
(54) 殆 [　　]
(55) 哭 [　　]

(56) 誇 [　　]
(57) 池 [　　]
(58) 紋 [　　]
(59) 伯 [　　]
(60) 寬 [　　]
(61) 訣 [　　]
(62) 脚 [　　]
(63) 頃 [　　]
(64) 拘 [　　]
(65) 幹 [　　]
(66) 鑑 [　　]
(67) 悔 [　　]
(68) 稚 [　　]
(69) 刊 [　　]
(70) 陵 [　　]
(71) 雅 [　　]
(72) 懇 [　　]

3 다음 밑줄 친 漢字語를 漢字로 쓰시오. (73~76)

(73) 이 곳은 금연 구역입니다. ‥‥‥‥‥ [　　]
(74) 이 음식은 저온 저장을 해야 합니다. ‥‥ [　　]
(75) 지금은 경제를 살리는 일이 중요합니다. [　　]
(76) 건강을 유지하기 위해 아침마다 체조를 합니다. ‥‥‥‥‥ [　　]

4 다음 漢字語 중에서 첫 音節이 長音으로 發音되는 것을 찾아, 그 번호를 쓰시오. (77~81)

(77) [　　] : ① 補充　② 奔走　③ 船商　④ 霜降
(78) [　　] : ① 決死　② 燈臺　③ 奮發　④ 天倫
(79) [　　] : ① 連結　② 巡禮　③ 呼訴　④ 署名
(80) [　　] : ① 憂國　② 培養　③ 親睦　④ 土壤
(81) [　　] : ① 菊花　② 苦行　③ 絶頂　④ 茂盛

5 다음 [　　] 안에 알맞은 漢字를 써 넣어 漢字語(故事成語)를 完成하시오. (82~91)

(82) 我[　　]引水
(83) 浩[　　]之氣
(84) 錦衣還[　　]
(85) 群[　　]割據
(86) 內憂外[　　]
(87) 孤掌[　　]鳴
(88) 深[　　]熟考
(89) 雪上[　　]霜
(90) 立[　　]揚名
(91) 進[　　]幽谷

6 다음 밑줄 친 漢字語 중 한글로 쓴 것은 漢字로, 漢字로 쓴 것은 한글로 바꾸시오. (92~112)

> 漢字는 時間과 空間을 超越⁹²한 문자로 視覺性⁹³, 조어력, 縮約⁹⁴력 등이 한글보다 월등하다. 時間과 空間을 超越한 문자라 함은, 가령 父母, 兄弟, 山川草木이란 말은 옛날이나 지금이나 뜻이 같고 韓·中·日·東南亞 등 어디에서나 한자의 정자로 써 놓으면 같은 뜻으로 통용⁹⁵한다는 것이다.
> 視覺性이라 함은 '수수'를 줄 수⁹⁶ 받을 수⁹⁷로 적고, '매매'를 팔 매⁹⁸ 살 매⁹⁹로 적으면 '주고받음', '팔고 삼'이란 뜻을 눈으로 빨리 알아차릴 수 있다는 뜻이다.
> 조어력이란 말 만드는 힘을 말하는데, 中學校 漢文 敎育用 基礎¹⁰⁰ 漢字 900字로 만든 말이 72,229개라는 辭典¹⁰¹ 통계¹⁰²가 있다. / 순우리말에도 얼마간의 준말이 있기는 하나 한 자 한 자에 뜻이 있는 자를 이용해서 簡潔¹⁰³하고 정확¹⁰⁴한 略語를 만들 수 있는 한자의 縮約력을 당할 수는 없다. "대학에 들어가는 시험"을 '대입시'로 "고려¹⁰⁵대학교 亞細亞¹⁰⁶ 문제연구소¹⁰⁷"를 '고대아연'으로 줄여도 뜻이 잘 통하는 것이다. 그래서 한자를 한글과 混用¹⁰⁸하자는 것이요, "한자를 배우라"고 여러분에게 勸¹⁰⁹하는 것이다. 한글과 한자는 실로 하늘이 우리에게 준 복¹¹⁰이다. 國漢混用, 즉 한글과 漢字 混用이야말로 한자만 쓰는 中國이나 가나와 한자를 混用하는 日本에 비해 가장 이상적¹¹¹인 文字 混用을 할 수 있는 與件¹¹²임을 자랑으로 생각해야 한다.

(92) [   ] (93) [   ] (94) [   ]

(95) [   ] (96) [   ] (97) [   ]

(98) [   ] (99) [   ] (100) [   ]

(101) [   ] (102) [   ] (103) [   ]

(104) [   ] (105) [   ] (106) [   ]

(107) [   ] (108) [   ] (109) [   ]

(110) [   ] (111) [   ] (112) [   ]

7 다음 例에서 (113~117)의 뜻과 비슷한 漢字를 골라, 그 번호를 쓰시오. (113~117)

> **例**
> ① 回   ② 惠   ③ 會   ④ 例   ⑤ 慈
> ⑥ 列   ⑦ 放   ⑧ 貨   ⑨ 訪   ⑩ 物

(113) 羅 – [   ]   (114) 恩 – [   ]

(115) 探 – [   ]   (116) 財 – [   ]

(117) 旋 – [   ]

8 다음 漢字와 反對(또는 相對)되는 漢字를 써 넣어 漢字語를 만드시오. (118~122)

(118) 得 ↔ [   ]   (119) [   ] ↔ 卑

(120) 明 ↔ [   ]   (121) 興 ↔ [   ]

(122) 賞 ↔ [   ]

9 다음 漢字語의 反義語(또는 相對語)를 漢字로 쓰시오. (123~127)

(123) 權利 ↔ [   ]   (124) 質問 ↔ [   ]

(125) 破壞 ↔ [   ]   (126) 苦痛 ↔ [   ]

(127) 複雜 ↔ [   ]

10 다음 漢字의 部首를 쓰시오. (128~132)

(128) 乘 – [   ]   (129) 夢 – [   ]

(130) 喪 – [   ]   (131) 尙 – [   ]

(132) 憂 – [   ]

11 다음 漢字語와 음은 같으나 뜻이 다른 單語를 漢字로 쓰시오.(長短音 관계없음) (133~137)

(133) 田園 – [   ] : 전력을 공급하는 원천.

(134) 附圖 – [   ] : 부녀자로서 지켜야 할 도리.

(135) 小才 – [   ] : 어떤 것을 만드는 데 바탕이 되는 재료.

(136) 步道 – [   ] : (신문이나 방송으로) 새 소식을 널리 알림.

(137) 私感 – [   ] : 기숙사에서 기숙생들의 생활을 감독하는 사람.

12 다음 訓과 음에 알맞은 漢字를 쓰시오. (138~142)

(138) 쉴 식 – [   ]   (139) 칠 벌 – [   ]

(140) 지킬 보 – [   ]   (141) 쓸 소 – [   ]

(142) 가 변 – [   ]

13 다음 漢字語의 뜻을 쓰시오. (143~147)

(143) 痛症 – [   ]

(144) 卽時 – [   ]

(145) 醉客 – [   ]

(146) 超過 – [   ]

(147) 執筆 – [   ]

14 다음 漢字의 略字를 쓰시오. (148~150)

(148) 壓 – [   ]   (149) 擔 – [   ]

(150) 處 – [   ]

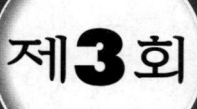
본 문제는 (사)한국어문회 시행 제27회 한자능력검정시험에 출제되었던 문제를 수험생들에게 수집한 것입니다.

제한시간 **60**분

1 다음 漢字語의 讀音을 쓰시오. (1~45)

(1) 栽培 [   ]   (2) 帳簿 [   ]

(3) 乾期 [   ]   (4) 凡俗 [   ]

(5) 印刷 [   ]   (6) 裝飾 [   ]

(7) 血盟 [   ]   (8) 肥料 [   ]

(9) 謙虛 [   ]   (10) 肺胞 [   ]

(11) 旋風 [   ]   (12) 貫徹 [   ]

(13) 微妙 [   ]   (14) 戀慕 [   ]

(15) 割引 [   ]   (16) 追憶 [   ]

(17) 綿絲 [   ]   (18) 顔貌 [   ]

(19) 懇請 [   ]   (20) 誇示 [   ]

(21) 包含 [   ]   (22) 依賴 [   ]

(23) 再臨 [   ]   (24) 銀翼 [   ]

(25) 腦裏 [   ]   (26) 演戲 [   ]

(27) 忍耐 [   ]   (28) 履歷 [   ]

(29) 豪傑 [   ]   (30) 催眠 [   ]

(31) 懸板 [   ]   (32) 繁榮 [   ]

(33) 轉籍 [   ]   (34) 踏襲 [   ]

(35) 痛哭 [   ]   (36) 陷沒 [   ]

(37) 吹打 [   ]   (38) 丹粧 [   ]

(39) 貢獻 [   ]   (40) 幼稚 [   ]

(41) 宇宙 [   ]   (42) 御座 [   ]

(43) 寂滅 [   ]   (44) 委任 [   ]

(45) 悔恨 [   ]

2 다음 漢字의 訓과 音을 쓰시오. (46~72)

(46) 頃 [   ]   (47) 耕 [   ]

(48) 旦 [   ]   (49) 戚 [   ]

(50) 陶 [   ]   (51) 拓 [   ]

(52) 殊 [   ]   (53) 獄 [   ]

(54) 魂 [   ]   (55) 妃 [   ]

(56) 塔 [   ]   (57) 蒸 [   ]

(58) 慣 [   ]   (59) 琴 [   ]

(60) 賀 [   ]   (61) 契 [   ]

(62) 裳 [   ]   (63) 抵 [   ]

(64) 尙 [   ]   (65) 促 [   ]

(66) 慈 [   ]   (67) 曾 [   ]

(68) 栗 [   ]   (69) 謂 [   ]

(70) 幽 [   ]   (71) 稀 [   ]

(72) 鼓 [   ]

3 다음 訓과 음에 알맞은 漢字를 쓰시오. (73~82)

(73) 베풀 시 - [   ]   (74) 길 정 - [   ]

(75) 익힐 련 - [   ]   (76) 다 총 - [   ]

(77) 무리 대 - [   ]   (78) 잎 엽 - [   ]

(79) 옮길 이 - [   ]   (80) 코 비 - [   ]

(81) 거스를 역 - [   ]   (82) 본받을 효 - [   ]

4 다음 漢字語 중에서 첫 音節이 長音으로 發音되는 것을 찾아, 그 번호를 쓰시오.(순서 상관없음) (83~87)

例
① 徐行 ② 憂民 ③ 想念 ④ 潤澤 ⑤ 偉大
⑥ 照射 ⑦ 蒼空 ⑧ 距離 ⑨ 賢君 ⑩ 槪說

(83) [   ]   (84) [   ]

(85) [   ]   (86) [   ]

(87) [   ]

5 다음 밑줄 친 漢字語를 漢字로 쓰시오. (88~102)

(88) 제사 음식은 <u>제기</u>에 담는다. ··········[   ]

(89) 앙리 뒤낭이 <u>赤十字社</u>를 창설하였다. ··[   ]

(90) 직장에서는 <u>직무</u>에만 충실해야 한다. ···[   ]

(91) 그 남자의 <u>음흉</u>한 속셈을 다 알고 있다.
··[   ]

(92) 군인 사회는 전통적으로 <u>규율</u>이 엄격하다.
··[   ]

(93) <u>美國</u>에서는 <u>부통령</u>이 상원의 의장을 맡는다.
··[   ]

(94) 운동 경기에서 <u>감독</u>이 하는 일은 매우 중요하다.
··[   ]

(95) 밤길 <u>安全</u>을 위해 <u>가로등</u>이 좀더 밝았으면 좋겠다.
··[   ]

(96) <u>경찰관</u>들의 수고가 있어서 사회 질서가 유지된다.
··[   ]

(97) 사진 찍을 때는 흔히 <u>배경</u>에도 신경을 많이 쓴다.
··[   ]

(98) 우리는 <u>父母</u>에 대한 <u>감사</u>의 마음을 가지고 산다.
··[   ]

(99) 어릴 적부터 <u>讀書</u>에 <u>흥미</u>를 갖도록 지도할 필요가
있다. ··································[   ]

(100) 도회지 아파트에서는 <u>난방</u>이 잘 되어 겨울에도 추위
를 모른다. ··························[   ]

(101) <u>一石</u> 李熙昇(이희승) 先生님은 평생을 우리말 <u>연구</u>에
바치셨다. ··························[   ]

(102) <u>英國</u>이나 <u>日本</u> 등 입헌 군주국에서는 총리가 <u>정부</u>의
수반이다. ··························[   ]

6 다음 漢字와 反對(또는 相對)되는 漢字를 써 넣어 漢字語를 만
드시오. (103~112)

(103) 賞 ↔ [   ]   (104) [   ] ↔ 伏

(105) 授 ↔ [   ]   (106) [   ] ↔ 淺

(107) 姑 ↔ [   ]   (108) [   ] ↔ 哀

(109) 增 ↔ [   ]   (110) [   ] ↔ 退

(111) 貧 ↔ [   ]   (112) [   ] ↔ 續

7 다음 [ ] 안에 알맞은 漢字를 써 넣어 漢字語(故事成語)를 完
成하시오. (113~122)

(113) 佳人薄[   ]   (114) 緣木[   ]魚

(115) 拍掌大[   ]   (116) 明若[   ]火

(117) 隱忍自[   ]   (118) 虎死[   ]皮

(119) 骨[   ]相殘   (120) [   ]恭非禮

(121) 孤[   ]奮鬪   (122) [   ]折不掘

8 다음 漢字의 部首를 쓰시오. (123~127)

(123) 鬼 - [   ]   (124) 衛 - [   ]

(125) 倉 - [   ]   (126) 恥 - [   ]

(127) 閑 - [   ]

9 다음 漢字와 訓이 같은 漢字를 써 넣어 單語를 完成하시오.
(128~137)

(128) 具 - [   ]   (129) [   ] - 釋

(130) 獲 - [   ]   (131) [   ] - 哀

(132) 繼 - [   ]   (133) [   ] - 髮

(134) 淨 - [   ]   (135) [   ] - 惠

(136) 援 - [   ]   (137) [   ] - 帥

10 다음 漢字語와 음은 같으나 뜻이 다른 單語를 漢字로 쓰시
오.(長短音 관계없음) (138~142)

(138) 劇團 - [   ]   (139) 機智 - [   ]

(140) 毒酒 - [   ]   (141) 絶世 - [   ]

(142) 鄕儒 - [   ]

11 다음 漢字語의 뜻을 쓰시오. (143~147)

(143) 猛獸 - [   ]

(144) 惜敗 - [   ]

(145) 積載 - [   ]

(146) 衝天 - [   ]

(147) 殆無 - [   ]

12 다음 漢字의 略字를 쓰시오. (148~150)

(148) 黨 - [   ]   (149) 壓 - [   ]

(150) 藝 - [   ]

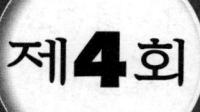
본 문제는 (사)한국어문회 시행 제26회 한자능력검정시험에 출제되었던 문제를 수험생들에게 수집한 것입니다.

제한시간 **60**분

1 다음 漢字語의 讀音을 쓰시오. (1~45)

(1) 喪失 [   ]　(2) 介入 [   ]

(3) 告由 [   ]　(4) 限度 [   ]

(5) 配當 [   ]　(6) 要請 [   ]

(7) 位置 [   ]　(8) 肖像 [   ]

(9) 終末 [   ]　(10) 抗訴 [   ]

(11) 干拓 [   ]　(12) 支援 [   ]

(13) 評價 [   ]　(14) 追越 [   ]

(15) 維持 [   ]　(16) 運航 [   ]

(17) 沿革 [   ]　(18) 確保 [   ]

(19) 附屬 [   ]　(20) 順應 [   ]

(21) 特許 [   ]　(22) 脅迫 [   ]

(23) 危殆 [   ]　(24) 容恕 [   ]

(25) 選擇 [   ]　(26) 裁量 [   ]

(27) 幽靈 [   ]　(28) 指揮 [   ]

(29) 祭需 [   ]　(30) 參拜 [   ]

(31) 後進 [   ]　(32) 筆陣 [   ]

(33) 希望 [   ]　(34) 恨歎 [   ]

(35) 交流 [   ]　(36) 誘導 [   ]

(37) 適材 [   ]　(38) 假髮 [   ]

(39) 側近 [   ]　(40) 退步 [   ]

(41) 候補 [   ]　(42) 果敢 [   ]

(43) 好況 [   ]　(44) 固執 [   ]

(45) 排雪 [   ]

2 다음 漢字의 訓과 音을 쓰시오. (46~72)

(46) 昇 [   ]　(47) 潛 [   ]

(48) 蘭 [   ]　(49) 兼 [   ]

(50) 哲 [   ]　(51) 尙 [   ]

(52) 森 [   ]　(53) 侍 [   ]

(54) 謂 [   ]　(55) 微 [   ]

(56) 韻 [   ]　(57) 臺 [   ]

(58) 被 [   ]　(59) 鑑 [   ]

(60) 振 [   ]　(61) 沙 [   ]

(62) 楓 [   ]　(63) 愚 [   ]

(64) 泰 [   ]　(65) 頂 [   ]

(66) 烏 [   ]　(67) 誇 [   ]

(68) 片 [   ]　(69) 抑 [   ]

(70) 響 [   ]　(71) 笛 [   ]

(72) 皇 [   ]

3 다음 漢字語 중에서 첫 音節이 長音으로 發音되는 것을 찾아, 그 번호를 쓰시오. (73~77)

(73) [   ] : ① 驛舍　② 征伐　③ 腹痛　④ 我軍

(74) [   ] : ① 獲得　② 損害　③ 稀貴　④ 禽獸

(75) [   ] : ① 甚大　② 慾求　③ 淨潔　④ 陰陽

(76) [   ] : ① 審査　② 距離　③ 恒常　④ 夫婦

(77) [   ] : ① 塔洞　② 郎君　③ 啓示　④ 哀愁

4 다음 漢字語의 反義語(또는 相對語)를 漢字로 쓰시오. (78~82)

(78) 高雅 ↔ [   ]　(79) 溫暖 ↔ [   ]

(80) 總角 ↔ [   ]　(81) 出仕 ↔ [   ]

(82) 私利 ↔ [   ]

5 다음 漢字와 뜻이 反對(또는 相對)되는 漢字를 써 넣어 漢字語를 만드시오. (83~87)

(83) 師 ↔ [   ]　(84) [   ] ↔ 辱

(85) 旦 ↔ [   ]　(86) 禍 ↔ [   ]

(87) 攻 ↔ [   ]

6 다음 밑줄 친 漢字語를 漢字로 쓰시오. (88~117)

> ■ 35년 만에 돌아온 병원⁸⁸비가 감동⁸⁹을 주고 있다.
> ■ 이 같은 변화⁹⁰ 원리⁹¹가 극단⁹²적인 모습일까?
> ■ 요즘엔 정치⁹³ 행사가 연예⁹⁴계식 경기⁹⁵성으로 흐르고 있다.
> ■ 시설⁹⁶ 규제⁹⁷를 해제⁹⁸하고 주택⁹⁹ 건축¹⁰⁰에 힘쓰고 있다.
> ■ 이 책은 전쟁¹⁰¹통에 포로가 되어 산간¹⁰² 수용소로 끌려가 온갖 난관¹⁰³을 이겨 낸 이야기를 수기¹⁰⁴ 형식¹⁰⁵으로 쓴 것이다.
> ■ 일전¹⁰⁶에 구속되어 서울 지법에서 실질¹⁰⁷ 심사를 받고 있다.
> ■ 이 과정¹⁰⁸에서 금품¹⁰⁹을 받았다고 보고 조사¹¹⁰를 전개¹¹¹하고 있다.
> ■ 정권 수립¹¹² 공신¹¹³인데 집에서 잡혀갔다고 발설¹¹⁴했다.
> ■ 협의¹¹⁵ 위반이라고 산업¹¹⁶ 계통 법안¹¹⁷을 폐기했다.

(88) [   ] (89) [   ] (90) [   ]
(91) [   ] (92) [   ] (93) [   ]
(94) [   ] (95) [   ] (96) [   ]
(97) [   ] (98) [   ] (99) [   ]
(100) [   ] (111) [   ] (112) [   ]
(113) [   ] (114) [   ] (115) [   ]
(116) [   ] (117) [   ]

7 다음 [ ] 안에 알맞은 漢字를 써 넣어 漢字語(故事成語)를 完成하시오. (118~127)

(118) [   ]鏡止水   (119) 奇想[   ]外
(120) [   ]盡甘來   (121) 燈[   ]可親
(122) 孟[   ]斷機   (123) 見物生[   ]
(124) 結[   ]報恩   (125) 三旬九[   ]
(126) 卓上[   ]論   (127) 半身[   ]隨

8 다음 漢字의 部首를 쓰시오. (128~132)

(128) 界 - [   ]   (129) 突 - [   ]
(130) 票 - [   ]   (131) 獨 - [   ]
(132) 勢 - [   ]

9 다음 例에서 (133~137)의 뜻과 비슷한 漢字를 골라, 그 번호를 쓰시오. (133~137)

> 例
> ① 助 ② 圖 ③ 地 ④ 領 ⑤ 央 ⑥ 眼
> ⑦ 慈 ⑧ 盛 ⑨ 版 ⑩ 健 ⑪ 悟

(133) 覺 - [   ]   (134) 仁 - [   ]
(135) 中 - [   ]   (136) 興 - [   ]
(137) 扶 - [   ]

10 다음 漢字語와 音은 같으나 뜻이 다른 單語를 漢字로 쓰시오.(長短音 관계없음) (138~142)

(138) 歌舞 - [   ] : 집안일.
(139) 義士 - [   ] : 마음먹은 생각.
(140) 全通 - [   ] : 이어받은 계통.
(141) 白放 - [   ] : 여러 가지 방법.
(142) 買氣 - [   ] : 정해진 시기마다.

11 다음 漢字語의 뜻을 쓰시오. (143~147)

(143) 多衆 - [   ]
(144) 吸血 - [   ]
(145) 龍顔 - [   ]
(146) 尊待 - [   ]
(147) 猛風 - [   ]

12 다음 漢字의 略字를 쓰시오. (148~150)

(148) 區 - [   ]
(149) 佛 - [   ]
(150) 聲 - [   ]

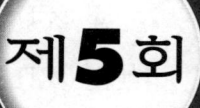
본 문제는 (사)한국어문회 시행 제25회 한자능력검정시험에 출제되었던 문제를 수험생들에게 수집한 것입니다.

⏱ 제한시간 **60**분

1 다음 漢字語의 讀音을 쓰시오. (1~45)

(1) 喜悅 [　　　]　　(2) 釋尊 [　　　]

(3) 招誘 [　　　]　　(4) 勸奬 [　　　]

(5) 面貌 [　　　]　　(6) 選擧 [　　　]

(7) 勤勉 [　　　]　　(8) 化粧 [　　　]

(9) 憤激 [　　　]　　(10) 懇談 [　　　]

(11) 管掌 [　　　]　　(12) 操縱 [　　　]

(13) 潛伏 [　　　]　　(14) 寡默 [　　　]

(15) 嚴格 [　　　]　　(16) 蓄財 [　　　]

(17) 拒否 [　　　]　　(18) 承繼 [　　　]

(19) 薄氷 [　　　]　　(20) 破壞 [　　　]

(21) 縮刷 [　　　]　　(22) 禍根 [　　　]

(23) 秩序 [　　　]　　(24) 陶醉 [　　　]

(25) 積善 [　　　]　　(26) 討伐 [　　　]

(27) 裕福 [　　　]　　(28) 催促 [　　　]

(29) 親睦 [　　　]　　(30) 榮譽 [　　　]

(31) 謙讓 [　　　]　　(32) 疲弊 [　　　]

(33) 誇張 [　　　]　　(34) 忍耐 [　　　]

(35) 殆半 [　　　]　　(36) 蒙利 [　　　]

(37) 碧眼 [　　　]　　(38) 壓迫 [　　　]

(39) 陳謝 [　　　]　　(40) 附籍 [　　　]

(41) 英傑 [　　　]　　(42) 救護 [　　　]

(43) 豪華 [　　　]　　(44) 履修 [　　　]

(45) 被疑 [　　　]

2 다음 漢字의 訓과 音을 쓰시오. (46~72)

(46) 恕 [　　　]　　(47) 澤 [　　　]

(48) 帥 [　　　]　　(49) 像 [　　　]

(50) 愁 [　　　]　　(51) 抑 [　　　]

(52) 宇 [　　　]　　(53) 亦 [　　　]

(54) 弓 [　　　]　　(55) 刊 [　　　]

(56) 井 [　　　]　　(57) 柱 [　　　]

(58) 郞 [　　　]　　(59) 恒 [　　　]

(60) 悔 [　　　]　　(61) 稀 [　　　]

(62) 吹 [　　　]　　(63) 莫 [　　　]

(64) 淨 [　　　]　　(65) 池 [　　　]

(66) 寂 [　　　]　　(67) 寬 [　　　]

(68) 飾 [　　　]　　(69) 剛 [　　　]

(70) 越 [　　　]　　(71) 影 [　　　]

(72) 揚 [　　　]

3 다음 漢字語 중에서 첫 音節이 長音으로 發音되는 것을 찾아, 그 번호를 쓰시오. (73~77)

(73) [　　　] : ① 皮革　② 唐突　③ 貞淑　④ 宴會

(74) [　　　] : ① 丈人　② 審判　③ 板本　④ 策動

(75) [　　　] : ① 忠誠　② 妻男　③ 介在　④ 拾得

(76) [　　　] : ① 襲擊　② 半價　③ 旋回　④ 蘇鐵

(77) [　　　] : ① 妄言　② 霜降　③ 森林　④ 扶持

4 다음 漢字語의 反義語(또는 相對語)를 漢字로 쓰시오. (78~82)

(78) 暗黑 ↔ [　　　]　　(79) 動機 ↔ [　　　]

(80) 人爲 ↔ [　　　]　　(81) 權利 ↔ [　　　]

(82) 精神 ↔ [　　　]

5 다음 밑줄 친 漢字語를 漢字로 쓰시오. (83~112)

> ■ 기술⁸³을 개발하여 특허⁸⁴를 신청⁸⁵합니다.
> ■ 확인⁸⁶ 절차가 필요⁸⁷한지 충분⁸⁸히 알아보자.
> ■ 정부⁸⁹와 민간⁹⁰ 단체가 공동으로 경비⁹¹에 나섰다.
> ■ 시내⁹² 업계⁹³가 도처⁹⁴에서 지원⁹⁵서를 접수⁹⁶하고 있다.
> ■ 공중 전화⁹⁷를 독단⁹⁸으로 사용⁹⁹하지 맙시다.
> ■ 유해¹⁰⁰ 정보¹⁰¹ 차단에 민·관 공조¹⁰²가 활기¹⁰³를 띠고 있다.
> ■ 도심¹⁰⁴지의 여러 가로¹⁰⁵ 상에서 교통¹⁰⁶ 혼잡이 발생¹⁰⁷하고 있다.
> ■ 국민 저금 증가를 위하여 직원¹⁰⁸들이 더 많이 봉사¹⁰⁹해야 한다.
> ■ 이번 사건은 단편적인 차원¹¹⁰에서만 진행될 뿐, 깊은 성찰¹¹¹을 결여¹¹²하고 있다.

(83) [   ] (84) [   ] (85) [   ]

(86) [   ] (87) [   ] (88) [   ]

(89) [   ] (90) [   ] (91) [   ]

(92) [   ] (93) [   ] (94) [   ]

(95) [   ] (96) [   ] (97) [   ]

(98) [   ] (99) [   ] (100) [   ]

(101) [   ] (102) [   ] (103) [   ]

(104) [   ] (105) [   ] (106) [   ]

(107) [   ] (108) [   ] (109) [   ]

(110) [   ] (111) [   ] (112) [   ]

6 다음 漢字와 反對(또는 相對)되는 漢字를 써 넣어 漢字語를 만드시오. (113~117)

(113) [   ]↔危   (114) [   ]↔富

(115) [   ]↔裏   (116) [   ]↔淺

(117) 姑↔[   ]

7 다음 [ ] 안에 알맞은 漢字를 써 넣어 漢字語(故事成語)를 完成하시오. (118~127)

(118) 單刀直[   ]   (119) 日就[   ]將

(120) [   ]綠同色   (121) 走[   ]看山

(122) 衆口[   ]防   (123) 酒池[   ]林

(124) 東奔[   ]走   (125) [   ]上加霜

(126) 曲[   ]阿世   (127) 實事[   ]是

8 다음 漢字의 部首를 쓰시오. (128~132)

(128) 刷 − [   ]   (129) 尙 − [   ]

(130) 東 − [   ]   (131) 眼 − [   ]

(132) 哀 − [   ]

9 다음 例에서 (133~137)의 뜻과 비슷한 漢字를 골라, 그 번호를 쓰시오. (133~137)

> 例
> ① 終   ② 連   ③ 愛   ④ 和   ⑤ 健
> ⑥ 洪   ⑦ 亡   ⑧ 徹   ⑨ 盛   ⑩ 哀
> ⑪ 傑   ⑫ 建   ⑬ 訪   ⑭ 倉   ⑮ 敬

(133) 隆 − [   ]   (134) 滅 − [   ]

(135) 康 − [   ]   (136) 貫 − [   ]

(137) 恭 − [   ]

10 다음 漢字語와 음은 같으나 뜻이 다른 單語를 漢字로 쓰시오.(長短音 관계없음) (138~142)

(138) 稅收 − [   ] : 낯을 씻음.

(139) 古代 − [   ] : 몹시 기다림.

(140) 丹精 − [   ] : 얌전하고 바름.

(141) 競試 − [   ] : 사람을 얕잡아 봄.

(142) 無期 − [   ] : 전쟁에 쓰이는 온갖 기구.

11 다음 漢字語의 뜻을 쓰시오. (143~147)

(143) 列聖 − [   ]

(144) 萬金 − [   ]

(145) 轉換 − [   ]

(146) 招魂 − [   ]

(147) 後續 − [   ]

12 다음 漢字의 略字를 쓰시오. (148~150)

(148) 傳 − [   ]   (149) 氣 − [   ]

(150) 舊 − [   ]

실전예상문제 01회

(1) 영구	(2) 상무	(3) 거리	(4) 인내	(5) 추국
(6) 비만	(7) 기대	(8) 하례	(9) 장지	(10) 원단
(11) 항목	(12) 서보	(13) 유령	(14) 연회	(15) 안녕
(16) 연락	(17) 장골	(18) 임박	(19) 궁술	(20) 추격
(21) 중세	(22) 운율	(23) 촉각	(24) 항상	(25) 영혼
(26) 현무	(27) 회한	(28) 찬성	(29) 길몽	(30) 홀연
(31) 공헌	(32) 창고	(33) 관장	(34) 노비	(35) 종대
(36) 하역	(37) 성전	(38) 허황	(39) 침투	(40) 소송
(41) 흉부	(42) 발아	(43) 기사	(44) 편곡	(45) 위벽
(46) 원고 고	(47) 호소할 소	(48) 생각할 억	(49) 무리 배	(50) 떨칠 진
(51) 대개 개	(52) 닮을 초	(53) 저 피	(54) 어른 장	(55) 잠길 잠
(56) 채색 채	(57) 모래 사	(58) 역 역	(59) 쇠할 쇠	(60) 꾸밀 식
(61) 엄습할 습	(62) 차례 질	(63) 울릴 향	(64) 풀 석	(65) 되살아날 소
(66) 그루 주	(67) 느릴 완	(68) 선 선	(69) 복숭아 도	(70) 조세 조
(71) 제비 연	(72) 중매 매	(73) ④	(74) ③	(75) ②
(76) ②	(77) ①	(78) 守/防	(79) 當	(80) 敗
(81) 利	(82) 增	(83) 貴	(84) 表	(85) 給
(86) 曲	(87) 難	(88) 外國	(89) 設計	(90) 受注
(91) 우려	(92) 自體	(93) 競爭力	(94) 建築	(95) 改善
(96) 時急	(97) 工學	(98) 人文	(99) 藝術	(100) 素養
(101) 상상력	(102) 置重	(103) 卒業	(104) 實務	(105) 擔當
(106) 經歷	(107) 背景	(108) 連結	(109) 억지	(110) 美學
(111) 맥락	(112) 充分	(113) 說得	(114) 正確	(115) 傳達
(116) 必要	(117) 다양	(118) 界	(119) 備	(120) 端
(121) 選	(122) 永	(123) 成	(124) 羊	(125) 外
(126) 單	(127) 在	(128) 百	(129) 安	(130) 魚
(131) 足	(132) 攻	(133) 香	(134) 手	(135) 干
(136) 爪	(137) 日	(138) 團束	(139) 冬至	(140) 短信
(141) 代用	(142) 單獨	(143) 가슴 부분	(144) 아주 작음	(145) 업신여겨 놀림
(146) 사나운 호랑이	(147) 강을 건넘	(148) 兴	(149) 応	(150) 芸

(16) 두음법칙 현상으로, '連(이을 련)'이 '연'으로 발음된다.

(18) 두음법칙 현상으로, '臨(임할 림)'이 '임'으로 발음된다.

(25) 두음법칙 현상으로, '靈(신령 령)'이 '영'으로 발음된다.

(123) 假弄成眞(가롱성진) : 장난삼아 한 것이 진심으로 한 것 같이 됨.

(124) 九折羊腸(구절양장) : 꼬불꼬불하며 험한 산길.

(127) 命在頃刻(명재경각) : 거의 죽게 되어 곧 숨이 끊어질 지경에 이름.

(128) 百折不屈(백절불굴) : 어떠한 난관에도 굽히지 않음.

(138) 斷續(단속) : 끊었다 이었다 함. 또는 그렇게 되게 함.

(141) 大勇(대용) : 큰 용기.

(142) 丹毒(단독) : 상처로 세균이 들어가 열이 나고 얼굴이 붉어지며 붓게 되어 종창, 동통을 일으키는 전염병.

실전예상문제 02회

(1) 협박	(2) 명심	(3) 찬양	(4) 공룡	(5) 창공
(6) 용서	(7) 기초	(8) 절정	(9) 의상	(10) 긴요
(11) 수급	(12) 사화	(13) 을사	(14) 정복	(15) 도공
(16) 단서	(17) 교묘	(18) 용도	(19) 연상	(20) 매실
(21) 어명	(22) 아편	(23) 백로	(24) 감정	(25) 유구
(26) 원수	(27) 성지	(28) 제창	(29) 조사	(30) 창성
(31) 강건	(32) 병야	(33) 비율	(34) 번성	(35) 순간
(36) 가공	(37) 편식	(38) 당도	(39) 습도	(40) 방초
(41) 자주	(42) 채권	(43) 교량	(44) 멸렬	(45) 여차
(46) 빠질 몰	(47) 무성할 무	(48) 못 택	(49) 자세할 상	(50) 다를 수
(51) 바꿀 환	(52) 기이할 괴	(53) 벨 할	(54) 빠질 함	(55) 돌 순
(56) 사양할 양	(57) 오를 승	(58) 차 다/차 차	(59) 새길 간	(60) 찔 증
(61) 무너질 괴	(62) 넘을 월	(63) 넓힐 척/박을 탁	(64) 봉우리 봉	(65) 화로 로
(66) 옻 칠	(67) 갚을 상	(68) 뽕나무 상	(69) 지름길 경	(70) 옮길 천
(71) 깎을 삭	(72) 막힐 색/변방 새	(73)~(77) ②, ③, ⑤, ⑥, ⑧		(78) 過失
(79) 進步	(80) 生前	(81) 友好	(82) 貧賤	(83) 圓
(84) 往	(85) 假	(86) 興	(87) 尊	(88) 祝福
(89) 健康	(90) 對備	(91) 必要	(92) 年金	(93) 보험
(94) 加入	(95) 可能	(96) 始作	(97) 效果	(98) 極大
(99) 吸煙	(100) 혈관	(101) 주범	(102) 수치	(103) 正常
(104) 범위	(105) 維持	(106) 運動	(107) 적정	(108) 體重
(109) 근육	(110) 弱化	(111) 노쇠	(112) 直結	(113) 질병
(114) 一種	(115) 손상	(116) 염증	(117) 原因	(118) 火
(119) 衣	(120) 十	(121) ノ	(122) 肉	(123) 報
(124) 入	(125) 衆	(126) 燈	(127) 待	(128) 興
(129) 成	(130) 立	(131) 復	(132) 自	(133) ④
(134) ①	(135) ⑧	(136) ⑨	(137) ⑥	(138) 起床
(139) 內城	(140) 農期	(141) 路上	(142) 錄音	(143) 빌려서 씀
(144) 사슬처럼 서로 이음	(145) 재촉하여 진행함		(146) 크게 깨달음	
(147) 불어 넣음	(148) 売	(149) 权	(150) 験	

(19) 두음법칙 현상으로, '聯(연이을 련)'이 '연'으로 발음된다.

(111) 두음법칙 현상으로, '老(늙을 로)'가 '노'로 발음된다.

(124) 漸入佳境(점입가경) : 들어갈수록 점점 재미가 있음.

(131) 克己復禮(극기복례) : 자기의 욕심을 누르고 예의범절을 따름.

(132) 登高自卑(등고자비) : 일을 순서대로 하여야 함. 지위가 높아질수록 자신을 낮춤.

(140) 弄技(농기) : 재주나 기술을 부림.

artmedia

실전예상문제 03회

(1) 초월	(2) 구인	(3) 대강	(4) 분쟁	(5) 자선
(6) 주선	(7) 이수	(8) 화장	(9) 사서	(10) 막지
(11) 과묵	(12) 경기	(13) 폐병	(14) 정좌	(15) 가사
(16) 막사	(17) 맹신	(18) 탄금	(19) 현란	(20) 폐단
(21) 등대	(22) 가작	(23) 관례	(24) 추모	(25) 공급
(26) 함량	(27) 연애	(28) 촉박	(29) 가치	(30) 밀봉
(31) 벽안	(32) 공축	(33) 수습	(34) 획득	(35) 포구
(36) 실토	(37) 균사	(38) 경화	(39) 지불	(40) 축산
(41) 체류	(42) 폐품	(43) 폐쇄	(44) 계림	(45) 수직
(46) 의뢰할 뢰	(47) 언덕 안	(48) 같을 약	(49) 펼 술	(50) 허락할 낙
(51) 근심 수	(52) 갑자기 돌	(53) 놀이 희	(54) 자랑할 과	(55) 천할 천
(56) 책력 력	(57) 드릴 헌	(58) 단련할 련	(59) 간절할 간	(60) 감옥 옥
(61) 막을 저	(62) 난초 란	(63) 물결 랑	(64) 심을 재	(65) 잠잘 면
(66) 찌를 자/척	(67) 가지 지	(68) 녹 록	(69) 아뢸/연주할 주	(70) 빌릴 차
(71) 사이뜰 격	(72) 빌릴 대	(73) 慶	(74) 提	(75) 純
(76) 低	(77) 拜	(78) ③	(79) ③	(80) ②
(81) ④	(82) ①	(83) 立	(84) 苦	(85) 使
(86) 勝/成	(87) 得	(88) 本	(89) 發	(90) 虛
(91) 賢	(92) 反	(93) 發表	(94) 安保	(95) 위협
(96) 規定	(97) 作成	(98) 國防	(99) 草案	(100) 傳統
(101) 災難	(102) 外交	(103) 선언	(104) 好戰	(105) 態度
(106) 적시	(107) 提示	(108) 協力	(109) 外部	(110) 共同
(111) 對處	(112) 配置	(113) 兵力	(114) 代身	(115) 訓練
(116) 作戰	(117) 運用	(118) 盛	(119) 放	(120) 監
(121) 固	(122) 獨	(123) 識	(124) 益	(125) 炭
(126) 雪	(127) 考	(128) 德	(129) 兩	(130) 赤
(131) 呼	(132) 逆	(133) 口	(134) 木	(135) 一
(136) 土	(137) 心	(138) 家具	(139) 各人	(140) 改姓
(141) 決死	(142) 高聲	(143) 눈이 덮인 산봉우리		(144) 거짓으로 꾸밈
(145) 머리털을 깎음	(146) 나쁜 버릇	(147) 손가락 끝마디 안쪽의 무늬		(148) 战
(149) 写	(150) 灯			

해설
(7) 두음법칙 현상으로, '履(밟을 리)'가 '이'로 발음된다.

(9) 司書(사서) : 서적을 맡아 보는 직분.

(10) 漠地(막지) : 사막처럼 거칠고 메마른 땅.

(27) 두음법칙 현상으로, '戀(사모할 련)'이 '연'으로 발음된다.

(33) 拾 : ① 주울 습, ② 열 십. 여기서는 ①로 쓰였다.

(130) 赤手空拳(적수공권) : 맨손과 맨주먹이라는 뜻으로, 아무 것도 가진 것이 없음.

(138) 佳句(가구) : 잘 지은 글귀.

(141) 結社(결사) : 여러 사람이 공동의 목적을 이루기 위해 단체를 조직함. 또는 그 단체.

실전예상문제 04회

(1) 목족	(2) 극기	(3) 절박	(4) 홍수	(5) 탑비
(6) 유신	(7) 단풍	(8) 근신	(9) 열락	(10) 금의
(11) 우익	(12) 영동	(13) 유치	(14) 일반	(15) 수명
(16) 소통	(17) 면밀	(18) 유순	(19) 최면	(20) 배역
(21) 경작	(22) 철골	(23) 용모	(24) 결별	(25) 맹양
(26) 쌍친	(27) 보약	(28) 애석	(29) 궁정	(30) 필업
(31) 침묵	(32) 관리	(33) 맹렬	(34) 격분	(35) 진정
(36) 소실	(37) 진동	(38) 구릉	(39) 사각	(40) 탈환
(41) 기반	(42) 복면	(43) 형평	(44) 주자	(45) 개연
(46) 난간 란	(47) 판목 판	(48) 견줄 교	(49) 높을 륭	(50) 꾈 유
(51) 겸손할 겸	(52) 무늬 문	(53) 짝 우	(54) 어릴 몽	(55) 관청 서
(56) 맑을 아	(57) 어리석을 우	(58) 모양 상	(59) 피리 적	(60) 간사할 사
(61) 힘쓸 려	(62) 자 척	(63) 토끼 토	(64) 밟을 답	(65) 딸 적
(66) 연꽃 련	(67) 사무칠 투	(68) 삼 마	(69) 뺄 발	(70) 어긋날/섞일 착
(71) 기와 와	(72) 꼬리 미	(73) ②	(74) ①	(75) ①
(76) ④	(77) ③	(78) 記錄	(79) 結果	(80) 生産
(81) 平面	(82) 平等	(83) 功	(84) 單	(85) 益
(86) 終	(87) 退	(88) 現行	(89) 問題	(90) 責任
(91) 所在	(92) 明確	(93) 農林	(94) 部處	(95) 관련
(96) 法令	(97) 加工	(98) 保護	(99) 경우	(100) 基本
(101) 通過	(102) 정비	(103) 相當	(104) 改善	(105) 期待/企待
(106) 食品	(107) 絶對	(108) 共感	(109) 最小	(110) 安心
(111) 社會	(112) 역할	(113) 重要	(114) 生産	(115) 消費
(116) 實質	(117) 權限	(118)  土	(119) 豕	(120) 貝
(121) 口	(122) 儿	(123) 留	(124) 會	(125) 命
(126) 天	(127) 夜	(128) 獨	(129) 止	(130) 水
(131) 夫	(132) 羅	(133) ⑤	(134) ⑩	(135) ⑧
(136) ②	(137) ⑥	(138) 買價	(139) 明度	(140) 門前
(141) 未明	(142) 半價	(143) 覎	(144) 鉄	(145) 済
(146) 검을 칼집에서 뺌		(147) 도읍을 옮김	(148) 알에서 깬 지 얼마 안 된 물고기	
(149) 가축을 기르는 집 또는 건물		(150) 나라를 걱정함		

해설
(1) 睦族(목족) : 동족(同族) 또는 친족(親族)끼리 화목하게 지냄.

(12) 두음법칙 현상으로, '嶺(재 령)'이 '영'으로 발음된다.

(22) 徹骨(철골) : 몸이 바싹 야위어 뼈만 남은 상태.

(25) 孟陽(맹양) : 음력 정월을 달리 이르는 말.

(31) 沈 : ① 잠길 침, ② 성 심. 여기서는 ①로 쓰였다.

(42) 覆 : ① 다시 복, ② 덮을 부. 여기서는 ①로 쓰였다.

(124) 會者定離(회자정리) : 만난 자는 반드시 헤어짐. 모든 것이 무상함을 나타내는 말.

(125) 見危致命(견위치명) : 나라가 위태로울 때 자기의 몸을 나라에 바침.

(129) 明鏡止水(명경지수) : 맑은 거울과 고요한 물. 맑고 깨끗한 마음.

(138) 妹家(매가) : 시집간 누이가 사는 집.

실전예상문제 05회

(1) 장엄	(2) 연혁	(3) 기복	(4) 숙달	(5) 선학
(6) 장부	(7) 고적	(8) 장수	(9) 위태	(10) 건어
(11) 철학	(12) 청량	(13) 금수	(14) 천박	(15) 측근
(16) 내장	(17) 간부	(18) 잠시	(19) 영상	(20) 오매
(21) 정숙	(22) 인내	(23) 편지	(24) 호각	(25) 맹약
(26) 점차	(27) 배양	(28) 징조	(29) 관철	(30) 호기
(31) 경각	(32) 고소	(33) 횡재	(34) 배제	(35) 관습
(36) 임금	(37) 한증	(38) 위장	(39) 족보	(40) 봉안
(41) 검역	(42) 도산	(43) 청사	(44) 음화	(45) 면제
(46) 인쇄할 쇄	(47) 편안할 일	(48) 발자취 적	(49) 부끄러울 치	(50) 열 계
(51) 찌를 충	(52) 부호 부	(53) 넋 혼	(54) 꾀 모	(55) 잠잠할 묵
(56) 깨달을 오	(57) 부를 징	(58) 칼 검	(59) 아내 처	(60) 이미 이
(61) 달릴 분	(62) 보낼 수	(63) 심할 심	(64) 넉넉할 유	(65) 찾을 색/노끈 삭
(66) 샐 루	(67) 썩을 부	(68) 갈 마	(69) 우레 뢰	(70) 가슴 흉
(71) 진흙 니	(72) 강철 강	(73) 解	(74) 築/蓄	(75) 施
(76) 怒	(77) 壓	(78) 煙	(79) 罰	(80) 往
(81) 護	(82)~(86) ①, ④, ⑥, ⑦, ⑩		(87) 汽車	(88) 旅行
(89) 여유	(90) 精神	(91) 상징	(92) 便安	(93) 新聞
(94) 食堂	(95) 夕陽	(96) 감탄	(97) 天才	(98) 程度
(99) 無理	(100) 練習	(101) 強要	(102) 結局	(103) 근육
(104) 關節	(105) 樂器	(106) 연주	(107) 狀態	(108) 寒
(109) 多/衆	(110) 長	(111) 婦	(112) 別	(113) 可
(114) 心	(115) 富	(116) 野	(117) 將	(118) 豆
(119) 甘	(120) 心	(121) 乙	(122) 女	(123) 弱
(124) 達	(125) 萬	(126) 未	(127) 退	(128) 樹
(129) 雪	(130) 結	(131) 固	(132) 脈	(133) 量
(134) 望	(135) 直	(136) 歌	(137) 救	(138) 겉으로 드러남
(139) 특별한 은혜	(140) 산 등의 꼭대기에 오름		(141) 쇠를 녹여 만든 화폐	
(142) 호기로운 말	(143) 房門	(144) 防災	(145) 白球	(146) 寶石
(147) 不在	(148) 师	(149) 礼	(150) 価	

(31) 頃刻(경각) : 눈 깜빡할 사이. 또는 아주 짧은 시간.

(124) 欲速不達(욕속부달) : 일을 빨리 하려고 하면 도리어 이루지 못함.

(129) 紅爐點雪(홍로점설) : 큰일을 함에 있어 작은 힘으로는 아무 도움이 되지 않음.

(144) 方在(방재) : 말하고 있는 시점(時點)과 같은 때. 또는 바로 조금 전. 방금(方今).

(145) 百口(백구) : 가족의 수가 많음. 여러 가지 변명.

(147) 部材(부재) : 구조물의 뼈대를 이루는 데 중요한 요소가 되는 여러 가지 재료.

실전예상문제 06회

(1) 고료	(2) 진한	(3) 개념	(4) 계곡	(5) 생률
(6) 선배	(7) 모피	(8) 호걸	(9) 진동	(10) 잠적
(11) 채색	(12) 집념	(13) 유예	(14) 초상	(15) 피안
(16) 장인	(17) 욕설	(18) 선채	(19) 역관	(20) 애석
(21) 사막	(22) 부양	(23) 건각	(24) 영향	(25) 정결
(26) 역전	(27) 쇠약	(28) 가식	(29) 공습	(30) 질서
(31) 영예	(32) 무성	(33) 부력	(34) 해석	(35) 상복
(36) 소생	(37) 주주	(38) 만성	(39) 완급	(40) 참선
(41) 광견	(42) 포획	(43) 도하	(44) 염주	(45) 촉매
(46) 바위 암	(47) 중 승	(48) 살찔 비	(49) 꾀할 기	(50) 정수리 정
(51) 상거할 거	(52) 쓰일 수	(53) 칠 정	(54) 편안 녕	(55) 이을 락
(56) 치마 상	(57) 긴할 긴	(58) 언덕 아	(59) 멀 유	(60) 장수 수
(61) 못 지	(62) 거울 감	(63) 집 관	(64) 세로 종	(65) 재촉할 촉
(66) 멜/연 하	(67) 큰집/전각 전	(68) 거칠 황	(69) 송사할 송	(70) 자줏빛 자
(71) 빚 채	(72) 엮을 편	(73) ④	(74) ②	(75) ①
(76) ③	(77) ②	(78) 凶	(79) 出	(80) 民
(81) 武	(82) 授	(83) 許多	(84) 興起	(85) 義務
(86) 退步	(87) 文明	(88) 피로	(89) 解消	(90) 對話
(91) 空間	(92) 家族	(93) 親舊	(94) 會食	(95) 文化
(96) 밀폐	(97) 여가	(98) 發達	(99) 복잡	(100) 都市
(101) 환경	(102) 욕구	(103) 休息	(104) 綠地	(105) 배려
(106) 不足	(107) 市民	(108) 各種	(109) 公園	(110) 관리
(111) 不實	(112) 出入	(113) 制限	(114) 健全	(115) 취미
(116) 開發	(117) 활용	(118) 処	(119) 亇	(120) 声
(121) 床	(122) 觀	(123) 白	(124) 問	(125) 手
(126) 言	(127) 移	(128) 秋	(129) 足	(130) 一
(131) 木	(132) 行	(133) 己	(134) 口	(135) 又
(136) ⑥	(137) ⑦	(138) ①	(139) ⑦	(140) ④
(141) 悲報	(142) 思考	(143) 山寺	(144) 常住	(145) 善事
(146) 밥그릇	(147) 나뭇가지를 꺾음	(148) 뽕나무 밭	(149) 차차 나아감	
(150) 기체나 액체 속의 물체가 뜨는 힘				

(44) 두음법칙 현상으로, '念(생각 념)'이 '염'으로 발음된다.

(128) 一葉知秋(일엽지추) : 조그마한 일을 가지고 장차 올 일을 미리 짐작함.

(130) 千載一遇(천재일우) : 천 년 동안 단 한 번 만난다는 뜻으로, 좀처럼 만나기 어려운 좋은 기회.

(143) 散史(산사) : 예전에, 관직에 있지 아니하고 민간에서 문필에만 종사하던 사람.

(144) 上主(상주) : 가톨릭에서 신봉하는 유일신. 하느님.

실전예상문제 07회

(1) 몰락	(2) 기계	(3) 괴기	(4) 혜택	(5) 환원
(6) 상세	(7) 풍국	(8) 수상	(9) 환기	(10) 친척
(11) 만주	(12) 토양	(13) 할복	(14) 희롱	(15) 결함
(16) 소멸	(17) 정숙	(18) 순례	(19) 사양	(20) 계약
(21) 승격	(22) 다도	(23) 월등	(24) 한적	(25) 증기
(26) 파괴	(27) 지혜	(28) 담백	(29) 추상	(30) 간장
(31) 불혹	(32) 개척	(33) 우려	(34) 회의	(35) 설봉
(36) 화로	(37) 칠기	(38) 보상	(39) 상호	(40) 변천
(41) 호도	(42) 조세	(43) 연식	(44) 소맥	(45) 탕액
(46) 위협할 협	(47) 푸를 창	(48) 용서할 서	(49) 주춧돌 초	(50) 날릴 양
(51) 두려울 공	(52) 천천히 서	(53) 이 차	(54) 질그릇 도	(55) 항목 항
(56) 길 도	(57) 연이을 련	(58) 닿을 촉	(59) 다만 단	(60) 공교할 교
(61) 도울 찬	(62) 비칠 조	(63) 열흘 순	(64) 비율 률/거느릴 솔	(65) 번성할 번
(66) 시렁 가	(67) 엿 당/사탕 탕	(68) 젖을 습	(69) 막힐 체	(70) 폐할/버릴 폐
(71) 쇠사슬/자물쇠 쇄	(72) 들보 량	(73)~(77) ②, ③, ⑥, ⑧, ⑨		(78) 安
(79) 集	(80) 盛	(81) 落	(82) 低	(83) 少
(84) 賞	(85) 怨	(86) 正	(87) 深	(88) 向後
(89) 多數	(90) 상황	(91) 적응	(92) 能力	(93) 經濟
(94) 希望	(95) 격렬	(96) 찬반	(97) 論難	(98) 博士
(99) 生存	(100) 方法	(101) 提示	(102) 불구	(103) 位置
(104) 지속	(105) 계급	(106) 權力	(107) 友好	(108) 關係
(109) 개혁	(110) 再生	(111) 復活	(112) 開放	(113) 競爭
(114) 發展	(115) 정책	(116) 주변	(117) 強調	(118) 独
(119) 関	(120) 灾	(121) 破	(122) 然	(123) 斗
(124) 想	(125) 難	(126) 功	(127) 成	(128) 識
(129) 事	(130) 終	(131) ノ	(132) 谷	(133) 玄
(134) 犬	(135) 内	(136) 打	(137) 可	(138) 特
(139) 度	(140) 過	(141) 守城	(142) 惡聲	(143) 眼前
(144) 愛社	(145) 夜深	(146) 영원히 헤어짐	(147) 거친 들판	(148) 함부로 씀
(149) 스님의 옷	(150) 달여 먹는 한약			

해설

(22) 茶 : ① 차 다, ② 차 차. 여기서는 ①로 쓰였다.

(39) 桑戶(상호) : 뽕나무로 만든 지게문이라는 뜻으로, 가난한 집을 이르는 말.

(43) 燕息(연식) : 한가로이 집에서 쉼.

(122) 浩然之氣(호연지기) : 하늘과 땅 사이에 가득 찬 넓고 큰 원기. 거침없이 넓고 큰 기개.

(123) 車載斗量(거재두량) : 수레에 싣고 말로 된다는 뜻으로, 물건이나 인재가 많아 귀하지 않음.

(142) 樂聖(악성) : 성인(聖人)이라고 이를 정도로 뛰어난 음악가.

(144) 哀詞(애사) : 죽음을 슬퍼하는 뜻을 나타내는 글이나 말.

(145) 野心(야심) : 무엇을 이루어 보겠다고 마음속에 품고 있는 욕망이나 소망.

실전예상문제 08회

(1) 의뢰	(2) 연안	(3) 천박	(4) 약차	(5) 도취
(6) 봉변	(7) 맹호	(8) 책동	(9) 천민	(10) 허락
(11) 향수	(12) 충돌	(13) 태안	(14) 희극	(15) 진술
(16) 과시	(17) 실천	(18) 수시	(19) 통곡	(20) 권총
(21) 헌납	(22) 연무	(23) 간절	(24) 재배	(25) 희귀
(26) 심사	(27) 옥사	(28) 저항	(29) 앙망	(30) 난향
(31) 낭비	(32) 재단	(33) 반기	(34) 승마	(35) 영면
(36) 억지	(37) 난자	(38) 부여	(39) 지옥	(40) 관록
(41) 혈거	(42) 삭제	(43) 궁색	(44) 염증	(45) 대절
(46) 뛰어넘을 초	(47) 잡을 구	(48) 돌 선	(49) 밟을 리	(50) 맡을 사
(51) 벼리 강	(52) 경기 기	(53) 허파 폐	(54) 넓을 막	(55) 망녕될 망
(56) 매달 현	(57) 해질 폐	(58) 아름다울 가	(59) 머금을 함	(60) 그리워할 련
(61) 값 치	(62) 봉할 봉	(63) 얻을 획	(64) 무릇 범	(65) 진압할 진
(66) 버섯 균	(67) 굳을 경	(68) 떨칠 불	(69) 기를/짐승 축	(70) 소반/쟁반 반
(71) 다시 복/덮을 부	(72) 저울대 형	(73) ②	(74) ①	(75) ③
(76) ④	(77) ①	(78) 夕	(79) 鄕	(80) 暗
(81) 送	(82) 往	(83) 自立	(84) 快樂	(85) 肉體
(86) 光明	(87) 單一	(88) 最近	(89) 放送	(90) 情報
(91) 利用	(92) 可能	(93) 過去	(94) 移動	(95) 電話
(96) 變化	(97) 關心	(98) 世代	(99) 對話	(100) 場所
(101) 家庭	(102) 受動	(103) 탈피	(104) 獨特	(105) 形成
(106) 安住	(107) 現實	(108) 가상	(109) 理解	(110) 未來
(111) 商業	(112) 現在	(113) 導入	(114) 論議	(115) 구조
(116) 가치	(117) 方向	(118) 実	(119) 図	(120) 旧
(121) 思	(122) 患	(123) 以	(124) 給	(125) 夜
(126) 斗	(127) 確	(128) 馬	(129) 相	(130) 開
(131) 口	(132) 儿	(133) 至	(134) 二	(135) 卄
(136) ⑥	(137) ⑦	(138) ②	(139) ⑤	(140) ⑨
(141) 藥水	(142) 漁具	(143) 遠路	(144) 流速	(145) 入賞
(146) 겨울을 남	(147) 푸른 하늘	(148) 아침과 저녁	(149) 가득 실음	(150) 소홀히 대접함

해설

(4) 若此(약차) : 이러함. 이와 같음. 뜻대로 되지 아니함.

(10) 활음조 현상으로, '諾(허락할 낙)'이 '락'으로 발음된다.

(13) 泰安(태안) : 태평하여 안락함.

(37) 두음법칙 현상으로, '亂(어지러울 란)'이 '난'으로 발음된다.

(126) 泰山北斗(태산북두) : 태산(泰山)과 북두칠성을 아울러 이르는 말. 존경받는 사람.

(143) 元老(원로) : 한 가지 일에 오래 종사하여 경험과 공로가 많은 사람.

(144) 遺俗(유속) : 지금까지 남아 있는 옛날의 풍속.

실전예상문제 **09**회

(1) 난간	(2) 신랑	(3) 연재	(4) 판화	(5) 겸직
(6) 융숭	(7) 무역	(8) 연성	(9) 행랑	(10) 유인
(11) 겸양	(12) 지문	(13) 고취	(14) 우연	(15) 몽은
(16) 관대	(17) 기적	(18) 부서	(19) 아호	(20) 우직
(21) 동상	(22) 백토	(23) 답사	(24) 기획	(25) 서론
(26) 비굴	(27) 사악	(28) 격려	(29) 척도	(30) 일탈
(31) 이서	(32) 납부	(33) 제군	(34) 노비	(35) 역시
(36) 적재	(37) 목련	(38) 누적	(39) 투시	(40) 마포
(41) 선발	(42) 연주	(43) 차명	(44) 격차	(45) 어미
(46) 화목할 목	(47) 탑 탑	(48) 벼리 유	(49) 붉을 단	(50) 언덕 릉
(51) 기쁠 열	(52) 핍박할 박	(53) 어릴 치	(54) 트일 소	(55) 날개 익
(56) 부드러울 유	(57) 재촉할 최	(58) 통할 철	(59) 솜 면	(60) 맏 맹
(61) 아낄 석	(62) 모양 모	(63) 사나울 맹	(64) 떨칠 분	(65) 이를 위
(66) 사를 소	(67) 우레 진	(68) 비낄 사	(69) 빼앗을 탈	(70) 전염병 역
(71) 쇠불릴 주	(72) 덮을 개	(73) 榮光	(74) 滿期	(75) 早退
(76) 視力	(77) 訪問	(78)~(82) ①, ④, ⑤, ⑦, ⑨		(83) 一國
(84) 大統領	(85) 現代史	(86) 걸출	(87) 偉人	(88) 現實
(89) 相生	(90) 勝者	(91) 信念	(92) 집권	(93) 實用
(94) 變身	(95) 解決	(96) 要求	(97) 成長	(98) 分配
(99) 保障	(100) 經濟	(101) 家族	(102) 殺人	(103) 暴力
(104) 증언	(105) 自身	(106) 尊敬	(107) 民衆	(108) 主
(109) 出	(110) 親	(111) 逆	(112) 海	(113) 孫
(114) 福	(115) 來	(116) 冷	(117) 非	(118) 綠
(119) 逆	(120) 爭	(121) 直	(122) 三	(123) 行
(124) 知	(125) 陰	(126) 自	(127) 所	(128) 木
(129) 心	(130) 疋	(131) 欠	(132) 大	(133) 充
(134) 童	(135) 出	(136) 大	(137) 則	(138) 自費
(139) 長技	(140) 在京	(141) 敵地	(142) 造花	(143) 參
(144) 伝	(145) 圧	(146) 일하던 직위에서 물러나게 함	(147) 맘을 내는 일	
(148) 어떤 일에 빠짐	(149) 기와로 지붕을 덮음	(150) 닿는 느낌		

해설

(1) 두음법칙 현상으로, '欄(난간 란)'이 '난'으로 발음된다.

(6) 두음법칙 현상으로, '隆(높을 륭)'이 '융'으로 발음된다.
* 隆崇(융숭) : 극진하고 정성스러움.

(15) 蒙恩(몽은) : 은덕을 입음.

(31) 두음법칙 현상으로, '裏(속 리)'가 '이'로 발음된다.

(38) 두음법칙 현상으로, '累(여러/자주 루)'가 '누'로 발음된다.

(118) 綠衣紅裳(녹의홍상) : 연두저고리에 다홍치마라는 뜻으로, 젊은 여자의 고운 옷차림.

(120) 百家爭鳴(백가쟁명) : 많은 학자들이 자기 의견을 자유롭게 발표하여, 논쟁하고 토론하는 일.

(126) 自强不息(자강불식) : 스스로 힘써 몸과 마음을 가다듬어 쉬지 아니함.

(139) 將器(장기) : 장수가 될 만한 인재.

(141) 的知(적지) : 제대로 확실하게 앎.

실전예상문제 **10**회

(1) 인쇄	(2) 윤택	(3) 충돌	(4) 부속	(5) 저술
(6) 뇌리	(7) 유적	(8) 치부	(9) 계몽	(10) 모함
(11) 묵념	(12) 부호	(13) 혼령	(14) 감염	(15) 미세
(16) 증손	(17) 시종	(18) 욕계	(19) 황비	(20) 각오
(21) 징집	(22) 검도	(23) 극심	(24) 증오	(25) 처가
(26) 욕구	(27) 고사	(28) 분주	(29) 수출	(30) 암석
(31) 승복	(32) 여유	(33) 이왕	(34) 색인	(35) 누대
(36) 누전	(37) 염소	(38) 부엽	(39) 마손	(40) 낙뢰
(41) 상아	(42) 착각	(43) 와도	(44) 이토	(45) 강판
(46) 물따라갈 연	(47) 푸를 벽	(48) 학 학	(49) 자취 적	(50) 씩씩할 장
(51) 거의 태	(52) 빌 기	(53) 엷을 박	(54) 감출 장	(55) 하늘 건
(56) 밝을 철	(57) 까마귀 오	(58) 오장 장	(59) 줄기 간	(60) 잠깐 잠
(61) 북돋을 배	(62) 넓을 호	(63) 가로 횡	(64) 밀칠 배	(65) 익숙할 관
(66) 품삯 임	(67) 거짓 위	(68) 족보/적을 보	(69) 새 봉	(70) 건널 도
(71) 음란할 음	(72) 면할 면	(73) ②	(74) ④	(75) ①
(76) ①	(77) ③	(78) 起	(79) 着	(80) 合
(81) 終	(82) 愛	(83) 所得	(84) 正統	(85) 和解
(86) 密集	(87) 恩惠	(88) 水準	(89) 向上	(90) 兩性
(91) 平等	(92) 思考	(93) 職業	(94) 能力	(95) 開發
(96) 重視	(97) 勞動	(98) 市場	(99) 家族	(100) 變化
(101) 態度	(102) 受容	(103) 準備	(104) 保育	(105) 强調
(106) 內容	(107) 夜間	(108) 休日	(109) 短期	(110) 家庭
(111) 相談	(112) 제공	(113) 效果	(114) 手當	(115) 現金
(116) 혜택	(117) 改善	(118) 殺	(119) 來	(120) 江
(121) 雄	(122) 流	(123) 走	(124) 望	(125) 田
(126) 讀	(127) 行	(128) 阝	(129) 禾	(130) 毋
(131) 鳥	(132) 臼	(133) ①	(134) ④	(135) ⑥
(136) ⑦	(137) ⑩	(138) 淸江	(139) 蓄電	(140) 打算
(141) 砲聲	(142) 賢才	(143) 사나운 개	(144) 분한 마음을 품음	
(145) 욕심이 적음	(146) 씨앗을 물에 담금	(147) 막힌 물체를 환히 꿰뚫어 봄		
(148) 党	(149) 団	(150) 満		

해설

(35) 두음법칙 현상으로, '樓(다락 루)'가 '누'로 발음된다.

(36) 두음법칙 현상으로, '漏(샐 루)'가 '누'로 발음된다.

(40) 두음법칙 현상으로, '落(떨어질 락)'이 '낙'으로 발음된다.

(43) 瓦刀(와도) : 기와를 쪼갤 때 쓰는 칼.

(44) 두음법칙 현상으로, '泥(진흙 니)'가 '이'로 발음된다.

(121) 群雄割據(군웅할거) : 여러 영웅이 각기 한 지방씩 차지하고 위세를 부림.

(125) 我田引水(아전인수) : 자기 논에 물 대기라는 뜻으로, 자기에게만 이롭게 되도록 생각하거나 행동함을 이르는 말.

기출분석문제 제1회

(1) 가로	(2) 용감	(3) 쾌거	(4) 타격	(5) 사과
(6) 암기	(7) 작년	(8) 경쟁	(9) 강등	(10) 아류
(11) 비만	(12) 앙망	(13) 색맹	(14) 숙명	(15) 안목
(16) 압박	(17) 석방	(18) 벽보	(19) 시비	(20) 출사
(21) 감사	(22) 교사	(23) 감상	(24) 상세	(25) 간소
(26) 술수	(27) 장수	(28) 감수	(29) 휴식	(30) 위신
(31) 심심	(32) 사악	(33) 찬양	(34) 유연	(35) 어제
(36) 수의	(37) 부인	(38) 업적	(39) 동전	(40) 제창
(41) 외척	(42) 벌초	(43) 독촉	(44) 자태	(45) 간호
(46) 이미 이	(47) 겨를/틈 가	(48) 고을 읍	(49) 새길 각	(50) 꾸밀 식
(51) 열흘 순	(52) 줄기 간	(53) 드물 소	(54) 거느릴 령	(55) 얽을 구
(56) 고울 선	(57) 빌 기	(58) 종 노	(59) 치마 상	(60) 집 당
(61) 무리 당	(62) 말씀 사	(63) 얼음 빙	(64) 무리 도	(65) 코 비
(66) 속 리	(67) 밟을 리	(68) 만날 봉	(69) 작을 미	(70) 다를 차
(71) 재 회	(72) 넓을 보	(73) ②/③	(74) ①	(75) ③
(76) ②	(77) ④	(78) 開	(79) 鄕	(80) 官/王
(81) 因	(82) 貧	(83) 煙	(84) 怒	(85) 賢
(86) 燈	(87) 勢	(88) 逆	(89) 律	(90) 衆
(91) 無	(92) 引	(93) 人類	(94) 歷史	(95) 發展
(96) 質	(97) 向上	(98) 關心	(99) 理解	(100) 應用
(101) 進步	(102) 未來	(103) 確實	(104) 時代	(105) 不安
(106) 主義	(107) 斷面	(108) 科學	(109) 宗敎	(110) 思考
(111) 答	(112) 法則	(113) 自然	(114) 說明	(115) 分野
(116) 重大	(117) 始作	(118) 連結	(119) 世界	(120) 接近
(121) 順序	(122) 全體	(123) ②	(124) ⑩	(125) ⑤
(126) ③	(127) ④	(128) 集合	(129) 形式	(130) 單純
(131) 利得/利益/收益	(132) 恩惠	(133) 大	(134) 衣	(135) 入
(136) 言	(137) 水	(138) 加工	(139) 錄畵	(140) 申告
(141) 元祖	(142) 淸算	(143) 거짓으로 꾸밈	(144) 빼어난 아름다움	(145) 어떤 사물의 기초
(146) 전쟁에 나아감	(147) 부지런히 힘씀	(148) 価	(149) 仏	(150) 当

해설

(9) 降 : ① 내릴 강, ② 항복할 항. 여기서는 ①로 쓰였다.

(14) 宿 : ① 잘 숙, ② 별자리 수. 여기서는 ①로 쓰였다.

(83) 江湖煙波(강호연파) : 강이나 호수 위에 안개처럼 보일게 이는 기운. 또는 그 수면의 잔물결.

(84) 喜怒哀樂(희로애락) : 기쁨과 노여움과 슬픔과 즐거움.
　＊怒는 '노' 가 本音이나, 여기서는 활음조 현상에 의해 '희로애락' 으로 읽는다.

(138) 可恐(가공) : 두려워할 만함. 놀랄 만함.

기출분석문제 제2회

(1) 격려	(2) 희미	(3) 충돌	(4) 함몰	(5) 유혹
(6) 금수	(7) 답습	(8) 호적	(9) 망령	(10) 최촉
(11) 소홀	(12) 승무	(13) 강유	(14) 맹호	(15) 획득
(16) 치욕	(17) 연모	(18) 기획	(19) 공헌	(20) 환율
(21) 정숙	(22) 누각	(23) 관철	(24) 현미	(25) 인내
(26) 고취	(27) 희롱	(28) 긴박	(29) 진압	(30) 환부
(31) 영향	(32) 검술	(33) 동면	(34) 유구	(35) 추억
(36) 축하	(37) 천대	(38) 근면	(39) 상술	(40) 부랑
(41) 애수	(42) 피안	(43) 역할	(44) 종횡	(45) 관리
(46) 푸를 벽	(47) 어른 장	(48) 개 포	(49) 닿을 촉	(50) 떨칠 진
(51) 낄 개	(52) 대개 개	(53) 이길 극	(54) 거의 태	(55) 올 곡
(56) 자랑할 과	(57) 못 다리	(58) 무늬 문	(59) 맏 백	(60) 너그러울 관
(61) 이별할 결	(62) 다리 각	(63) 이랑/잠깐 경	(64) 잡을 구	(65) 줄기 간
(66) 거울 감	(67) 뉘우칠 회	(68) 어릴 치	(69) 새길 간	(70) 언덕 릉
(71) 맑을 아	(72) 간절할 간	(73) 禁煙	(74) 低溫	(75) 經濟
(76) 健康	(77) ①	(78) ③	(79) ④	(80) ②
(81) ④	(82) 田	(83) 然	(84) 鄕	(85) 雄
(86) 患	(87) 難	(88) 思	(89) 加	(90) 身
(91) 退	(92) 초월	(93) 시각성	(94) 축약	(95) 通用
(96) 授	(97) 受	(98) 賣	(99) 買	(100) 기초
(101) 사전	(102) 統計	(103) 간결	(104) 正確	(105) 高麗
(106) 아세아	(107) 硏究所	(108) 혼용	(109) 권	(110) 福
(111) 理想的	(112) 여건	(113) ⑥	(114) ②	(115) ⑨
(116) ⑧	(117) ①	(118) 失	(119) 尊	(120) 暗
(121) 亡	(122) 罰	(123) 義務	(124) 應答	(125) 建設
(126) 快樂	(127) 單純	(128) ノ	(129) 夕	(130) 口
(131) 小	(132) 心	(133) 電源	(134) 婦道	(135) 素材
(136) 報道	(137) 舍監	(138) 息	(139) 伐	(140) 保
(141) 掃	(142) 邊	(143) 아픈 증세	(144) 바로 그때	(145) 술에 취한 사람
(146) 일정한 수나 한도 등을 넘음	(147) 붓을 잡음/직접 글을 씀	(148) 圧		
(149) 担	(150) 処			

해설

(8) 胡笛(호적) : '태평소'의 잘못.

(10) 催促(최촉) : 어떤 일을 빨리 하도록 조름. 재촉.

(17) 두음법칙 현상으로, '戀(사모할 련)'이 '연'으로 발음된다.

(20) 率 : ① 비율 률, ② 거느릴 솔. 여기서는 ①로 쓰였다.

(85) 群雄割據(군웅할거) : 여러 영웅이 각기 한 지방씩 차지하고 위세를 부림.

(91) 進退維谷(진퇴유곡) : 이러지도 저러지도 못하고 꼼짝할 수 없는 궁지.

(133) 田園(전원) : 논과 밭이라는 뜻으로, 도시에서 떨어진 시골이나 교외(郊外).

(134) 附圖(부도) : 어떤 책에 부속된 지도나 도표.

(135) 小才(소재) : 변변치 못한 재주. 또는 그런 재주를 가진 사람.

(137) 私感(사감) : 사사로운 감정.

기출분석문제 제3회

(1) 재배	(2) 장부	(3) 건기	(4) 범속	(5) 인쇄
(6) 장식	(7) 혈맹	(8) 비료	(9) 겸허	(10) 폐포
(11) 선풍	(12) 관철	(13) 미묘	(14) 연모	(15) 할인
(16) 추억	(17) 면사	(18) 안모	(19) 간청	(20) 과시
(21) 포함	(22) 의뢰	(23) 재림	(24) 은익	(25) 뇌리
(26) 연희	(27) 인내	(28) 이력	(29) 호걸	(30) 최면
(31) 현판	(32) 번영	(33) 전적	(34) 답습	(35) 통곡
(36) 함몰	(37) 취타	(38) 단장	(39) 공헌	(40) 유치
(41) 우주	(42) 어좌	(43) 적멸	(44) 위임	(45) 회한
(46) 이랑/잠깐 경	(47) 밭갈 경	(48) 아침 단	(49) 친척 척	(50) 질그릇 도
(51) 넓힐 척/박을 탁	(52) 다를 수	(53) 옥 옥	(54) 넋 혼	(55) 왕비 비
(56) 탑 탑	(57) 찔 증	(58) 버릇 관	(59) 거문고 금	(60) 하례할 하
(61) 맺을 계	(62) 치마 상	(63) 막을/겨룰 저	(64) 오히려 상	(65) 재촉할 촉
(66) 사랑 자	(67) 일찍 증	(68) 밤 률	(69) 이를 위	(70) 그윽할 유
(71) 드물 희	(72) 북 고	(73) 施	(74) 程	(75) 練
(76) 總	(77) 隊	(78) 葉	(79) 移	(80) 鼻
(81) 逆	(82) 效	(83)~(87) ①, ③, ④, ⑥, ⑧, ⑩ 중 5개 택일		
(88) 祭器	(89) 創設	(90) 職務	(91) 陰凶	(92) 規律
(93) 副統領	(94) 監督	(95) 街路燈	(96) 警察官	(97) 背景
(98) 感謝	(99) 興味	(100) 暖房	(101) 研究	(102) 政府
(103) 罰	(104) 起	(105) 受	(106) 深	(107) 婦
(108) 盛	(109) 減	(110) 進	(111) 富	(112) 斷
(113) 命	(114) 求	(115) 笑	(116) 觀	(117) 重
(118) 留	(119) 肉	(120) 過	(121) 軍	(122) 百
(123) 鬼	(124) 行	(125) 人	(126) 心	(127) 門
(128) 備	(129) 解/放	(130) 得	(131) 悲	(132) 續
(133) 毛	(134) 潔	(135) 恩	(136) 助	(137) 將
(138) 極端	(139) 基地/奇智/記識		(140) 獨走/獨奏	(141) 折稅/節稅
(142) 享有/香油	(143) 사나운 짐승	(144) 아깝게 짐	(145) 짐을 실음	(146) 높이 솟아오름
(147) 거의 없음	(148) 党	(149) 压	(150) 芸	

 **해설**

(4) 凡俗(범속) : 평범하고 속됨.

(14) 두음법칙 현상으로, '戀(사모할 련)'이 '연'으로 발음된다.

(18) 顔貌(안모) : 얼굴의 생김새.

(24) 銀翼(은익) : 비행기의 은빛 날개. 또는 '비행기'를 아름답게 이르는 말.

(28) 두음법칙 현상으로, '履(밟을 리)'가 '이'로 발음된다.

(33) 轉籍(전적) : 호적(戶籍)이나 학적(學籍) 등을 다른 곳으로 옮김.

(37) 吹打(취타) : 군대에서, 관악기와 타악기를 연주하던 일. 또는 그런 군악.

(42) 御座(어좌) : 임금이 자리에 나와 앉음. 또는 그 자리.

(43) 寂滅(적멸) : 사라져 없어짐. 죽음.

(117) 隱忍自重(은인자중) : 마음속에 감추어 참고 견디면서 몸가짐을 신중하게 행동함.

(122) 百折不屈(백절불굴) : 어떠한 난관에도 결코 굽히지 않음.

(141) 絕世(절세) : 세상과 인연을 끊음. 또는 세상에 견줄 것 없이 아주 뛰어남.

(142) 鄕儒(향유) : 시골에 사는 유생(儒生).

기출분석문제 제4회

(1) 상실	(2) 개입	(3) 고유	(4) 한도	(5) 배당
(6) 요청	(7) 위치	(8) 초상	(9) 종말	(10) 항소
(11) 간척	(12) 지원	(13) 평가	(14) 추월	(15) 유지
(16) 운항	(17) 연혁	(18) 확보	(19) 부속	(20) 순응
(21) 특허	(22) 협박	(23) 위태	(24) 용서	(25) 선택
(26) 재량	(27) 유령	(28) 지휘	(29) 제수	(30) 참배
(31) 후진	(32) 필진	(33) 희망	(34) 한탄	(35) 교류
(36) 유도	(37) 적재	(38) 가발	(39) 측근	(40) 퇴보
(41) 후보	(42) 과감	(43) 호황	(44) 고집	(45) 배설
(46) 오를 승	(47) 잠길 잠	(48) 난초 란	(49) 겸할 겸	(50) 밝을 철
(51) 오히려 상	(52) 수풀 삼	(53) 모실 시	(54) 이를 위	(55) 작을 미
(56) 운 운	(57) 대 대	(58) 입을 피	(59) 거울 감	(60) 떨칠 진
(61) 모래 사	(62) 단풍 풍	(63) 어리석을 우	(64) 클 태	(65) 정수리 정
(66) 까마귀 오	(67) 자랑할 과	(68) 조각 편	(69) 누를 억	(70) 울릴 향
(71) 피리 적	(72) 임금 황	(73) ④	(74) ②	(75) ①
(76) ②	(77) ③	(78) 卑俗/低俗	(79) 寒冷	(80) 處女
(81) 落鄕/退仕/隱退		(82) 公益	(83) 弟	(84) 榮
(85) 夕	(86) 福	(87) 防/守	(88) 病院	(89) 感動
(90) 變化	(91) 原理	(92) 極端	(93) 政治	(94) 演藝
(95) 競技	(96) 施設	(97) 規制	(98) 解除	(99) 住宅
(100) 建築	(101) 戰爭	(102) 山間	(103) 難關	(104) 手記
(105) 形式	(106) 日前	(107) 實質	(108) 過程	(109) 金品
(110) 調査	(111) 展望	(112) 樹立	(113) 功臣	(114) 發說
(115) 協議	(116) 産業	(117) 法案	(118) 明	(119) 天
(120) 苦	(121) 火	(122) 母	(123) 心	(124) 草
(125) 食	(126) 空	(127) 不	(128) 田	(129) 穴
(130) 示	(131) 犬(犭)	(132) 力	(133) ⑪	(134) ⑦
(135) ⑤	(136) ⑧	(137) ①	(138) 家務	(139) 意思
(140) 傳統	(141) 百方	(142) 每期	(143) 많은 사람	(144) 피를 빨아 들임
(145) 임금의 얼굴을 높여 이르는 말	(146) 높이 대접함	(147) 세차게 부는 바람		
(148) 区	(149) 仏	(150) 声		

 **해설**

(3) 告由(고유) : 중대한 일을 치른 뒤에 그 내용을 사당이나 신명에게 고함.

(11) 拓 : ① 넓힐 척, ② 박을 탁. 여기서는 ①로 쓰였다.

(29) 祭需(제수) : 제사에 드는 여러 가지 재료.

(32) 筆陣(필진) : 정기 간행물에 기고하는 집필자의 진용.

(122) 孟母斷機(맹모단기) : 맹자의 어머니가 짜던 베를 잘라 아들의 학업 중단을 훈계한 일.

(140) 全通(전통) : 가설 중인 길이나 선로 등이 모두 통함. 또는 모든 이치에 통달함.

(141) 白放(백방) : 죄가 없음이 밝혀져 잡아 두었던 사람을 놓아 줌.

(142) 買氣(매기) : 상품을 사려는 분위기. 또는 살 사람들의 인기.

artmedia

기출분석문제 제5회

(1)	희열	(2)	석존	(3)	초유	(4)	권장	(5)	면모
(6)	선거	(7)	근면	(8)	화장	(9)	분격	(10)	간담
(11)	관장	(12)	조종	(13)	잠복	(14)	과묵	(15)	엄격
(16)	축재	(17)	거부	(18)	승계	(19)	박빙	(20)	파괴
(21)	축쇄	(22)	화근	(23)	질서	(24)	도취	(25)	적선
(26)	토벌	(27)	유복	(28)	최촉	(29)	친목	(30)	영예
(31)	겸양	(32)	피폐	(33)	과장	(34)	인내	(35)	태반
(36)	몽리	(37)	벽안	(38)	압박	(39)	진사	(40)	부적
(41)	영걸	(42)	구호	(43)	호화	(44)	이수	(45)	피의
(46)	용서 서	(47)	못 택	(48)	장수 수	(49)	모양 상	(50)	근심 수
(51)	누를 억	(52)	집 우	(53)	또 역	(54)	활 궁	(55)	새길 간
(56)	우물 정	(57)	기둥 주	(58)	사내 랑	(59)	항상 항	(60)	뉘우칠 회
(61)	드물 희	(62)	불 취	(63)	없을 막	(64)	깨끗할 정	(65)	못 지
(66)	고요할 적	(67)	너그러울 관	(68)	꾸밀 식	(69)	굳셀 강	(70)	넘을 월
(71)	그림자 영	(72)	날릴 양	(73)	②/④	(74)	①/②	(75)	③
(76)	②	(77)	①	(78)	光明	(79)	結果	(80)	自然
(81)	義務	(82)	物質	(83)	技術	(84)	特許	(85)	申請
(86)	確認	(87)	必要	(88)	充分	(89)	政府	(90)	民間
(91)	警備	(92)	市內	(93)	業界	(94)	到處	(95)	志願
(96)	接受	(97)	電話	(98)	獨斷	(99)	使用	(100)	有害
(101)	情報	(102)	共助	(103)	活氣	(104)	都心	(105)	街路
(106)	交通	(107)	發生	(108)	職員	(109)	奉仕	(110)	次元
(111)	省察	(112)	缺如	(113)	安	(114)	貧	(115)	表
(116)	深	(117)	婦	(118)	入	(119)	月	(120)	草
(121)	馬	(122)	難	(123)	肉	(124)	西	(125)	雪
(126)	學	(127)	求	(128)	刀(刂)	(129)	小	(130)	木
(131)	目	(132)	口	(133)	⑨	(134)	⑦	(135)	⑤
(136)	⑧	(137)	⑮	(138)	洗手	(139)	苦待	(140)	端正
(141)	輕視	(142)	武器	(143)	대대(代代)의 임금	(144)	매우 많은 돈	(145)	다른 것으로 바꿈
(146)	혼을 불러들임	(147)	뒤를 이음	(148)	伝	(149)	気	(150)	旧

해설

(2) 釋尊(석존) : '석가모니'를 높여 이르는 말. 석가세존(釋迦世尊).

(9) 憤激(분격) : 몹시 분하고 노여운 감정이 북받쳐 오름. 격노(激怒).

(44) 두음법칙 현상으로, '履(밟을 리)'가 '이'로 발음된다.

(127) 實事求是(실사구시) : 사실을 토대로 진리를 탐구함. 중국 청나라 고증학의 학문 태도.

(138) 稅收(세수) : 국민에게서 조세(租稅)를 징수하여 얻는 정부의 수입. 세수입.

(140) 丹精(단정) : 붉은 정성이라는 뜻으로, 진심어린 정성을 이르는 말. 단성(丹誠).